教育部人文社会科学研究 2019 年教育学规划基金项目"美国特朗普
教育国际化政策走向及对策建议研究"（项目批准号：19YJA88002

蒋玉梅　刘波　王道胜　著

美国高等教育国际化政策新动向与应对

南京师范大学出版社

图书在版编目(CIP)数据

美国高等教育国际化政策新动向与应对 / 蒋玉梅，刘波，王道胜著. -- 南京：南京师范大学出版社，2024.7. -- ISBN 978-7-5651-6375-3

Ⅰ.G649.712

中国国家版本馆CIP数据核字第2024X7A822号

书　　名	美国高等教育国际化政策新动向与应对
著　　者	蒋玉梅　刘　波　王道胜
策划编辑	晏　娟
责任编辑	周　璇
出版发行	南京师范大学出版社
地　　址	江苏省南京市玄武区后宰门西村9号(邮编：210016)
电　　话	(025)83598919(总编办)　83598319(营销部)　83598332(读者服务部)
网　　址	http://press.njnu.edu.cn
电子信箱	nspzbb@njnu.edu.cn
照　　排	南京开卷文化传媒有限公司
印　　刷	江苏凤凰数码印务有限公司
开　　本	787毫米×960毫米　1/16
印　　张	15.25
字　　数	218千
版　　次	2024年7月第1版
印　　次	2024年7月第1次印刷
书　　号	ISBN 978-7-5651-6375-3
定　　价	128.00元
出 版 人	张　鹏

南京师大版图书若有印装问题请与销售商调换

版权所有　侵犯必究

前　言

在全球化与反全球化的激烈交锋中,高等教育国际化的进程正面临着前所未有的挑战与机遇。在这一复杂多变的国际局势下,美国高等教育国际化政策也伴随着美国政府的更替而展现出鲜明的特色。美国高等教育国际化政策的变化通过影响国际学生流动、学术交流、全球教育市场和文化价值观传播,对全球国际教育格局、国际人才流动和国际学术交流产生深远影响。本书特别关注了近十年来美国高等教育国际化的政策走向以及这些政策对中国高等教育国际化发展的影响,探讨了中国高等教育国际化发展的应对。

本研究的社会背景是多维度的,涉及国际局势的变动、美国的民族主义泛滥、中美关系的紧张、新冠疫情的全球大流行以及教育国际化的内在需求和多元文化的交流与融合。随着全球化的深入发展,国际政治经济格局发生了显著变化,新兴经济体的崛起和全球治理体系的变革,对高等教育国际化产生了深远影响。特朗普政府的上台标志着美国民族主义和保护主义情绪的高涨,这种情绪不仅影响了美国的内政,也对美国的外交政策产生了重要影响,特别是对高等教育国际化政策的制定和实施产生了显著的影响。新冠疫情的暴发对全球教育造成了巨大冲击,特别是对高等教育国际化的影响尤为显著。同时,在知识经济时代,各国对高素质人才的需求日益增长,高等教育国际化成为培养国际视野和人才竞争的重要途径。

基于"百年未有之大变局",本书对美国高等教育国际化政策进行了细致的梳理和深入的研究,并探讨了其未来走向。首先从高等教育国际化的理论基础出发,界定了其概念、发展途径和动因,并梳理了相关政策和策略。这一理论概述为本书的后续实证研究和分析讨论奠定了坚实的基础。接着,书中详细回顾了美国高等教育国际化政策的历史演进,从二战后到21世纪初,不同阶段的政策变化及其背后的社会经济动因被逐一剖析。这一历史视角为我们提供了宝贵的经验和教训。本书特别关注了近十年美国政府的高等教育国际化政策,以及这些政策对国际学生流动、教师交流等产生的具体影响。书中通过实证调查,探讨了美国政策变化对中美学生流动的影响,包括中国留美学生的流动意愿、所遇困难以及应对地缘政治变化的策略。同时,基于个案研究,本书搜集了具有访美经历的教师的实证数据,分析了美国政策对中国教师赴美交流的影响。在分析美国高等教育国际化发展趋势的基础上,本书提出了中国高等教育国际化的应对策略,涵盖政策应对、人才培养和师资队伍建设等多个方面。

本书在探索美国高等教育国际化政策的历史与现实交织的基础上,展现了其创新之处。首先,书中不仅追溯了美国高等教育国际化政策的历史脉络,还特别聚焦于近十年的政策动态,尤其是特朗普执政时期的政策走向,为理解当前国际教育政策提供了较为全面的分析框架。书中的创新也体现在对案例与数据的深度运用上。通过丰富的案例分析和实证数据,尤其是针对中国留美学生和访美学者的调查数据,本书增强了研究的现实意义和应用价值,为高等教育国际化的实证研究提供了新的视角。此外,本书采用了跨学科的研究视角,融合了教育学、国际关系学、政治经济学等多个学科的理论和方法,为高等教育国际化研究提供了新的理论视角和分析工具。同时,书中将政策分析与策略建议相结合,深入分析了美国的政策走向,并基于中国的国情和发展需求,提出了具有针对性的策略建议,体现了研究的实践价值和指导意义。本书还强调了在全球化背景下高等教育国际化的本土化路径,倡导建立中国特色的国际化教育模式,体现了研究的本土意识和国际视野。通过这些创新点,本书旨在为高等教育国际化的理论研究和实践应用提供新的见解和思路,同时也为中国高等教育国际化的未来发展提供参考和指导。

前 言

在书稿即将付梓之际,我们要感谢所有支持和帮助过本研究的个人和机构,特别感谢教育部社科司和南京大学对本研究的鼎力支持。感谢我们的研究团队,他们的辛勤工作和智慧贡献是本书能够完成的重要保障。同时,也感谢在研究过程中提供宝贵意见的专家学者以及参与调查的广大学生和教师。

我们期待本书的出版能够引发更多的讨论和思考,为高等教育国际化的理论与实践贡献绵薄之力。同时,我们也期待我国的高等教育国际化研究能够百尺竿头、更进一步。

蒋玉梅

2024 年 4 月 18 日

目 录

前 言 ·· 1

第一章　高等教育国际化理论概述 ··· 1

第一节　高等教育国际化的概念 ··· 1
一、高等教育国际化的定义 ··· 1
二、高等教育国际化的发展途径 ··· 7
三、高等教育国际化发展的动因 ··· 9
四、高等教育国际化政策 ··· 13
五、高等教育国际化策略 ··· 16

第二节　高等教育国际化的相关理论 ··· 23
一、依附理论 ··· 23
二、世界体系理论 ··· 26
三、软实力 ··· 28
四、知识外交 ··· 30

第三节　国际化相关概念的辨析 ··· 32
一、国际化与全球化 ··· 32
二、国际化与商业化 ··· 34
三、国际化与在地化 ··· 35

第二章　现代美国高等教育国际化政策的演进 ······ 38
第一节　概述 ······ 38
第二节　现代美国高等教育国际化政策的演变 ······ 42
　　一、二战之后到20世纪80年代之前 ······ 43
　　二、20世纪80年代到"9·11"之前 ······ 47
　　三、"9·11"之后到特朗普执政之前 ······ 48
第三节　美国高等教育国际化政策演变的特征 ······ 55

第三章　近十年美国政府的高等教育国际化政策 ······ 58
第一节　近十年美国高等教育国际化政策的背景 ······ 59
　　一、逆全球化 ······ 59
　　二、民粹主义 ······ 71
第二节　特朗普政府的高等教育国际化政策 ······ 80
　　一、"禁穆令" ······ 80
　　二、收缩工作签证 ······ 82
　　三、减少对国际项目的资助 ······ 87
　　四、针对中国留学生的限制政策 ······ 89
　　五、新冠疫情期间的国际化政策 ······ 93
第三节　近十年美国高等教育国际化政策引发的博弈 ······ 96

第四章　美国国际化政策对中美学生流动的影响 ······ 100
第一节　在美国的华人学生和学者的相关文献 ······ 100
　　一、中国留美学生的流动意愿 ······ 100
　　二、中国留美学生的困难加剧 ······ 102
　　三、华人科学工作者的困难加剧 ······ 104
　　四、中国留美学生应对地缘政治变化的策略 ······ 107
第二节　理论框架 ······ 108
　　一、推拉理论 ······ 108

　　　　二、推拉因素的分类 ………………………………… 111
　第三节　中美国际学生流动的概况 ……………………… 114
　　　　一、美国招收国际学生的情况 ……………………… 114
　　　　二、中国赴美留学情况 ……………………………… 117
　　　　三、小结 …………………………………………… 122
　第四节　中国留美学生的实证调查 ……………………… 123
　　　　一、调查目的和范围 ………………………………… 123
　　　　二、调查数据和分析 ………………………………… 124
　　　　三、小结 …………………………………………… 147

第五章　美国国际化政策对中美教师流动的影响 ………… 152
　第一节　研究背景 ………………………………………… 152
　　　　一、教师国际化 ……………………………………… 152
　　　　二、教师国际化交流的效益研究 ……………………… 153
　　　　三、影响教师国际化交流收益的因素 ………………… 155
　第二节　中国访美学者的统计数据 ……………………… 156
　第三节　教师国际化的实证研究 ………………………… 158
　　　　一、研究对象和方法 ………………………………… 158
　　　　二、研究框架和研究问题 …………………………… 159
　　　　三、研究发现 ………………………………………… 159
　　　　四、总结与讨论 ……………………………………… 192

第六章　美国国际化发展趋势以及中国的应对 …………… 200
　第一节　新世纪美国高等教育国际化的本质特征 ……… 200
　　　　一、以新自由主义为理论逻辑 ……………………… 200
　　　　二、以新殖民主义为历史逻辑 ……………………… 202
　　　　三、以狭隘民族主义为现实逻辑 …………………… 204
　第二节　美国高等教育国际化的发展趋势 ……………… 206

  一、高等教育国际化决策中的政府角色更明显 ………… 207
  二、高等教育国际化政策的价值取向更多元 ………… 208
  三、国际化越发沦为"美国利益"的工具 ……………… 211
  四、美国将面临更多的高等教育国际化挑战 ………… 212
 第三节 全球高等教育国际化格局的变化 …………………… 213
  一、国际化模式：从"利益驱动"转向"命运与共" …… 213
  二、国际化格局：从"单极化"转向"多极化" ………… 215
  三、国际流动：从"单向性"转向"多样性" …………… 216
 第四节 中国高等教育国际化的应对 ……………………… 218
  一、中国高等教育国际化政策的应对 ………………… 218
  二、中国国际化人才培养的应对 ……………………… 226
  三、中国师资队伍国际化建设的应对 ………………… 227

后　记 ………………………………………………………………… 231

第一章　高等教育国际化理论概述

第一节　高等教育国际化的概念

一、高等教育国际化的定义

大学自欧洲中世纪产生以来就一直是国际性机构,吸引着来自许多国家的学生与教师,但"高等教育国际化"是一个近 40 年才广为使用的术语。自 20 世纪 80 年代起,信息技术、知识经济、不断增长的学生、教师、教育项目的流动以及世界经济的一体化,都推动了高等教育的国际化。在此意义上,高等教育国际化是一个既古老又年轻的概念,伴随着世界政治局势的变化和经济发展,形成了特殊的发展轨迹。

在历史上,不同的学者依据各自的背景和理解对高等教育国际化的定义及内涵进行了阐释。蒋明珠等(2019)把国外学者对高等教育国际化的定义进行了梳理,把较为重要的国外学者对高等教育国际化的定义整理为两个表格,分别为"早期的国外高等教育国际化的定义"(参见表 1-1)和"成熟的国外高等教育国际化的定义"(参见表 1-2)。[1][2]

---

[1] 蒋明珠,熊巨洋,陈夏燕,等.高等教育国际化内涵的演变及对我国卫生管理专业国际化的启示[J].中国卫生事业管理,2019,36(1):54-58.

[2] 本文对这两个表格稍做修改,修正了一些不正确的作者、引文出处和定义内容,删除了三个国际机构的定义。

表1-1 早期的国外高等教育国际化的定义

时间	学者	高等教育国际化内涵、概念
1936	黑斯廷斯①	高等学校国际化是一种将国际意识与大学的教学过程与科研方式相结合的趋势与过程
1960	巴兹②	国际化的高等教育应包括国际化的课程内容、培训流动、跨国研究、研究者和学生的跨国流动、保证教育扶持与合作的国际体系
1977	诺尔斯③	高等教育国际化是跨越国界为了某一教育目的所进行的人员互动,特别是怀着不同兴趣和能力的学生、学者和专家的互动
1989	哈拉里④	高等教育国际化就是实现大学发展方向同国际化发展方向的有效融合,要注重和支持跨文化的、国际的观点在大学和学院中形成一种精神气质和文化氛围
1992	阿勒姆⑤	高等教育国际化是与国际研究,国际教育交流与技术合作有关的各种活动、计划和服务

表1-2 成熟的国外高等教育国际化的定义

时间	学者	高等教育国际化内涵、概念
1993	简·奈特⑥	在国家、部门和院校层面,将国际、跨文化以及全球化维度融入高等教育的目的、功能和知识传播方式中的过程

---

① Rashdall, H., Emden, A. B.. The Universities of Europe in the Middle Ages[M]. Oxford University Press, 1936.

② Butts, R. F.. Civilization as Historical Process: Meeting Ground for Comparative and International Education[J]. Comparative Education, 1966, 3(3): 155-168.

③ Knowles, A. S.. The International Encyclopedia of Higher Education[M]. Jossey-Bass Publishers, 1977.

④ Harari, M.. Internationalization of Higher Education: Effecting Institutional Change in the Curriculum and Campus[M]. Long Beach: Center for International Education of the California State University, 1989.

⑤ Arum, S., Van de, W. J.. The Need for a Definition of International Education in US Universities[A]. In Klasek, C. B. (ed.). Bridges to the Futures: Strategies for Internationalizing Higher Education[C], 1992: 191-203.

⑥ Knight, J.. Internationalization Remodeled: Definition, Approaches, and Rationales[J]. Journal of Studies in International Education, 2004, 8(1): 5-31.

续表

时间	学者	高等教育国际化内涵、概念
1995	汉斯·迪·威特①	高等教育国际化是将国际意识与高等学校职能相结合的过程,是高等教育的国际交流与合作活动,强调形成国际化的精神气质和氛围
1997	范·德·温得②	高等教育国际化是任何系统的、持久的努力,旨在使高等教育适应社会、经济和劳动力市场的全球化要求和挑战
2001	杨福家③	高等教育国际化就是要培养融通东西方文化的一流人才,在经济全球化中更好地为各自国家的利益服务
2004	阿特巴赫④	高等教育国际化是大学为了应对经济全球化的挑战而设定的目标

在多种多样的定义中,最广为接受和广为引用的是简·奈特(Jane Knight)的定义。简·奈特于20世纪90年代在加拿大瑞尔森理工大学(Ryerson Polytechnic University)从事行政管理工作,同时在密歇根州立大学攻读博士学位,研究方向是高等教育的国际化。基于自身的工作经验和环境,她对国际化的工作定义就是"把国际维度或跨文化维度整合进高等学校的教育、科研和服务功能的过程"。⑤ 作为西方主流社会中的一员,她从一个多伦多市高校管理人员的角度来这样看待国际化极其自然。此后,她曾多次修改这一定义,目前在世界范围内被引用最多的就是她在2004年

---

① De Wit, H.. Internationalization of Higher Education in the United States of America and Europe: A Historical, Comparative, and Conceptual Analysis [M]. Greenwood Publishing Group, 2002, 6.

② van der Wende, M.. Missing Links: the Relationship between National Policies for Internationalization and those for Higher Education in General [A]. In Kälvemark, T., van der Wende, M. (eds.). National Policies for the Internationalization of Higher Education in Europe [C]. Stockholm: National Agency for Higher Education, 1997: 19.

③ 杨邦荣,王燕. 国际化是高等教育发展的必然趋势——访中科院院士、英国诺丁汉大学校长杨福家教授[J].中国高等教育,2001(Z2): 38-39.

④ Altbach, P.G.. Higher Education Crosses Borders: Can the United States Remain the Top Destination for Foreign Students? [J]. Change, 2004, 36(2): 18-25.

⑤ Knight, J.. Internationalization: Management Strategies and Issues [J]. International Education Magazine, 1993, 9(1): 21-22.

修改过的定义,即"在国家、部门和院校层面,将国际、跨文化以及全球化维度融入高等教育的目的、功能和知识传播方式中的过程"。她认为相对于以往的定义,2004年的定义适用于不同国家、文化和教育系统。

一些学者质疑简·奈特定义的价值导向及其适用性。范·德·温得(van der Wende,1997)认为这个定义仅仅把高等教育国际化定义为一个过程,而没有说明高等教育国际化这一过程的目的,这就可能给出一个暗示:高等教育国际化本身就是目的。然而,在许多国家和多种情况下,高等教育国际化恰恰被视作达到更加广泛目的的一个手段,比如提高教育质量、重建和更新高等教育体系及服务功能。范·德·温得因而试图把高等教育国际化定义为"任何系统的、持久的努力,旨在使高等教育适应社会、经济和劳动力市场的全球化要求和挑战"。该定义暗示着高等教育国际化本身并不成为其目的,而是高等教育首先向着符合国际标准的体系发展,其次向着全球环境下的开放和服务式体系发展。①

杨锐(2014)认为简·奈特的概念比较契合西方高校的实际,但不一定符合非西方国家的国际化实践。这一定义仅仅基于西方经验,因此也仅仅适用于西方实践。对于非西方社会,现代大学是一个舶来的概念。现代大学起源于欧洲,之所以能够从19世纪中叶就在世界范围内得以建立,主要由于殖民主义。甚至那些逃脱了殖民统治的国家也采用了西方模式。欧洲—北美大学模式从未容忍其他选择,所谓的"国际"视角从一开始就被强加给了这些国家,导致非西方社会中的大学效率低下,并且缺乏"国际"和地方之间的适当结合。因此,在当代西方主导的背景下,非西方社会高等教育的国际化必然会导致西方化和本土化之间长期存在的棘手问题和紧张关系。② 杨锐(2021)再次批判性地审视了奈特对高等教育国际化的定义,他

---

① van der Wende, M.. Missing Links: the Relationship between National Policies for Internationalization and those for Higher Education in General[A]. In Kälvemark, T., van der Wende, M. (eds.). National Policies for the Internationalization of Higher Education in Europe[C]. Stockholm: National Agency for Higher Education, 1997: 19.

② Yang, R.. China's Strategy for the Internationalization of Higher Education: An Overview[J].Frontiers of Education in China, 2014, 9(2):151-162.

认为奈特的定义典型地反映了一个西方人如何从一所院校的角度看待高等教育国际化。这个定义既缺乏体系的视野,也缺乏个体的视角。若从体系的角度看,不会仅仅局限于科研、教学、服务这些方面,看到的应是整个体系。奈特的定义还缺乏个体的角度,对于一个个体而言有许多重要的方面,如国际化发展的困难和挑战、与国际同行的交往、和国际学生的关系、在国际上建立名声等,而不仅局限于教学、科研及服务。[①]

西蒙·马金森(Simon Marginson)专门撰文对这一概念进行了批判,他认为这一定义已经被广为使用了 30 多年,已经脱离了国际化现实,应该被弃用。这个定义试图在西方/北方全球领导的背景下,将相互矛盾的跨境实践统一起来。定义的地理基础在于一种意识形态上的二元对立,即"全球化"(坏)和"国际化"(好),这使得国际化实践者局限于以国家为中心的国际化途径。该概念在形式上缺乏相关性,在后果上却具有相关性,专注于自我特征,即人、机构、国家,而不考虑国际化对其他对象的影响。因此,当西方/北方代理人应用这一定义时,它有助于继续保障欧洲和美国的主导地位。他建议在对高等教育国际化的理解中,应该更多地关注来自非西方国家学者的声音和观点,采用不同的术语,考虑多样性的地理、关系和力量。

中国学者试图基于中国的社会发展需求和教育实际来对中国的高等教育国际化进行本土化的定义。金帷和温剑波(2013)把高等教育国际化定义为"为了提升高等教育的国际竞争力和国际声誉,高等院校在国家政策支持下采取核心——系统的策略模式,将国际化维度融入高等院校的教学、科研与管理中的系统过程"。他们依此概念框架概括出当前中国高等教育国际化的三个重要特征。首先,我国高等教育国际化的动因和目标在于提升大学的国际竞争力和国际声誉;其次,我国高等教育国际化是在国家政策支持下进行的,国家(政府)和大学在国际化进程中以一种协作的关系共同推动高

---

① 杨锐.中国高等教育国际化:走出常识的陷阱[J].北京大学教育评论,2021,19(1):165-172.

等教育国际化的发展;再次,有组织、有规划是中国高等教育国际化发展的又一特征。①

杨锐(2021)认为:"虽然国际化是一个不可或缺的参照系,为高等教育研究者提供了一个看自己的角度,但我们不能眼睛只盯着他人,而应有自己的议事日程。"高等教育研究者需要在守护的基础上求变化,而不是一味地追求与他人一致。所以中国如今急缺的不是西方的价值甚至知识,而是将之与我国传统价值融合起来、建立起兼备中西文化之长的现代高等教育制度。另外,国际化还需要中西兼备、中西相融,高等教育研究者需要掌握两者的精髓而不是只择其一。高等教育研究者的困难首先是如何面对在当代仍处主导地位的西方文化,同时也要意识到这种文化在很多基本取向上与我国传统文化有着巨大甚至根本性差异,诸如与自然、社会和自身的关系以及相应的思维特点等;高等教育研究者必须兼而有之,协调好两者之间的关系,并融入我们的理论、实践和政策之中。②

张优良和莫家豪(2023)认为对于不同社会的高等教育体系而言,"国际"的意义千差万别,国际化的体验也不同,这取决于一国之高等教育在国际知识体系中所处的位置。中国作为发展中国家,亟待打破目前的不平等结构。对于中国而言,实现真正意义上的国际化,必须在全球和地方之间实现平衡,开创具有国际视野和本土特色的发展模式。中国的高等教育国际化必须超越西方化,打造本土与全球融合的国际化模式。第一,"国际化"必须树立全球视野,以"平视"的心态与世界各国交流。第二,"国际化"必须扎根中国本土,探索具有本土特色的高等教育发展模式。第三,"国际化"必须讲好中国故事,积极传播中国发展的经验,致力于提供全球公共产品。③

---

① 金帷,温剑波.如何定义高等教育国际化:寻求一个本土化的概念框架[J].现代大学教育,2013,29(3):5-9.
② 杨锐.中国高等教育国际化:走出常识的陷阱[J].北京大学教育评论,2021,19(1):165-172.
③ 张优良,莫家豪. 超越西方化:中国高等教育国际化的困境及突破[J].清华大学教育研究,2023,44(6):12-20,43.

总之,高等教育国际化是基于不同的价值与理念,是多层次与多维度的,容纳了多种多样活动的复杂现象。对高等教育国际化概念理解上存在的主要差异恰恰构成了我们理解它的重要维度,这些维度分别是因区域差异而产生的动因与目标维度、因定义路径差异而产生的活动与过程维度以及因定义的层面差异而产生的国际化参与者主体这一维度。这三个维度构成了高等教育国际化的概念框架。① 总体而言,中国学者已经从早期的对西方国际化概念的依赖中逐渐走出来,更多地从本土化的视角来审视"国际""国际化""高等教育国际化"的内涵和意义。一方面,中国的相关学者和学术研究已经摆脱了对"西方化"的盲从,以更加平等的方式来审视和发展国际化。另一方面,中国的国际化实践也已经摆脱了对西方文明和西方教育经验的"仰视",更多地研究和开发中华民族的宝贵的文化和教育传统,更加注重中西融合的本土化模式,也更加注重"引进来"和"走出去"的齐头并进。中国学术界对高等教育国际化的理解研究正逐渐变得更加独立、自信和本土化。

二、高等教育国际化的发展途径

在国外高等教育国际化研究的历史上,很多学者都使用了 approach 这个词来探讨高等教育国际化发展的途径。查强和耿益群(2002)基于文献综述,把研究教育国际化主要学者的观点进行分类,把国际化的发展途径分为四类。②

第一类是活动途径。这是至今最为盛行的途径之一,这种途径包括诸如课程改革、交换师生、技术援助和招收国际学生等活动,人们用具体活动或项目来展现国际化维度。实际上,活动途径在20世纪70年代和80年代早期就是国际教育的同义词。然而,如果将国际维度看作一系列的活动,又

---

① 金帷,温剑波.如何定义高等教育国际化:寻求一个本土化的概念框架[J].现代大学教育,2013,29(3):5-9.
② 查强,耿益群.如何认识高等教育国际化:寻求一个概念框架[J].比较教育研究,2002,23(S1):159-165.

并没有对其中各种活动之间的相互关系、相互影响及相互利益进行充分考虑的话,这些活动就易于被认为是相互分离、独立运作的,这常常导致支离破碎的和不协调的国际化。

第二类是能力途径。这种途径强调发展技能、知识以及学生、教师和教职人员的态度和价值观。这一途径的核心问题是如何使知识的生产和传递有助于发展高等学校人员的能力,使他们具备更多的国际性知识和掌握跨文化的技能。因此,能力途径的主要目的是培养教师和学生的国际化能力,是一种服务于学生、教师和教职人员发展国际化能力的手段,开发国际化课程和项目本身并不成为其目的。

第三类是氛围途径。这种途径强调创建一种珍视和支持国际的、跨文化的视野和思想的文化或氛围。这种途径与组织发展理论密切相关。组织发展理论强调在组织内部创建一种文化或氛围,以支撑一整套特定的原则和目标。这种途径认为,国际维度对定义大学和其他高等教育机构带有根本性,并且相信没有强有力的观念、制度和支持文化,任何机构里的国际维度都不可能实现。

第四类是过程途径。这一途径强调通过各种各样的活动、政策和过程,将国际跨文化维度整合或融合到教学、研究和服务功能之中。这一途径的一个主要着眼点在于强调国际维度的可持续性,因此其关注的重心放在国际化项目的各个方面以及诸如政策和过程等组织要素。

总之,国际化在高等教育中通过四种主要途径得以实现:活动途径、能力途径、氛围途径和过程途径。活动途径以具体活动或项目展现国际化维度,但易导致活动间的分裂与不协调;能力途径聚焦于培养师生的国际化能力,发展跨文化技能和知识;氛围途径强调创建珍视和支持国际视野的文化氛围,与组织发展理论紧密相连;过程途径则注重通过活动、政策和过程将国际维度融入教学、研究和服务中,强调国际维度的可持续性。这四种途径各具特色,但也各有缺陷。只有把这四种途径有机结合,使它们相互补充,才能共同推动高等教育国际化进程。

三、高等教育国际化发展的动因

高等教育国际化的动因(rationales)指的是为何要在高等教育中融入国际化的维度,它揭示的是为什么要国际化的问题。

高等教育国际化动因理论以简·奈特的动因理论的形成为标志。简·奈特认为:"动因是指一个国家、部门或高等院校对国际化进行投资的驱动力,反映在政策制定、国际交流项目开发和项目实施等层面,支配着人们对国际化带来的利益或成效的期望。"[①]面对高等教育国际化和全球化的蓬勃发展及高等教育国际化动因理论的幼稚和杂乱,1995年简·奈特与其老师汉斯·迪·威特(Hans de Wit)通过研究,提出了高等教育国际化动因理论。该理论包括四个维度、十九种具体动因。四个维度包括社会文化、政治、学术和经济动因。他们把众多高等教育国际化动力因素进行归类,形成一个分类明晰、系统的高等教育国际化动因理论体系(详见表1-3)。简·奈特和汉斯·迪·威特在其高等教育国际化动因理论中,对四个主要动因的作用和影响力进行了深入分析。他们观察到,在不同的历史阶段,这些动因对高等教育国际化的推动作用各有侧重。在20世纪80年代之前,政治因素在推动高等教育国际化过程中扮演了核心角色。然而,随着经济全球化和市场化的兴起,政治动因的影响力相对减弱。教育逐渐被视为一种可以输出的商品,而不再仅仅是文化援助或文化项目的一部分。这种以市场为主导的转变使得经济动因在高等教育国际化中的作用日益凸显。

尽管简·奈特提出的高等教育国际化动因分类方法在当时颇受欢迎,但在2005年,她开始反思并认识到这种方法存在一定的局限性。她发现,按照原有的分类,某些动因如政治和经济因素的界定变得模糊,难以明确区分。此外,这种分类法未能充分考虑到不同层面——国家、部门和高等教育机构之间的动因差异,而这种区分在现实中正变得越来越关键。因此,简·

---

① Knight, J.. Internationalization of Higher Education: New Directions, New Challenges [M]. Paris: International Association of Universities, 2006:16-20.

奈特决定不再使用她之前提出的"传统高等教育国际化动因"分类方法,而是把高等教育国际化动因分为国家与院校两个层面、十一个动因。国家层面的动因包括人力资源发展、战略联盟、创收/商业贸易、国家建设/院校建设、社会/文化的发展与相互理解;高等院校层面的动因包括国际形象与声誉、质量提高/国际标准、经济创收、学生和教职工的发展、战略联盟、科研与知识产品。至此,高等教育国际化的动因理论得以完善。该理论的核心优势在于,它从参与国际化进程的各个主体出发,深入探讨了推动这些主体进行国际化活动的动力所在。由于各个主体的利益追求存在差异,这决定了它们在推动国际化时的动因也各具特色。

表1-3 简·奈特的高等教育国际化动因理论

学者	年份	动　　因
简·奈特 汉斯·迪·威特[①]	1997	四个方面。① 政治:对外政策、国家安全、技术援助、和平与相互理解、国家认同、地区认同;② 经济:经济增长与竞争、劳动力市场、财政动机;③ 社会文化:国家文化认同、文化间相互理解、公民身份发展、社会和社区团体发展;④ 学术:扩展学术视野、院校建设、形象与地位、提高质量、国际学术标准、科研与教学的国际化维度
简·奈特[②]	2005	两个层面。① 国家层面:人力资源发展、战略联盟、创收/商业贸易、国家建设/院校建设、社会/文化的发展与相互理解;② 高等院校层面:国际形象与声誉、质量提高/国际标准、经济创收、学生和教职工的发展、战略联盟、科研与知识产品

我国学者也在前人研究的基础上提出了国际化动因模型。[③] 李盛兵和刘冬莲(2013)认为高等教育国际化主体除了国家和院校层面,还应包含日

[①] Knight, J., de Wit, H.. Strategies for Internationalization of Higher Education: Historical and Conceptual Perspectives[A]. In de Wit, H. (ed.). Strategies for Internationalization of Higher Education: A Comparative Study of Australia, Canada, Europe and the United States of America [C]. Amsterdam: European Association for International Education,1995:5-33.

[②] Knight, J.. Internationalization of Higher Education: New Directions, New Challenges [M]. Paris: International Association of Universities, 2006:16-20.

[③] 李盛兵,刘冬莲.高等教育国际化动因理论的演变与新构想[J].高等教育研究,2013, 34(12):29-34.

益在高等教育国际化发展中起推动作用的区域和国际组织层面以及部分国家的省级政府和个人层面。在高等教育国际化动因要素上,传统理论非常重视政治、经济、文化、学术这四个维度,却忽视了相当重要且核心的人才要素。这两位学者试图在综合已有高等教育国际化动因理论的基础上,对高等教育国际化动因理论进行新的理论建构(见表1-4)。这个框架以政治、经济、社会文化、学术及人力资源五个维度为纵坐标,以国际组织、区域、国家及高等院校四个层面为横坐标,考虑到了国际化过程中各参与主体的新特点和变化。每个主体都有其推进国际化的核心利益,这些利益成为推动他们参与国际化的主要动力。尽管这四个国际化利益主体在推动高等教育国际化时有着各自的核心利益,但他们在促进国与国之间的文化交流、维护世界和平与稳定、推动知识发展以及加强知识在社会经济发展中的作用等方面有着共同的目标和追求。

表1-4 李盛兵、刘冬莲(2013)的高等教育国际化动因理论框架

	国际组织	区域	国家	高等院校
政治	世界和平与发展 国际交流与合作 全球意识 解决全球问题 人类共同价值	地区认同与合作 战略联盟 外交政策 技术援助	国家安全 外交政策 国家认同 战略联盟	
经济	经济增长与合作	区域建设 经济增长与合作	国家建设 经济增长与竞争	创收
社会文化	国际理解 文化多样性 民族多样性 社会公平	区域文化认同与尊重 区域一体化	国际理解 国家文化认同 与传播	国际理解 国家文化认同 文化多样性
学术	制定国际学术标准 国际资源共享 世界知识的发展	质量提高 研究增强	扩展学术视野 质量提高 科研与知识产品	国际形象与声誉 科研与知识生产 学术质量提高 课程/教学革新
人力资源	人才全球流动	人才的区域流动 人才质量的提高	人才引进 人才培养	学生与教师的引进与发展

在历史上,高等教育国际化发展的动因伴随着不同的历史阶段和社会发展需求而发生变化。第二次世界大战之前,学术性动因是高等教育国际化发展的主要推动力。对于欧洲较先进和成熟的高等教育体系,大多数现代化"后发外生型"国家以追求和模仿欧洲大学模式、实现本国高等教育的近代化作为高等教育国际化发展的主要推动力。那个时期的国际化动因主要为学术动机,当时的国际化活动主要表现为学者和学生的国际流动,在形式上是零散的、个体性的流动,是一种"原始形态"或"传统的"国际化,有别于现代国际化。[①]

对于二战结束后到20世纪80年代的这段时间,资本主义和社会主义国家两大阵营的对立加剧,政治因素成为各国推动高等教育国际化的主要动因。以美国和苏联为首的两大阵营通过提供技术支持和免费接收留学生等国际化活动,扩大自己的政治影响力,巩固其社会意识形态和政治体制。欧美一些发达的工业国家对落后国家和地区的发展支持,包括向其提供项目、派遣专业人员、通过各种渠道对其学生提供专项奖学金等。如1946年美国政府建立的富布赖特项目,20世纪50年代前期中国与其他亚洲和东欧社会主义国家大量向苏联派遣留学生、进修生,学习苏联模式等。[②] 无论是把这些活动理解成人道主义活动或是带有浓厚政治目的的活动,都"以国家的利益、以国家的本体存在作为出发点",这个阶段的政治动因昭然若揭。[③]

20世纪80年代以来,伴随着冷战的结束、全球化时代的到来和知识经济的发展,经济因素成为推动高等教育国际化的主要因素。在这个阶段,经济发达国家与发展中国家在推动高等教育国际化发展的动机上存在着较大的差异。欧美发达国家大力推动教育国际化产业,赤裸裸地追求经济效益。

---

① 黄福涛."全球化"时代的高等教育国际化——历史与比较的视角[J].北京大学教育评论,2003,1(2):93-98.
② 黄福涛."全球化"时代的高等教育国际化——历史与比较的视角[J].北京大学教育评论,2003,1(2):93-98.
③ 吕林海.解读高等教育国际化的本体内涵——基于概念、历史、原因及模型的辨析与思考[J].全球教育展望,2009,38(10):55-60.

自英国开始,美国、法国、加拿大等西方多个国家以及新加坡、马来西亚等纷纷对国际学生收取高额学费,把国际教育作为经济创收和解决就业的重要途径,把高等教育作为一种出口产品,高等教育国际化从之前的政治导向转型为市场导向。相比之下,发展中国家推动高等教育国际化发展的直接目的是推动学术水平和科研能力的提升,但其最终目的仍是提升经济实力和国家竞争力。因此,无论是为了"提高国际化竞争能力",还是"学术和社会、文化驱动力",都源于为了加强人力资源和国际竞争力的经济驱动力。

四、高等教育国际化政策

高等教育国际化政策是指建立在高等教育国际化这一现实基础上的一个国家或地区的政治和规制措施。这些政策旨在更好地适应高等教育国际化的趋势,使本国或本地区的高等教育在国际化过程中获得更多、更好的高等教育资源。

在国家战略的利益相关者方面,根据伯顿·克拉克的协调三角模型,高等教育发展主要受政府、市场及学术权威三种力量的整合影响。[①] 不同国家在三种力量上的偏向存在差异,三种力量间不同程度的结合与角力,形成或力量集中或此消彼长的态势。在制定动因上,高等教育国际化被深深嵌套在经济、政治、文化等国家权力和等级秩序环境之中。在行动路线上,作为国家战略的高等教育国际化既需要考虑高水平的高等教育对外开放与交流,同时也要关注国际资源的引入与本土化发展。由于不同国家发展程度不同,不同国家对国际化的需求与应对存在差异。因此,教育国际化必须体现出不同国家个性的发展道路,在高等教育国际化实践进程中形成了形式各异、重点不同与效益不一的教育国际化政策。杨启光(2008)认为当前的国际化发展主要存在以下几种模式:一是国家政治安全主导型,美国是这种类型的典型代表;二是国家经济需求主导型,英国、澳大利亚、新西兰等国家

---

① [美]伯顿·R.克拉克. 高等教育系统:学术组织的跨国研究[M]. 王承绪,徐辉,殷企平,等译. 杭州:杭州大学出版社,1994:159-160.

是这种类型的典型代表;三是国家教育能力建设主导型,大多数发展中国家属于这种类型,他们的教育国际化政策着眼于提升本国教育品质,加强院校建设与满足人们高等教育需求上。[1]

从高等教育国际化政策演变历程可以看出,国际化政策的制定逻辑根据各国在不同历史阶段的发展需求发生变化。某一国家的国际化政策受到政治、经济、学术、文化与社会这四种驱动力的影响,大多数情况下国家的国际化政策都是各种驱动力综合作用的结果。考量政府政策时必须把其置于国际环境中,这样才能够更好地理解国际和国内各种因素和力量的相互作用。[2] 在20世纪80年代之前,世界各国主要基于政治因素来制定国际化政策,如美国的富布赖特项目和"第四点计划"。20世纪80年代之后,经济因素起到了主导作用,例如欧盟各国于20世纪80年代开始实施的"伊拉斯谟计划"、1995年批准的"苏格拉底计划"以及1999年发表的"波隆亚宣言"等,无不着眼于建立欧洲统一的经济框架,通过欧洲各国间的人员交流、课程、学分、文凭以及学术资格相互承认等,建立相互开放的高等教育体制,促进欧盟劳动力市场的形成,增加欧洲各国在全球经济竞争中的实力。美国2008年颁布的《扩大国际开放,提升美国国家竞争力法案》(*American Competitiveness Through International Openness Now Act of 2008*),将国际教育交流视作美国实现全球领导竞争力战略目标的桥梁。还有一些国家把教育国际化作为产业经济的重要组成部分,如澳大利亚首开为国际教育立法的先河,在2000年颁布了《海外学生教育服务法》,加拿大联邦政府制定了具有全国指导性的《国际教育发展战略》。

20世纪80年代到21世纪第一个十年间,伴随着高等教育国际化的动因从政治演变为经济,国家政策也从"政府主导"向"政府和高校协同"和"高

---

[1] 杨启光.当代不同国家高等教育国际化政策发展模式[J].现代大学教育,2008,24(5):63-67.

[2] Zha, Q.. Internationalization of Higher Education: Towards a Conceptual Framework[J]. Policy Futures in Education, 2003,1(2):248-270.

校主导"演变。① 直到20世纪70年代,无论是在发达国家还是在发展中国家,有关高等教育国际化的各种活动,如留学教育等,基本上都是由国家直接拨款资助,属于国家对外交流或外交政策的一个组成部分。20世纪80年代以来,高等教育国际化对于政治斗争和国家安全的作用已从显性变为隐性,因此政府较少出于政治因素的考虑来制定国际化的法规或制度。再者,经济全球化使跨国贸易变得越来越繁荣,高等教育产品的进出口成为贸易流动的一种重要形式,也成为经济创收的重要方式。高等教育的商品化和产业化使其活动形式变得去集权化和自由化。另外,非政府的高等教育力量迅速壮大也削弱了政府对国际化的掌控,民办和私立高等教育机构对市场的反应更加灵敏和迅速,在办学形式上更加灵活,在国际合作和交流上也更加积极。

进入21世纪第二个十年,生存环境恶化、公共卫生危机频发、地缘政治动荡以及逆全球化趋势等一系列人类共同面临的世界性难题给各国高等教育国际化进程带来考验。② 在此背景下,高等教育在全球、国家、高校等多个空间场域中被各种主体力量塑造,高等教育国际化的行动变得愈发复杂。这个时期的全球趋势是国家的作用愈发凸显,越来越多的国家将高等教育国际化与外交战略、科技创新、经济发展和人才规划等方面统筹谋划,以立法、战略规划、资金支持等形式将高等教育国际化纳入国家战略,与世纪之交时以高校为主体主导国际化发展的偶发性、碎片化、边缘化特征有较大区别。各国根据自身的历史背景、政治体制、经济发展水平、地理位置和高等教育管理体系的不同,形成了各自独特的国际化发展模式。文雯等(2023)结合前人的研究成果构建了一个高等教育国际化作为国家战略的分析框架(见表1-5)。③

---

① 黄福涛."全球化"时代的高等教育国际化——历史与比较的视角[J].北京大学教育评论,2003,1(2):93-98.
② 文雯,王嵩迪,常伶颖.作为国家战略的高等教育国际化:一项多国比较研究[J].复旦教育论坛,2023,21(1):112-120,128.
③ 文雯,王嵩迪,常伶颖.作为国家战略的高等教育国际化:一项多国比较研究[J].复旦教育论坛,2023,21(1):112-120,128.

表 1-5 文雯等(2023)高等教育国际化国家战略的分析框架

利益相关者	政府	中央政府、地方政府
	高校	公立高等教育机构、私立高等教育机构
	第三方机构	非营利组织、协会行会、企业
制定动因	经济动因	追求商业利润或经济利益,服务于经济增长与竞争、劳动力市场
	政治动因	服务于国家的地缘政治、国家安全、外交战略
	文化软实力动因	提升教育水平、国民素质,增进国家文化认同、民族文化传播
	大学影响力动因	提高大学排名,提升大学声誉与国际知名度
行动路径	本土国际化	招收外国留学生
		加强国际科研交流与合作
		强化外语授课
		建设国际化师资队伍
		推进课程国际化与学分认证
		建立国际高等教育质量保障机制
		促进国际毕业生就业
	海外国际化	建设与拓展海外分校
		提供交流项目或远程在线教育项目
		实施教育援助
	建设世界一流大学	

五、高等教育国际化策略

高等教育国际化策略指高等教育机构层面上所采取的国际化措施。高等教育国际化策略呈现出多样性和不均衡性。查强(2003)提出了大学国际化策略制度化的两维度模型。[①] 其中一个维度的两极是中心和边缘,即国

---

① Zha, Q.. Internationalization of Higher Education: Towards a Conceptual Framework[J]. Policy Futures in Education, 2003,1(2):248-270.

际化在有的大学里则处于中心地位,而在有的大学里则处于边缘性活动。另一维度的两极是系统性和特定性,有的大学对于国际化活动进行系统性的计划、组织和实施,而有的大学里只是零散地、不规则地和无计划性地把国际化元素融入大学活动中。

当代高校国际化策略的演变从边缘走向中心,从零散走向系统,从单一走向多元化发展。高等教育国际化对院校而言具有越来越重要的意义,大多数高校都已经把国际化纳入了高校办学方针和战略计划,制定了国际化制度和策略,并建立了专门的国际化部门,配备了专门的国际化工作人员。国际化对于很多高校来说既是手段也是目的。一方面,国际化是服务于经济利益和学术利益的直接手段,发达国家的高校更加注重前者,把国际化作为提升高校地位、扩大国际影响力、增加创收的重要途径;而发展中国家的高校更注重后者,把国际化作为创建一流大学、提高教学和科研实力、提升人才培养水平的重要手段。另一方面,国际化本身已成为一种目的,很多高校过分注重高校排名,力图在国际化的排名维度上获得更好的成绩,从而陷入了单纯追求国际化的误区。

在国际化的策略上,早期的策略相对单一,主要是以人员的跨境流动为主。国与国之间的壁垒仍然非常森严,而技术的落后无法实现方便快捷的国际知识流动,因而那个时期以出国留学、学术培训、国际会议、国际援助等为国际人员流动的主要形式。伴随着信息技术的进步和全球化氛围的提升,国际化策略变得更加多样。一方面,除了跨境流动,在地国际化占据了越来越重要的地位。课程国际化成为最主要的在地国际化内容,课程的形式和内容都融入了更多的国际化维度,如使用外语作为授课语言、使用原版教材、研讨国际化话题等。另一方面,跨境流动的形式也更加丰富,除了人员流动,还包括物质的流动、制度的流动、理念的流动等,如海外分校、合作办学、海外研究机构或研究所、国际化中心、学分互换、网络教育。

1995年,简·奈特和汉斯·迪·威特通过对澳大利亚、加拿大、欧洲和美国高等教育国际化策略的研究提出了四种院校层面国际化策略(见表1-6)。[1]这是最早的以学术活动为主体的国际化策略分类,此后简·奈特对这一策略分类进行了几次调整。这个分类主要着眼于厘清国际化活动及其类型,因此并不是一个严格意义上的国际化策略分类,而更像是对国际化活动的全面罗列和分类。

表1-6 简·奈特和汉斯·迪·威特(1995)的国际化学术策略及活动分类

学术策略	学术性项目	学生交换、国际课程、联合双学位、教师交流、跨文化培训等
	科研与学术合作	区域/问题研究中心、国际科研合作、国际会议等
	外部协作	与NGO组织合作、海外分校、海外校友项目等
	课外活动	国际与跨文化校园活动、种族群体的交流合作

英国学者尼夫(Guy Neave,2002)从管理特征和组织机构入手,将高等教育国际化的组织结构策略划分为"集权的"和"分权的"两种基本模式。在尼夫的研究中,他采用了管理主义和学术主义、主动和被动、集权化和分权化这种完全对立的二元划分方式来研究院校合作,提出了"领导者驱动型"(leadership driven)和"基层单位推动型"(base unit driven)两种策略。[2] 在"领导者驱动型"策略中,中央管理层下缺少一个正式的联结,更多体现"管理理性";在"基层单位推动型"策略中,中央管理层主要是为基础部门的活动服务,更多体现"学术共识"。不过,在这种二分法的类型划分中,两种策略是一个连续统一体的两个极端,而更多的院校层面的国际合作策略实际上是居于其间的,导致这种策略的研究框架缺乏实际操作性。

---

[1] Knight, J., de Wit, H.. Strategies for Internationalization of Higher Education: Historical and Conceptual Perspectives[A]. In de Wit, H. (ed.). Strategies for Internationalization of Higher Education: A Comparative Study of Australia, Canada, Europe and the United States of America [C]. Amsterdam: European Association for International Education,1995:5-33.

[2] Neave, G.. Managing Higher Education Institutional Co-operation:Strategies and Solutions [R]. Paris: The United Nations Educational, Scientific and Cutural Organization,1992.

戴维斯(John L. Davies,1995)提出了四象限国际化发展策略。[1] 他提出了院校国际化策略的两个核心维度:策略的系统性(系统/随性)及其地位(核心/边缘),大学国际化策略由此被划分为随性化(ad hoc)-边缘、随性化-核心、系统化-边缘以及系统化-核心四种策略。其中一个维度的两极是中心和边缘,即国际化在有的大学里处于中心地位,而在有的大学里处于边缘性活动。另一维度的两极是系统性和特定性,有的大学对于国际化活动进行系统性的计划、组织和实施,而有的大学里只是零散地、不规则地且无计划性地把国际化元素融入大学活动中。戴维斯的国际化策略模型强调大学基于对自身优势、劣势判断而制定国际化发展策略,并且对可能的改变与风险有清醒的认识。戴维斯模型率先引入"规划"理念,在世界高等教育领域影响深远,被视为解释高等教育国际化组织策略的分析框架和工具。但对高等教育国际化的"边缘的/中心的"维度进行评价时,如果缺乏可量化的指标,可能会使评估过于主观和模糊。

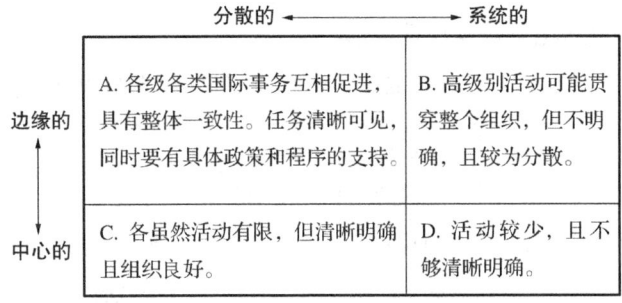

	分散的	系统的
边缘的	A. 各级各类国际事务互相促进,具有整体一致性。任务清晰可见,同时要有具体政策和程序的支持。	B. 高级别活动可能贯穿整个组织,但不明确,且较为分散。
中心的	C. 各虽然活动有限,但清晰明确且组织良好。	D. 活动较少,且不够清晰明确。

图1-1 戴维斯(1995)的国际化策略模型

在戴维斯的影响下,凡·迪克(van Dijk)和梅杰(Meijer)两位学者在1997年基于对荷兰高等教育国际化的分析,提出了他们称之为"国际化魔方(international cube)"的策略模式。[2] 这一模式在戴维斯提出的两个核心

---

[1] Davies, J. L.. University Strategies for Internationalization in Different Institutional and Cultural Settings: A Conceptual Framework [A]. In Blok, P. (ed.). Policy and Policy Implementation in Internationalization of Higher Education[C]. Amsterdam: European Association for International Education,1995.

[2] van Dijk, H., Meijer, K.. The Internationalization Cube [J]. Higher Education Management, 1997, 9(1):157-167.

维度基础上增加了"支持类型"这个维度。国际化活动的支持如果主要来自组织体系，该项支持系统即归类为单一的；而如果对国际化活动的支持来源于行政体系、教师以及院系等多元的系统，就可以称之为是互动的支持系统。依据三个维度和六个方面的划分，两位学者得到了包含了八种国际化发展路径的策略模式。高等教育机构可以通过以下三条路线来实现国际化优先发展：路线1-2-6-8，经过认真思考后获得路径与组织机构文化的"慢跑型"；路线1-5-6-8，具有强烈的国际化意愿与组织机构文化的"领跑型"；路线1-5-7-8，通过多种不同活动和承诺对外部做出迅速反应的"企业型"。处于单元8的高等教育国际化策略最高级，即其被组织机构优先考虑或重点推进，得到交互性的支持并且系统化。凡·迪克和梅杰提出的"国际化模式"延续了戴维斯的理念，以院校在国际化实施中的管理上的特征作为指标，对院校国际化策略进行了更为细致的类型划分。不过，这种研究路径其主要用途是对院校的国际化管理、组织特征进行定性描述，而对于研究院校国际化策略操作性不够。

表1-7　凡·迪克和梅杰(1997)的国际化策略模型

单元	政策	支持	实施
1	边缘的	单方面的	分散的
2	边缘的	单方面的	系统的
3	边缘的	交互性的	分散的
4	边缘的	交互性的	系统的
5	优先的	单方面的	分散的
6	优先的	单方面的	系统的
7	优先的	交互性的	分散的
8	优先的	交互性的	系统的

伴随着学术界越来越多地基于"过程"对教育国际化进行定义，国际化策略研究领域关注的重心也逐渐转移到国际化的政策、过程等组织要素方面。这些要素包括学校高层领导、教师对国际化的承诺，充足的校内拨款及

由专业人员组成的国际办公室,此外还有学校聘用、考核标准中对国际化要求的体现等。简·奈特(1995)通过对大学国际化程序要素的分析提出了她的"国际化循环",用于准确地确定将国际维度融入大学或学院的文化和系统中的每个步骤和阶段(见图1-2)。[①] 简·奈特指出院校将国际的维度融入高等教育机构的文化和制度过程中的几个阶段包括"意识""承诺""规划""运作""审查""强化"。该模型表明,国际化是不断行进、双向流动的过程。简·奈特明确地将"过程观"引入对国际化策略的研究领域中,强调了国际化实施中组织层面的程序与结构,这一模式被后来很多的学者借鉴和运用。不过简·奈特过于强调组织要素,却忽略了国际化主体之间的互动,尤其是在实施过程中大学管理层与院系的互动以及教师的参与。

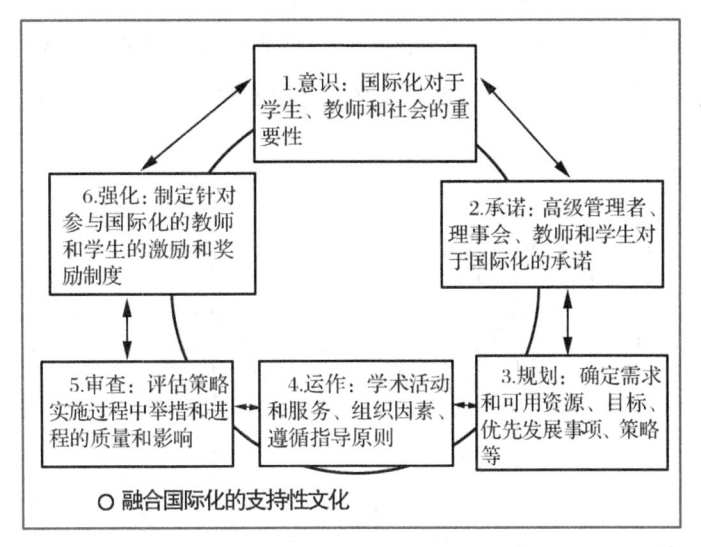

图 1-2 简·奈特和汉斯·迪·威特(1995)的国际化循环模型[②]

---

① Knight, J., de Wit, H.. Strategies for Internationalization of Higher Education: Historical and Conceptual Perspectives[A]. In de Wit, H. (ed.). Strategies for Internationalization of Higher Education: A Comparative Study of Australia, Canada, Europe and the United States of America [C]. Amsterdam: European Association for International Education,1995:5-33.

② 图表中间的圆圈代表了"融合国际化的支持性文化(supportive culture to integrate internationalization)"。

汉斯·迪·威特(2002)改良了简·奈特国际化圆周循环模型,构建出要素更全、更广的概念模型,包含九个双向互动的连续阶段,将组织机构和具体部门衔接起来,把国际化维度融入组织制度过程中的每一个环节,使国际化过程实现从简单的改革创新到院校化的转变(见图1-3)。① 在这一模型中,汉斯·迪·威特融入了对院校国际化发展背景的分析,同时考虑到了国际化对高校整体功能的影响。此模型通过整合路径,加入融合效果,给理解圆周模型带来了一个全面系统的视角:国际化将对融合效果起作用,推动组织机构支持性文化的形成与发展。在所有的阶段之中,既考虑到院校也考虑到院系层面,同时考虑到二者之间的联系。而且,在国际化各个阶段都包括了院校和院系两个方面以及二者之间的关系,这恰恰是简·奈特的国际化模式中缺乏的一点。另外,汉斯·迪·威特模型并不赞同国际化"过程论"的观点,认为国际化本身不是目标,而是推进教学、科研和社会服务的手段。另外,汉斯·迪·威特模型重视"集权的/分权的"之间的联系,是一个巨大的飞跃。

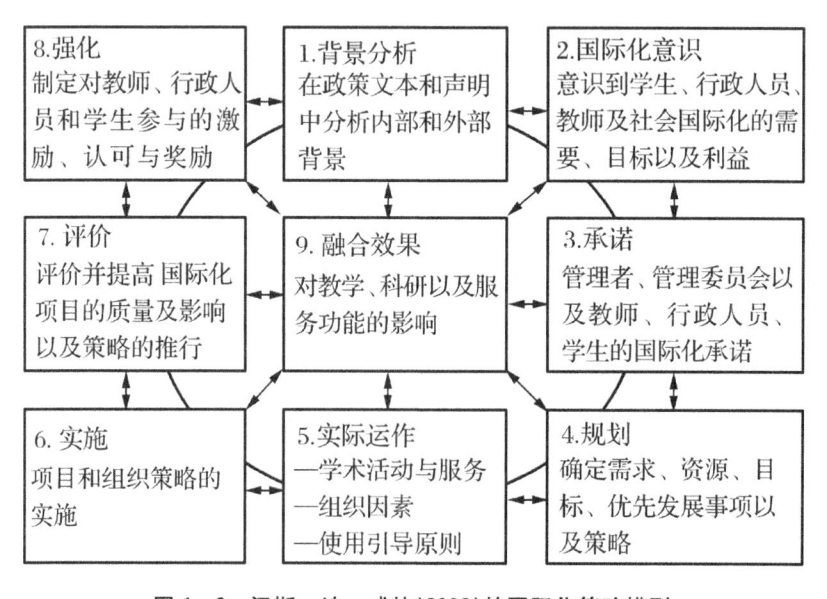

图1-3 汉斯·迪·威特(2002)的国际化策略模型

---

① De Wit, H.. Internationalization of Higher Education in the United States of America and Europe: A Historical,Comparative,and Conceptual Analysis[M].Westport,CT: Greenwood Press,2002.

第二节　高等教育国际化的相关理论

一、依附理论

依附理论主要是拉丁美洲的一些学者在研究拉丁美洲社会现代化进程中提出来的。该理论的核心概念"中心—边缘"源自20世纪50年代拉美经济学家普雷维什(Raúl Predisch)有关拉美经济的著作。依附理论学者反对局部的、社会内部的分析，注重把世界各国看成一个整体，系统地考察外来因素对于社会发展的影响。在他们看来，发展中国家与发达国家处于同一历史发展阶段，在结构组成上是中心—边缘的关系，发达国家的中心地位的确立与巩固在于发展中国家对其所存在的依附关系，这种依附是第三世界国家落后的根源。在现代化的进程中，一些工业发达的国家成为"中心国"，而工业欠发达国家成为"边缘国"。边缘国被强行地纳入由中心国所掌控的世界体系之中，中心国通过对边缘国的剥削和改造，使边缘国处于依附地位，并使其发展适合于中心国的利益要求。

依附理论被引入教育学，成为重要的教育分析框架。以比较教育专家阿特巴赫(Altbach)为首的教育学家使用了教育依附理论的框架，运用中心—边缘的概念对东西方大学的关系进行了较为系统的研究。教育依附理论认为目前国际知识系统不平等现象还非常严重，第三世界国家的大学在国际知识网络中处于不利地位，"现行的国际教育综合体中存在着某些大学和知识'中心'，他们指出方向、提供样板、开展研究，一言以蔽之，就是将自己置于学术系统的金字塔的顶端起着领头的作用，而这一金字塔的底部则是那些处在'边缘'的大学，它们照搬国外的发展模式，很少生产具有原创性的成果，一般不能涉足知识的前沿"。[①] 发展中国家从发达国家移植的西式

[①] 菲利普·G.阿特巴赫.比较高等教育：知识、大学与发展[M].人民教育出版社教育室,译.北京：人民教育出版社,2001：26-48.

学校教育制度,实际上一方面损害了本国传统文化的传承和国民民族意识的培养,另一方面在国民中培养出亲中心国而疏离于本国文化的精英分子。阿特巴赫认为第三世界大学在全球范围内无一例外的都是边缘大学,它们依靠工业化国家,特别是美国、法国、英国和德国的大学为它们提供发展模式。处于边缘地位的发展中国家的大学对处于中心地位的发达国家大学的依附主要体现在以下几个方面:心理依附、模式依附、知识生产依附、语言依附和人员依附。[①] 在当今全球化背景下,发展中国家对发达国家的依附程度不是减轻而是加深了,依附的形式不是外显而是更隐蔽了;中心与边缘之间学术秩序等级分明,从边缘转变到中心并非不可能,但是却有相当的难度,大多数国家特别是第三世界大学系统根本不可能实现这种转变。

对于这种"中心—边缘"依附关系的形成,阿特巴赫从大学历史传统、资源、语言、知识创造与交流、人员流动、新殖民主义等方面展开探源和解释。阿特巴赫认为造成第三世界国家大学与工业化国家大学中心—边缘结构的原因在于历史因素。大学的历史传统是西方的传统,当代大学的发展是从中世纪西方经典大学演变而来的,其管理体制、办学模式等都是西方传统历史文化的产物。传统经典大学所在国家恰恰是二战前帝国主义国家,伴随着西方殖民主义,其教育制度也在全世界范围内传播开来。虽然有些国家试图发展本国特色的教育体系,但是还没有一个第三世界国家从根本上改变了西方大学的模式。这些国家的学校模式、课程、教学技术等从本质上来说都是仿照西方的,甚至许多第三世界国家高等教育所用的语言都是西方语言。从历史发展来看,第三世界国家教育发展的过程是一个依附发展的过程。工业化国家凭借其知识的优越性,出于不同的目的对国外进行项目援助、文化交流等活动,促成了依附关系的继续存在。

另一个造成中心—边缘结构的重要原因是资源因素。第三世界国家的依附地位还来源于它们本身资源的匮乏。阿特巴赫认为丰富的资源对于一

---

① 刘淑华,杨旭.再评高等教育依附理论——基于印度近30年来的高等教育国际化现实[J].高等教育研究,2018,39(6):89-96.

所大学从边缘走向中心是必要但不充分的条件,"几乎没有几所第三世界的大学曾培养出高水平的学者和研究专家,因为它们往往缺乏为创造高水平学术成就提供帮助的基础设施,如图书馆和实验室"。同时,"第三世界的大学往往还缺乏要使自己成为中心大学的愿望",这种心理上的自我殖民也使得这些国家的大学只能成为"知识的消费者"。

阿特巴赫认为语言是另一个重要因素。他的研究表明以"英语为主,法语与德语为辅"的语言在社会政治生活、知识交流及学术活动等方面进一步迫使第三世界"边缘"大学对西方"中心"大学的依附。世界上大多数科学研究文献、数据库都是以英文为主,世界主流的学术研究成果的创造、交流与传播也是用英语作为媒介,在非英语国家也常常用英语授课。毫无疑问,英语目前位于中心,其他语言则被逐渐推到了外围。

另外,学术人员流动的单向度也是一个重要因素。第三世界"边缘"大学对西方工业化"中心"大学的依附关系制约着学生、教师和学者在国际学术体系中的流动,也主要呈现从"边缘"到"中心"、"由南向北"单向度流动。这种单向度流动造成非西方国家的人才流失(Brain Drain)。少量学员学成归国后,倾向于借用西方观念、思维方式与发展模式来引导本国高等教育的改革和发展,难免会使本土大学的思想观念、科研实验室或学术行动继续依附于西方"中心"。

此外,阿特巴赫还将"新殖民主义"的概念应用于高等教育的分析之中。在他看来,"新殖民主义"主要指在旧殖民体系瓦解后,西方工业化国家间接地"通过海外教育援助方式继续维持对第三世界国家的支配和影响",这是殖民主义在新时期的延续与发展。这种对西方工业化国家的"心理依附"不断地产生一种恶性循环,引致第三世界"边缘"更加依赖西方"中心"。随着高等教育国际化的发展,很多非西方国家高等教育机构中课程的内容、讲授方式以及评价手段都来自西方,而没有与本土的文化背景、社会经济发展需要相适应,从而沦为新的殖民主义的形式。

在对高等教育国际化的研究中,阿特巴赫从全球视野去分析问题,把"世界"作为一个基本的分析单位,即世界是一个整体结构,而国家和区域是这个整体的一部分。国家和区域的国际化是全球国际化的一部分,而全球性的国际化发展必定会在每一个国家和区域的国际化政策和活动中体现出来。另外,在国际化的研究过程中,阿特巴赫会使用动态的分析方法来阐述国际化的发展。这种动态的分析方法体现在两个方面。第一个方面是整体—部分—整体的动态结构分析,即首先把握世界高等教育国际化发展的总体特征,再分析不同国家和区域的国际化活动,最后再总结世界高等教育国际化发展的趋势。第二个方面是中心—边缘的动态关系分析,即从"中心"和"边缘"之间的互动和博弈来探讨世界高等教育国际化的不均衡格局。

二、世界体系理论

中心—边缘理论简单的两分法以及极端的"脱钩"战略并不能解释亚洲四小龙的强势崛起、美国霸主地位的渐进瓦解等一系列社会发展的实际。1974年,美国纽约州立大学教授沃勒斯坦的名著《现代世界体系》第一卷出版,其标志着世界体系理论的形成。该理论认为现代世界体系是一个由经济、政治、文化三个基本维度构成的复合体,经济体是整个世界体系的基本层面,是政治体和文化体存在、发展的决定性因素。在经济体、政治体和文化体中都存在着中心—半边缘—边缘的等级结构。在现在的资本主义世界体系中,中心国家对半边缘国家和边缘国家进行了经济剥削、政治控制和文化侵略。而边缘国家则受到中心国家和半边缘国家的双重控制。该理论的代表学者沃勒斯坦继承并发展了依附论中"中心—边缘"的理论结构,将世界体系中的理论结构扩展为"中心—边缘—半边缘"金字塔式的三维理论结构。[①] 其中经济发达、工业先进的发达国家居于体系的"中心"(或核心),如英、美等国,他们处于金字塔的顶端;某些东欧国家、大批亚非拉发展中国家或第三世界处于体系的"边缘"(或边陲),他们处于金字塔的底层;"半边缘"顾名思义是指处于中心和边缘之间的地区,主要包括一些中等发达程度的

---

① 伊曼纽尔·沃勒斯坦.现代世界体系(第一卷)[M].罗荣渠,等译.北京:高等教育出版社,1998:463.

国家。当然"中心"不能简单地理解为富国,"边缘"也不可以理解为穷国,"中心—边缘—半边缘"是三种不同的经济形态。正如沃勒斯坦所认为的,资本主义世界体系中存在"不等价交换",即"中心"拥有生产和交换的双重优势,对"半边缘"和"边缘"进行剥削,获取大部分的剩余价值,维持自己的优越地位;"半边缘"既受"中心"的剥削,又反过来剥削更落后的"边缘";而"边缘"则受到前两者的双重剥削。其中"半边缘"是该理论结构的独特之处,对中心地区来说,它呈现一种边缘化状态,但相对于边缘地区而言,它又呈现一种中心状态。半边缘地区是一个世界经济体系不可缺少的结构性要素,它既不像中心国家那样先进或富有,也不像边缘国家那样缺乏独立而注定要依赖他国。

同时,世界体系内部"中心—边缘—半边缘"的角色是动态变化的,是随着经济政治条件的变化而变化的。比如,世界体系的"中心"先后经历了从荷兰到英国再到美国的几次转变,而"半边缘"的地位也不稳定,其中有的可能会蜕变为"边缘",也可能演变为"中心",而"边缘"中的部分也可能会上升为"半边缘"。"边缘"与"半边缘"在世界体系中位置的变动表明欠发达地区是能够发展的,即对发达国家的依附并不是对依附的否定,而是一种与发展相联系的依附。然而,对发达国家的依附性发展并不是所有欠发达国家都将经历的一个阶段,而是只有很少的一些国家和地区能够获得这样的发展机会。世界体系分析强调世界体系的三维理论结构对国家发展的决定和制约作用,即一个国家的发展和变化主要是由其在世界体系中的位置决定的,其自身的努力所带来的发展和变化是有限的和次要的。

世界体系理论框架也被用于分析教育现象,该理论认为在教育现代化进程中,同样存在着"中心—半边缘—边缘"这种层次结构,处于中心地位的教育发达国家生产知识、提供样板,而处于边缘地区的教育落后的国家则传播知识、照搬模式,在国际交往上处于不利的地位。阿特巴赫作为依附理论的代表人物,也吸收了世界体系理论的有关思想,他认为,"一些工业化进程迅速的国家和地区,如新加坡、马来西亚、中国的台湾,建立了重要的学术基础设施,尽管它们不太可能完全赶上欧洲或北美的工业化国家,但它们的大学已经接近或达到世界优秀大学的先进水平"。① 区别于依附理论,世界体系理论认为在教育发展过程中,中心—边缘的地位不是一成不变的,而是发展的,是可以打破的。比如,德国通过国家对大学的财政支持、重视科研等措施,在19世纪中叶走向了中心地位。同样,美国也通过采用德国研究生教育的学术模式,重视应用研究并与社会紧密联系而实现了从学术边缘向中心的转移。

世界体系理论适应了新的世界政治经济格局的要求,强调从世界这一整体发展与变化的角度来全面考察国与国之间的关系,为当代社会科学研究提供了一种新的理论分析框架。相对于依赖理论对中心和边缘国家的简单分类,世界体系理论把完全依附与相互依赖作为坐标轴的两端,可以建立与坐标轴中的任意一点对应的分析框架。某一个国家可能存在一定程度的依附或者只是在某些领域中存在依附。世界体系理论为解释教育发展中不平等现象和某些国家教育跨越式发展提供了理论支撑,为第三世界国家教育发展甚至赶超发达国家提供了理论支持。相对于依赖理论,世界体系理论更具"全球性视角"和历史发展观。

三、软实力

软实力(Soft Power)概念产生的背景是20世纪下半叶的美国,在第二次世界大战和冷战结束后,美国确立了其世界头号强国的地位。为了维护其霸主地位,在"后冷战时代"继续扩大其影响力,美国政府把其竞争模式从硬实力扩展到了软实力领域,通过更"平和"、更隐蔽、更潜移默化的方式来拉拢人心、获取利益。软实力概念最早由哈佛大学教授约瑟夫·奈(Joseph Nye)于1990年提出,他强调了文化和规范作为改变国际体系中其他行为体的行为手段的重要性。② 奈将软实力定义为"通过吸引力而非胁迫或支

---

① 菲利普·G. 阿特巴赫. 比较高等教育:知识、大学与发展[M]. 人民教育出版社教育室,译. 北京:人民教育出版社,2001:26-48.

② Nye, J.S.. Soft Power: The Means to Success in World Politics[M]. New York: Public Affairs, 2004:54.

付手段获得所愿之物的能力……来自一个国家的文化、政治理想和政策的吸引力"。以移民为例,软实力就体现在一个国家对其他国家的人们的吸引力,吸引他们迁移到自己国家来生活和工作。因此,在这些情况下,吸引力不仅具有心理或形而上学的属性,而且具有清晰的物理可观察的行为变化,即一个国家的人们迁移到另一个新的国家。

软实力的一个核心概念是"吸引力"。奈首先从吸引力的角度描述了软实力概念,并讨论了吸引力在美国对其他国家的外交政策中的重要性。在冲突时期,美国政策中广泛使用了外交政策中的吸引力概念,例如,在越南战争期间把"赢得人心"[1]作为重要的武器。事实上,软实力早已作为外交政策中传统经济和军事制裁倾向的替代方案。奈将硬实力和软实力进行了鲜明的对比,主要是通过区分对他人产生影响的方式。在软实力语境中,国家通过吸引和说服来影响他人并获取国家利益,与通过高压政治、军事力量或经济制裁等方式来获取国家利益的硬实力形成鲜明对比。软实力不是依靠军事手段来影响他人,而是通过文化吸引力来影响他人。软实力和硬实力作为两极构成了一个连续体,在两极之间是一些偏软或偏硬的手段或方式。

一个国家的软实力与三个特征有关:文化、政治价值观及其在国际政治中的战略。软实力主要体现在政治、经济、文化、教育和外交五个领域,而教育是其中最基础的领域。[2] 教育国际化通过向更多外国学生开放国内学校等教育机构、吸引来自全球各地的移民这些方式使该国家能够向来自其他国家的学生传授文化,并吸引他们支持该国的国家政策。为提升一个国家的软实力,教育国际化通常可做的是两个方面:促进本国大学的国际化,从而吸引外国学生;向国外出口教育机会以影响外国人口。许多国家在二战后制定了增加国际文化理解的计划,如美国新闻署、英国文化协会、德国学

---

[1] 原文为 hearts and minds,指人心和思想(通常指通过说服、教育或文化交流等手段赢得他国人民的好感和信任,以达到外交或政治目的)。

[2] Zhou, J.. Does China's Rise Threaten the United States? [J]. Asian Perspective, 2008, 3(32): 171-182.

术交流中心、德国歌德学院、日本基金会等。

教育国际化在促进国际流动方面扮演着重要作用,被发达国家作为提升软实力的重要途径。以美国为首的西方国家通过高等教育国际化,不仅获得了巨大的经济效益,还取得了文化传播和价值观输出等潜在收益。正如美国前国务卿鲍威尔所说:"世界各地的许多领导人和重要人物都曾经接受过美国的教育,他们对美国亲切又友善,我无法再找到比这更加珍贵的财富了。"[1]

四、知识外交

简·奈特于2015年把知识外交的概念引入高等教育国际化领域。[2]她认为当今已进入后工业时代的知识社会,知识成为国家经济增长和社会文化发展的主动力,对知识的重视极大地提升了高等教育的重要地位。高等教育不仅培养未来社会的公民和劳动者,还生产了新知识并把它们传播开来。高等教育有着学者合作和学术流动的悠久历史,加之如今科研创新和政策网络、国际教育中心、合作项目、全球和跨国大学的建立,高等教育通过知识的生产、扩散和交换为建立和加强国家与地区之间的国际关系做出巨大的贡献,这就是知识外交。奈特指出,知识外交的理论具有以下特征:多方或多个利益攸关方参与;聚焦高等教育,尤其是高等教育研究和知识创新;尊重不同的动因、需求及注重发挥各方资源形成合力;注重体现对等原则,和而不同;强调协商、合作以及协作;注重开展不同层级的合作;强调共同应对全球问题;强调构建和强化双边或多边的国际关系。上述知识外交的特征不是一成不变的,而是需要根据理论的深化和国际关系及高等教育国际化的实践不断演化和更新。

---

[1] Powell, C. L.. Statement on International Education Week 2001[EB/OL]. (2001 - 08 - 07)[2020 - 05 - 13]. https://2001 - 2009.state.gov/secretary/former/powell/remarks/2001/4462.htm.

[2] Knight, J.. Moving from Soft Power to Knowledge Diplomacy[J]. International Higher Education, 2015(80):8 - 9.

知识外交相比传统国际化理论,强调高等教育国际化促进师生、文化、科学、知识和技能流动的核心功能,批判了国际化对经济利益的畸形依附,认为协商、合作以及协作的国际化模式必将替代强权和控制。知识外交颠覆了零和博弈的国际秩序主张,认为互利共赢的国际合作模式会最终带来高等教育国际化的可持续发展。

奈特对知识外交和软实力的内涵进行了详细的区分。[①] 奈特从动因、策略、价值观和成果四个层面对比了知识外交和软实力两种理论的不同之处(见表1-8)。奈特认为,无论是硬实力还是软实力,最终体现的还是一国政治、军事、文化、科技实力的强大和影响力,不管哪种实力作用于教育国际化的实践过程,都难以实现真正意义上的互利共赢。即使是所谓处于"中心"地位的国家和大学通过教育资源共享或输出、科技援助等名义与处于"半边缘"或"边缘"地位的国家和大学开展合作也无法保障。这是因为,处于"中心"地位的国家的准则、价值观、语言、科学革新和知识产出主宰、挤压着其他观念和实践。相比之下,知识外交理论具备自我实现价值和利他特性,强调国际交流交往发起的自下而上的路径和注重突出互学互鉴、互利共赢的价值观,更重要的是强调了在知识外交理论指导下的国际交流合作实践是双边或多边合作机制的成果。奈特指出,处于"中心"地位的国家的大学,应主动承担知识创新和传播的责任,并使其成为当代大学的重要职能,助力高等教育国际化这一共同目标。知识外交理论范式中的高等教育国际化既不是所谓"中心"国家向"边缘"国家的单向输出,也不是高等教育跨国竞争的此消彼长、零和博弈。知识外交作为一种研究高等教育国际化的理论范式,其框架体系和内容仍需不断完善。

---

① Knight, J.. Knowledge Diplomacy: A Bridge Linking International Higher Education and Research with International Relations[R/OL].(2018-05-23)[2020-01-26]. https://www.britishcouncil.org/researchpolicy-insight/research reports/knowledge-diplomacy.

表1-8 知识外交与软实力的异同

概念	知识外交	软实力
动因	• 强调共同应对问题 • 在合作共赢的前提下强调自我实现和利他 • 实现过程是自下而上的	• 强调自我实现 • 强调强势文明或政治制度对其他文明的影响力和相对的控制力 • 实现过程是自上而下的
策略	• 沟通、交流、妥协、互利合作、互相支持	• 优势吸引和引领,通常以资金支持或宣传的形式体现
价值观	• 互学互鉴、互利双赢	• 控制、权威主义、竞争
成果	• 双边或多边机制产出的成果	• 单边机制产出的成果

第三节 国际化相关概念的辨析

随着国际化的日趋成熟,国际化的重要性已经得到政府、高校、社会各界和个人的广泛认可,但其复杂性也与日俱增。与国际化相关的一些重要概念常常会引起混淆,有必要进行辨析。

一、国际化与全球化

高等教育国际化和全球化紧密交织在一起。以往学术界对两者之间的关系有四种不同的看法:等同说、因果说、辩证说、区分说。[①] 但伴随着全球化和国际化的深入发展,学术界对两者之间的关系已基本达成一致,即国际化与全球化是既有区别又有联系的两个概念。两者的区别在于,全球化强调理念、资源、人员、经济、价值观、文化、知识、货物、服务和技术的全球流动,而国际化强调国家、人才、文化、机构和系统之间的关系。全球化强调"世界范围内流动",而国际化强调"国家之间关系",两者之间的区别是显著

---

① 黄福涛."全球化"时代的高等教育国际化——历史与比较的视角[J].北京大学教育评论,2003,1(2):93-98.

而深刻的。① 究其最终目标,全球化追求的是超越国界的、超越文化差异的一元或同质化世界,国际化追求的是在保留主权国家和异质文化基础上进行的国与国、文化与文化之间的交流。②

同时,两者之间存在着密切的关系。一方面,全球化为国际化的发展提供了外部环境。如陈学飞(1997)就把"经济与贸易的全球化趋向""信息传播的全球化"纳入高等教育国际化的动力之列。③ 阿特巴赫把"教育国际化"定义为一个国家、一个教育系统、一所大学"对全球化的政策回应",通过学生流动、知识创造、人才培养等应对"人类知识体系中的不平等"。④ 加拿大学者简·奈特认为:"高等教育国际化是一国针对全球化的影响而采取的一种应对措施,同时尊重本国的特点。"⑤范·德·温得(1997)把国际化定义为"高等教育回应社会、经济和劳动力市场的全球化所带来的要求和挑战而做出的系统努力"。⑥ 吕林海认为全球化引发了国际化的发展,而国际化的实施与运作又必然推动了全球化的发展进程。⑦ 同时,高等教育国际化推动了全球化的进程。跨国教育的增长及其在双边和地区贸易协定方面的

---

① Knight, J.. Global: Five Truths About Internationalization[A]. In Mihut, G., Altbach, P.G., de Wit, H. (eds.). Understanding Higher Education Internationalization[C]. Rotterdam: Sense Publishers, 2017.
② 吕林海.解读高等教育国际化的本体内涵——基于概念、历史、原因及模型的辨析与思考[J].全球教育展望,2009,38(10):55-60.
③ 陈学飞.高等教育国际化——从历史到理论到策略[J].上海高教研究,1997(11):57-61.
④ 周南照.教育国际化的若干国家政策比较和世界态势反思[J].世界教育信息,2013,26(4):3-18.
⑤ Knight, J.. Global: Five Truths About Internationalization[A]. In Mihut, G., Altbach, P.G., de Wit, H. (eds.). Understanding Higher Education Internationalization[C]. Rotterdam: Sense Publishers, 2017.
⑥ van der Wende, M.. Missing links: The Relationship Between National Policies for Internationalisation and those for Higher Education in General [A]. In Kalvermark, T., van der Wende, M. (eds.). National Policies for the Internationalisation of Higher Education in Europe[C]. Stockholm: National Agency for Higher Education. 1997: 18.
⑦ 吕林海.解读高等教育国际化的本体内涵——基于概念、历史、原因及模型的辨析与思考[J].全球教育展望,2009,38(10):55-60.

融合都促进了全球化的进程。① 随着国际化的不断深入发展,国际化的范围可能超越国家与文化的框架,逐渐发展上升至区域范围内的交流和合作,并进而超越区域性范围而趋向于全球范围。② 汉斯·迪·威特等人(2017)提出了"高等教育国际化之全球化"这个概念,认为在全球化的进程中,国际化面临着两个发展方向,一是更具竞争性的方向,而另一个是更加具有社会责任感的方向。③

二、国际化与商业化

伴随着高等教育国际化的发展,商业性成为越来越明显的动机和特征。印度学者提拉克提出了传统国际化和商业国际化的区别。传统的国际化理论主要立足于学术、社会、文化和政治领域,而今天高等教育商业化正或隐或显地作为其中最具统治地位的现象和特征而出现。由国际化带来的好处如学术交流、日益增长的多层次的文化联系以及技术推广,更应该归功于国际化的传统形式而不是商业化。例如,国际化的传统形式有潜力提高和改善教育质量自身,但是商业贸易、特许经营以及网络(远距离)教育项目本身则不具备这种可能性。④

高等教育作为一项准公共产品,除了人才培养、知识创新和社会服务,还会产生一系列社会、文化、经济和政治方面的外部效应。尽管高等教育逐渐受到商业化的侵蚀,但为社会提供公共服务才是其核心价值属性。如果过分追求高等教育的产业化和其商业利润,必然会导致无序竞争和最终的

---

① Knight, J.. Global: Five Truths About Internationalization[A]. In Mihut, G., Altbach, P.G., de Wit, H. (eds.). Understanding Higher Education Internationalization[C]. Rotterdam: Sense Publishers, 2017.

② 黄福涛."全球化"时代的高等教育国际化——历史与比较的视角[J].北京大学教育评论,2003,1(2):93-98.

③ De Wit, H., Gacel-Avila,J., Jones, E., Jooste, N.. Introduction[A]. In de Wit, H., Gacel-Avila,J., Jones, E., Jooste, N.(eds.). The Globalization of Internationalization: Emerging Voices and Perspectives, Internationalization in Higher Education Series[C]. New York/London: Routledge, 2017:232.

④ 詹德赫亚拉·B.G.提拉克.高等教育国际化的经济分析(续)[J].刘丽芳,邓定,译.教育与经济,2013(2):9-17.

私有化。提拉克(Tilak,2015)认为人类社会进入后殖民时代后,西方的新自由主义价值观重新定义了国家、市场、教育之间的关系,国家被认为只应起到推动市场运行的辅助作用,教育只被当作创造经济财富的工具,甚至越来越多地不再以服务民族国家为导向,而是服务于国内和全球资本市场。换言之,教育从公共物品变成了私人物品,可受制于市场规则。即使是在某些传统约束力很强的地区,这些变化也在迅速发生,教育研究的理论和方法、教育政策都受到新自由主义的深刻影响。[①]

当前高等教育国际化正变得越来越商业化,西方发达国家推行的商业化高等教育国际化使得西方发达国家获得巨大收益,而发展中国家遭受了资本外流和人才外流的损失。商业化国际化模式是否就是未来国际化发展的方向?回答这个问题还要回到高等教育的本质上来。高等教育的本质是为了盈利,还是为社会提供公共服务?如果回归这个核心问题,就可以看出国际化的最终目标是为了促进全球范围内的高等教育水平的提升,其作为商品的性质只能作为附属性质。

三、国际化与在地化

在地化(localization)也被称为"本土化"。"在地国际化"是20世纪90年代后期才提出的新概念。这一概念提出的意义在于,它唤起了高等教育国际化实践向纵深发展的自觉意识,因为在地国际化不仅意味着国际化空间的转移,也意味着高等教育国际化从要素流动的外部表征向本土校园国际化内涵建设的推进。高等教育在地国际化是在空间上与跨境国际化相对的概念,指的是高校充分利用本土可及的国际化资源提升国际化教育水平的过程,一般包括课程、师资、校园文化、办学理念、运行制度等领域的国际化。[②] 国际化和在地化是一体两面的关系,两者相互补充。国际化主要强调与世界接轨,而在地化强调融入本土化的因素。自19世纪以来,西方文

---

① Tilak, J. B. G.. Towards a Sustainable, Humane Society[J]. University World News, 2015.
② 房欲飞.主要发达国家高等教育在地国际化发展动向与趋势[J].世界教育信息,2024,37(1):12-21.

化成为优势文化,西方的学术传统在世界范围内占据统治地位,向西方学习成为非西方国家无可奈何却又不可规避的历史趋势。现代国际化以西方发达国家为中心,其他国家只能是国际化的外围。对于外围国家而言,问题的关键不在于是否要加入国际化,而是如何发展国际化。我国台湾地区学者叶启政认为,高等教育的理想目标有两个基本面向:传授专业知识与培养文化品质,而在地化将是发展中国家发展国际化的必要指针。[①] 在地化要求在西方专业知识特别是人文社会方面的知识学习上,必须具备历史意识和哲学体认,即认识知识背后的历史背景和认识模式。历史意识包括外部史和内部史,即西方社会的发展史和某个学科的发展史。而哲学体认重点在于学习者要了解课程内容背后的哲学预设和认知基础。总之,对于国际化的知识体必须带有历史性、批判性的观点去学习,从而做到知其然并知其所以然。

叶启政(2017)认为建设在地国际化的理由在于三点。第一,就教育的现实功能来看,知识能否配合与满足本土需要是首要考虑。第二,学习西方知识体是不可抗拒的历史命运,如果要想超越西方优势知识体或者至少与其并驾齐驱,那么怀着学习的心境和批判的态度深入西方学术殿堂的内部和深处进行理解和诠释是必要的功夫。一方面,这可以用来检验西方知识体背后之文化历史属性所可能带来的系统性偏见;另一方面,它有助于以关怀人类未来之文明发展的态度来开创另一种不同格局的知识体,而让这个新的知识体系既超越既有的西方优势知识体制,并且有着共缔更具前瞻性和超越性的国际化知识体制的契机。第三,"在地化"是生成学术原创力的必要条件,也是缔造民族自信的知识体制的基本条件。

国际化和在地化从来都不是相互排斥的,而是相互补充的。最近一些新概念如全球在地化和在地国际化理念的涌现也证明了两者之间越来越

---

① 叶启政.高等教育"国际化/在地化"的吊诡与超越的彼岸[J].北京大学教育评论,2017,15(3):73-91,189-190.

多、越来越好地结合在一起。① 目前无论是在学术界还是社会实践中,都没有建立专门的在地国际化政策或战略。这种现象的存在,并不意味着在地国际化没有得到充分重视,而是因为在地国际化很难离开跨境国际化单独发展。正如简·奈特所指出的,在地国际化与跨境国际化作为高等教育国际化的两条支流,二者不是非此即彼、相互排斥的关系,而是相互支持、相互促进的。② 在地国际化的推进,可以增强全体在校生的国际化素养,使得他们增强跨境流动的自信、推动跨境流动行为,并使学生在跨境流动期间更加胜任境外的学习和生活,进而增强获得感。反过来,跨境国际化的推进,也可以为本土校园带来越来越多的国际元素,使得在地国际化的推进更有资源依托。

近年来,越来越多的国家把在地国际化作为国际化战略的一部分,原来这些国家的高等教育国际化政策或战略中只是自发地提到在地国际化实践的部分要素,如师资的国际化、课程的国际化等,而现在是明确提出在地国际化的概念。近年来,新民族主义、民粹主义与狭隘的国家主义甚嚣尘上,新冠疫情对跨境流动的打击更是给国际化政策的制定者和实践者带来了深刻的思考,全球国际化格局正在发生巨大变革,世界各国高等教育国际化所面临的挑战也在随之加剧。在地国际化具有受众覆盖面广、执行成本低、对外依存度低等优势,在新形势下已经成为高等教育跨境国际化的有益补充。在地国际化作为高等教育国际化的重要组成部分和各国发展高等教育的战略手段,为变革高等教育国际化模式与结构提供了新思路。

---

① 叶启政.高等教育"国际化/在地化"的吊诡与超越的彼岸[J].北京大学教育评论,2017,15(3):73-91,189-190.
② Knight, J.. Internationalization Remodelled: Definition, Approaches, and Rationales[J]. Journal of Studies in International Education, 2004, 8(1): 5-31.

第二章 现代美国高等教育国际化政策的演进[①]

第一节 概 述

  最早的美国高等教育国际化可以追溯到 19 世纪,当时美国学生较大规模地赴海外旅居和留学,教师和学生是当时国际化的参与主体,国际化的主要推动力来自学术与文化。在 20 世纪初期到第二次世界大战结束的差不多半个世纪中,一些国际联盟组织在全球范围内推动国际化建设,1919 年总部设在纽约的美国国际教育协会就是其中一个。20 世纪初,哈佛大学、哥伦比亚大学等美国知名院校与欧洲一些国家建立了校际交换项目,其中德国对美国高等教育产生了深远的影响,美国与欧洲诸国的学生到彼此国家交流学习。第二次世界大战以前,多数美国高等教育国际化活动还只是非官方性质的,组织松散,规模很小。第二次世界大战之后,随着美国在世界地位的改变,美国政府开始重视本国高等教育国际化,并制定相关政策,从而推动了高等教育国际化的快速发展。

  学术界对美国高等教育国际化的发展阶段的划分大致相似。崔淑卿和

---

  ① 本章主要阐述二战之后到特朗普执政之前这一阶段的美国高等教育国际化政策,特朗普执政之后的国际化政策将在第三章中阐述。

钱小龙(2012)把美国高等教育国际化的发展划分为四个阶段,即萌芽期(殖民地时期至二战前)、发展初期(二战后至20世纪70年代初)、成长期(20世纪70年代初至20世纪80年代末)和成熟期(20世纪90年代初至今)。[①] 高鹏(2015)把美国高等教育国际化历程分为四个阶段,分别是学习欧洲——美国高等教育国际化的奠基期(从殖民地时期到19世纪末)、走向世界——美国高等教育国际化的转型期(20世纪初至二战末期)、战略工具——美国高等教育国际化的战略发展期(二战结束后至20世纪末)、继往开来——美国高等教育国际化的竞争发展期(2001年至今)[②]。

殖民地时期,美国的高等教育刚刚起步,主要受到来自英国的深刻影响。这一时期,许多殖民地的学院和大学都模仿了英国和德国的教育模式和教育理念。尽管当时的教育资源有限,但这种向欧洲学习的模式为美国高等教育的发展奠定了坚实的基础。随着美国独立战争的爆发和胜利,美国开始逐渐摆脱英国的束缚,寻求自身的发展道路。然而,在教育领域,欧洲特别是英国和德国的影响仍然显著。美国的教育家们开始更加深入地研究和借鉴欧洲的教育经验,以期推动本国高等教育的发展。19世纪中期以后,随着工业革命的推进和科技的快速发展,美国社会和经济发生了巨大的变化。这种变化对高等教育提出了新的要求,也为其国际化提供了新的动力。在这一时期,美国的高等教育机构开始更加积极地与欧洲的大学进行交流和合作,并引进先进的教育理念和教育方法,同时也开始吸引越来越多的国际学生和学者前来学习和研究。在这一过程中,美国高等教育逐渐形成开放、包容、多元的特点,为后来的国际化发展提供了有力的支撑。同时,美国高等教育也在这一过程中逐渐确立了自身的国际地位,成为世界各国学习和借鉴的重要对象。

二战后,随着国际形势的新变化,世界形成了美苏两极争霸的格局,双方为了维护和扩大国家利益,在经济、外交等多个领域展开了激烈的竞争。

---

① 崔淑卿,钱小龙.美国高等教育国际化的兴起、发展及演进[J].现代大学教育,2012,28(6):37-42,70.

② 高鹏.美国高等教育国际化的历程研究[D].长春:吉林大学,2015:53-143.

在这场综合实力的较量中,美国政府将高等教育视为一项关键工具,并进行了战略规划。他们通过一系列法案和法规对高等教育国际化给予大力支持,并向苏联东欧地区以及第三世界提供教育援助,输出美国的高等教育模式,以扩大在这些地区和国家的影响力。美国高等教育国际化成为冷战期间美国政府主导的重要工具,在美苏双方的竞争中发挥了重要作用。教育国际化逐渐成为美国外交政策的重要组成部分,联邦政府的逐步介入使得高等教育国际化进入了官方、有组织的时代。进入20世纪70年代,冷战期间的美国和苏联都进行了战略调整,东西方关系得以缓和。然而,美国在越南战争的困境和国内社会矛盾的加剧下,国家实力受到损害,战略上趋于收缩。这种战略调整也对作为冷战工具的高等教育国际化产生了影响。由于美国战略的收缩,政府对高等教育的投入减少,美国高等教育国际化在20世纪70、80年代进入停滞与发展的并存阶段。

冷战末期,随着美国对社会主义阵营和平演变战略的加强,高等教育国际化再次受到美国政府的重视。政府逐步增加资金投入,并提供全面的政策支持,推动了美国高等教育国际化的恢复与发展。这一举措不仅有助于实施美国对苏联东欧地区的"和平演变"计划,而且高等教育作为一种具有深远影响的文化输出手段,也被美国政府高度重视。他们试图通过教育输出和交流来引导苏东地区国家的转型,使这些国家形成对美国民主自由体制与文化的认同,从而自愿加入美国的阵营。因此,高等教育国际化在冷战后继续发挥着拉拢人心的重要作用。

1991年,苏联宣布解体,标志着冷战时期两极对峙的格局结束,全球进入所谓的"后冷战"时代。在这个新的时代背景下,经济全球化成为世界经济发展的主导趋势。为了适应这一趋势,美国的高等教育国际化得到快速发展,并在20世纪90年代成了高等教育领域的焦点议题。冷战的结束减弱了政治对抗,推动了世界一体化进程的不断加速,进而催生了全球化时代的到来。在这个过程中,经济的重要性日益凸显,国家之间的竞争也从传统的政治和军事对抗转变为以经济、科技和人才为核心的综合国力竞争。"冷战时期,美国高等教育国际化深受政治的影响,然而冷战结束之后,美国高等教育国际化从政治中转移出来,向着经济的方向发展。全球市场经济的发展对高等教育国际化提出更高的要求,这也使得美国高等教育国际化的发展方向演变为将高等教育资源作为一种商品来向外出售。这是新时期高等教育国际化的一个显著特点。"[1]

进入21世纪,随着冷战的结束和美国世界霸权的稳固,美国政府对高等教育国际化的支持相较于20世纪末有所减弱。然而,2001年的"9·11"事件不仅给美国带来了巨大的伤亡,也对全球产生了深远的影响。这一事件后,美国国内的保守主义逐渐占据主导地位,高等教育国际化在保守主义的影响下陷入困境。为了维护国家安全,美国政府实施了一系列限制高等教育国际化的政策,使得这一时期的高等教育国际化陷入低谷。

随着安全局势的逐渐稳定,美国对高等教育国际化的限制逐渐放宽。与此同时,欧洲、日本、澳大利亚等国家的高等教育国际化取得了显著的进展和完善,对美国的高等教育产生了强烈的竞争压力,挤压了美国的高等教育市场。为了应对这一挑战,美国高等教育国际化实施了全面化战略,旨在恢复和发展其国际化水平。政府重新加大了对高等教育的支持力度,特别是将高等教育与公共外交相结合,向中东阿拉伯国家进行文化输出,以改善美国在伊斯兰世界的形象,从而缓解穆斯林对美国的敌视。此外,美国高等教育还积极参与与欧洲、日本、澳大利亚等国家的全球教育市场竞争,旨在维护国家的影响力和国家利益。这一战略不仅有助于提升美国高等教育的国际竞争力,还为美国在全球舞台上塑造积极形象、扩大影响力提供了有力支持。

特朗普政府的执政加上新冠疫情导致美国的高等教育国际化重又陷入低谷。特朗普政府采取了多项逆国际化政策,不仅通过签证和移民政策来限制留学生的数量和来源,还通过政府对高等教育的财政资助来引导大学减小国际化招生规模和国际化交流力度。特朗普政府在新冠疫情期间的严

---

[1] De Wit, H.. Changing Rationales for The Internationalization of Higher Education[A]. In Barrows, L.C. (ed.). Internationalization of Higher Education: An Institutional Perspective[C]. Paris: The United Nations Educational, Scientific and Cultural Organization, 2000:17.

苛政策则给在美留学生设置了更多的障碍,一度使美国和其他国家的物理流动停滞。特朗普执政期间,高等教育国际化的"政治化"特征非常明显,尤其是在中美之间的国际合作和交流上变本加厉。拜登执政后,保留了大部分特朗普执政期间的国际化政策,国际化交流政策并没有明显改观。

第二节 现代美国高等教育国际化政策的演变

二战之后,美国的国家意志显著体现在高等教育国际化之中,国际化表现出明显的政府主导特征,政府成为美国高等教育国际化的推动者和引导者,高等教育国际化成为美国政府政治巩固和经济增长的战略工具。

陈越和王余生(2016)把二战后到特朗普政府上台前的美国高等教育国际化政策划分为四个阶段,按照先后次序分别是"国家安全目标推动阶段""全球化时代背景照应阶段""恐怖主义恐慌笼罩阶段""多元目标推动阶段"。[①] "国家安全目标推动阶段"主要是在冷战期间,资本主义阵营与社会主义阵营的对峙胶着化,要求美国扩大国际交流与沟通,促进国际理解和美国文化意识形态输出,以科技文化援助扩大美国势力范围,以抵抗苏联在中欧、东欧和亚非拉地区的联合阵营。"全球化时代背景照应阶段"是在20世纪80年代末至2001年这段时间,伴随着全球化和信息技术革命,高等教育国际化成了美国维持科技领先地位和保持国际竞争力的重要路径。"恐怖主义恐慌笼罩阶段"主要为"9·11"事件发生后的5年左右,签证缩紧、学科限制、缩减渠道、加强外语、研究敏感区域成为这一时期的主要特征。高等教育国际化处于严密控制之下,对留学生的监控及其签证的审查力度加大,降低了美国教育服务贸易市场份额。"多元目标推动阶段"是在"9·11"事件的阴影逐渐消散的阶段,为了保持国际教育的竞争优势和在国际教育服务贸易市场的强势地位,美国联邦政府修正后"9·11"时期高等教育国际化

[①] 陈越,王余生.美国高等教育国际化政策:历程、动因和走向[J].现代教育管理,2016(8):68-73.

政策倾向,颁布了一系列刺激国际化的政策,以促进美国高等教育国际化实现稳步恢复和发展。

李娅玲和李盛兵(2016)认为自二战后至今,美国的高等教育国际化政策经历了从战后的外交援助为主的政策推进,到20世纪80年代后以确保全球经济竞争力为核心的政策驱动,再到21世纪的从防御到以维持世界领先地位为战略的政策转变,具体分为以下三个时期。第一个时期是初步发展期(二战后至20世纪80年代以前),这个时期美国高等教育国际化政策的特征是以国家安全和外交援助并举的政策推进。第二个时期是蓬勃发展期(20世纪80年代至20世纪末),这个时期美国高等教育国际化政策的特征是以确保全球经济竞争力为核心的政策驱动。第三个时期是深化发展期(21世纪以来),这个时期美国高等教育国际化政策的特征是从防御到以维持世界领先地位为战略的政策转变。[①]

可以看出学术界对于现代美国高等教育国际化政策的阶段划分基本上保持一致,根据美国国家发展特征和政府的政策方向分为三个阶段,分别以"二战结束""20世纪80年代""9·11"事件作为国际化政策的分水岭,这几个事件代表着美国高等教育国际化政策主旨和导向的显著变化。

一、二战之后到20世纪80年代之前

这个阶段与美苏冷战时间重合,这个阶段的美国高等教育国际化的主要目标是在两大阵营的对决中扩大全球影响力。意识形态的对立、国际地位的争夺、科学技术的竞争都促进美国把高等教育国际化政策作为外交政策和国防政策的重要组成部分。也是从这个阶段开始,美国政府加大了对教育国际化的主导和调控,政府意志在国际化政策中清晰地体现出来。在此期间,美国联邦政府出台了多项与高等教育国际化密切相关的政策,如《富布赖特法案》、《信息及教育交流法案》(又称《史密斯·蒙特法案》)、杜鲁门"第四点计划"、《国家科学基金会法案》、《国际文化交流和贸易展会参与

---

① 李娅玲,李盛兵.美国高等教育国际化政策的历史变迁及启示[J].高教探索,2016(1):27-32.

法案》、《国防教育法》、《交换教育与文化交流法案》、《高等教育法》等政策法规。

富布赖特项目创建于1946年,以发起人美国参议员威廉·富布赖特(William Fulbright)命名。富布赖特认识到二战给人类带来的灾难性后果,呼吁国家间应该放弃对抗,加强彼此间的文化教育交流,增进彼此间的理解和认同,消除相互之间的猜忌和敌视,从而实现"创造性的和平"。[①] 富布赖特指出美国在二战结束之后已经是世界上最为强大的国家,美国作为民主、自由世界的代表,应该以雄厚的政治、经济、军事实力为基础,在战后世界政治经济秩序的建立过程中发挥主导作用,成为世界的领导者。[②] 当时美苏两大阵营在意识形态和影响力上正在展开激烈的争夺,为了对抗苏联及其社会主义盟友的影响力,美国也采取了联合盟友、感召中间及其他力量的方式来扩大自身的影响力,以消除共产主义对美国式民主的侵蚀。在这场全球性的较量中,获得国际社会的广泛支持对于美国来说至关重要。为了实现这一目标,美国必须利用其独特的优势,积极向世界各国展示其独特的文化和价值观,特别是要输出"美国式"自由、民主和平等理念,从而在美苏竞争中获得更大优势。

富布赖特认为,通过增进美国与其他国家在教育领域的交流,可以有效地让世界更好地了解美国。他评估了美国政府在战时所拥有的海外资产以及因《租借法案》而遗留在国外的战争物资,并提出建议,将这些资产和物资转化为资金支持美国与其他国家的教育交流。这包括向不发达国家和地区提供教育援助、资助其他国家的学者来美国进行学术访问等形式。通过这种方式,富布赖特期望能够减少其他国家对美国的误解,塑造美国的积极形象,并加强其他国家对美国的认同,从而扩大美国在海外的影响力,并在与苏联的竞争中取得优势。这一建议得到了美国政府的支持,并于1946年由

---

① Jeffrey, H.P.. Legislative Origins of the Fulbright Program[J]. Annals of the American Academy of Political and Social Science, 1987(491): 39.

② Woods, R.B.. Fulbright Internationalism[J]. Annals of the American Academy of Political and Social Science, 1987(5): 32.

第二章 现代美国高等教育国际化政策的演进

杜鲁门签署了《富布赖特法案》，创立了富布赖特奖学金项目，积极推动美国高等教育在全球范围内的扩展。富布赖特交流项目包括四个方面的内容：第一，资助美国学生到其他国家进行访问学习，为其他国家赴美的留学生提供一定的资助；第二，资助美国的教师、学者前往国外进行访学或者任教；第三，资助外国的学者教授前来美国进行访问和研究；第四，资助对美国英文著作的翻译以及外国学者对美国的研究。① 1961 年《富布赖特-海斯法案》正式生效，确定每年以国会拨款的方式为富布赖特国际交流项目提供稳定的资金，这为日后富布赖特项目的扩大以及顺利实施奠定了法律基础和资金保证。

通过富布赖特项目，全球各地的学者、教育工作者和国际学生得以有机会亲身体验美国的经济繁荣与自由开放的社会环境，这有助于消除他们对美国的误解和偏见，并使他们逐渐对美国的文化产生认同感。同时，富布赖特项目还派遣了众多美国学者和教师到世界各地的学校，与当地学生分享美国的国家理念和意识形态，进一步促进了国际文化交流与理解。富布赖特项目成功地扩大了美国在国际上的影响力，通过向苏联东欧地区以及社会主义阵营传播美国的意识形态，进一步巩固了美国在冷战期间的全球领导地位，实现了其战略目的。

除了《富布赖特法案》外，1948 年美国还颁布了《信息与教育交流法案》(*Public Law 80 - 402*)，俗称《史密斯-蒙特法案》(*Smith-Mundt Act*)。该法案由美国总统杜鲁门于 1948 年 1 月 27 日批准。《史密斯-蒙特法案》的主要内容是授权国务院通过广播、面对面的接触、交流（包括教育、文化和技术）、出版书籍、杂志和其他方式与美国境外的受众进行沟通，参与这种沟通的机构的经费均来自国会拨款，这些机构的使命是增加外国人对美国社会、经济、文化、历史、法律、教育、社区、劳工、宗教、人权的了解，因此也可以被视为公共外交的组成部分。与《富布赖特法案》相比，美国《信息与交流法

---

① Ward,I.A.. The Fulbright Act[J]. Far Eastern Survey Institute of Pacific Relations，1947 (17)：198.

案》的政治性特点更为突出,其服务对象范围也更广泛。在富布赖特项目中,交流的主体主要是访问学者,学生处于从属地位;而在1948年的法案中,学生和学者共同构成了美国政府服务的主体。

1949年1月20日,美国总统杜鲁门在就职演说中提出美国全球战略的四点行动计划,并着重阐述了第四点,即对亚、非、拉美不发达地区实行经济技术援助,以达到在政治上控制这些地区的目的。这就是"第四点计划",又称"开发落后区域计划"。该战略提出要进一步加强与第三世界国家的文化交流,并通过教育的影响力来遏制苏联势力的扩张。在这一政策的指导下,美国采取了一系列行动来支持第三世界国家的教育发展。1950年,美国国会通过了《国际开发法》(Act of International Development)和《国家科学基金会法案》(The National Science Foundation Act),为对第三世界国家和地区的教育援助与交流提供了法律基础。随后,在1954年,美国又实施了《农业贸易开发与援助法》(Agricultural Trade Development and Assistance Act),投入大量资金帮助这些国家建立教育系统,设立各类学校和研究中心,并提供教材和师资支持。这些举措不仅促进了美国与第三世界国家在教育领域的频繁互动与交流,还为这些国家的科技和教育发展提供了重要指导。美国的学者们积极与其他国家的学者和教师进行合作,共同推动教育进步。通过这种方式,美国的教育理念和教育模式得以在第三世界国家广泛传播和应用。

1957年,苏联卫星升空使得美国朝野将美国国防科技的落后归咎于教育的落后,教育改革呼声高涨,这迅即成为美国颁布实施《国防教育法》的直接国际动因。在美国国会议员卡尔·埃里奥特的推动下,美国通过了《国防教育法》。该法案的第三条规定,美国政府需要向科学、数学以及现代外语教学(即所谓"新三艺")等领域提供资助,以加强大学中的语言教育。为此,法案制定了大学语言研究计划,并设立了"外国语和地区研究奖学金",旨在积极更新大学的教学内容、提高教学水平以及加强大学生的外语学习能力。通过大力支持现代外语教学和区域研究,《国防教育法》旨在为国家培养具备强大外语能力、区域研究能力和国际事务处理能力的人才。

1966年的《国际教育法》是美国首次以国际教育来命名的法案。该法案规划了美国高等教育国际化的发展方向,明确了政府在教育援助中的责任与作用;政府被要求大力支持高等教育相关活动,这包括资助国内对国际事务和国际问题的研究,以及资助国外开展的美国研究;政府将资助美国学者、教师、学生去国外进行交流访问,同时也资助国外相关人员来美国学习。美国《国际教育法》是美国政府在推动教育国际化方面的重要举措。通过该法案,美国政府加大了对高等教育国际化的支持力度,为美国高等教育在国际舞台上的发展奠定了坚实基础。

二、20世纪80年代到"9·11"之前

20世纪80年代到"9·11"事件之前的这段时间见证了冷战结束,也迎来了全球化和知识经济的飞速发展。在冷战结束后,美国政府高度重视高等教育这一具有深远影响力的文化输出手段。他们力图通过教育的输出和交流,引导苏联和东欧地区的国家实现转型,让这些国家逐渐形成对美国民主自由体制与文化的认同,从而自愿地加入美国的阵营。在这一过程中,高等教育国际化持续发挥着吸引人心和输出价值观的重要作用。

美国政府把高等教育国际化作为科技进步、人才储备、国际竞争的重要工具,颁布了《教育交流促进法案》(Educational Exchange Enhancement Act)、《国家安全教育法案》(National Security Education Act)、《高等教育法》(Higher Education Act)进行了多次修改。

1990年,美国国会颁布了一项新的法案,名为《教育交流促进法案》。该法案旨在推动美国与其他国家之间的学生交流。法案强调,美国的高等教育需要进一步扩大其国际化范围,特别是在招收和培养来自社会主义国家的留学生方面。此举旨在鼓励和吸引更多的来自苏联、东欧国家以及广大发展中国家的留学生来到美国,通过美国的教育模式来培养对美国有友好立场的青年人。

1991年,美国国会通过了《国家安全教育法案》,继续为美国高等教育国际化提供政策支持。该法案强调,美国高等教育国际化需要承担为美国

服务的重任。该法案的主要内容有四项。第一，培养全面型人才：法案强调，美国的高等教育需要培养具有广博知识、丰富国际化背景的人才，这些人才需要熟悉和了解世界其他国家和地区的历史与文化。这样做的目的是为美国政府和安全机构提供全面型人才服务。第二，加强国际事务了解：美国国内的高等教育需要继续加强对国际事务的了解与关注。这包括引导并加强大学中的学者、教师、学生对外语、外国历史与文化以及国际问题的研究与教学。第三，鼓励国际化视野：法案鼓励和大力支持美国的学者、教师、学生培养国际化视野。这意味着，他们需要具备全球意识，了解并尊重不同文化和观点，从而能够更好地参与国际交流与合作。第四，加强国际交流沟通：法案还强调，美国的高等教育需要与世界其他国家和地区加强交流沟通。这有助于增进相互理解，促进国际合作，同时也能够提升美国高等教育的国际影响力。

在此阶段，《高等教育法》进行了多次修订。第一次是1980年，《国防教育法》(National Defense Education Act)中有关国际教育的相关条文被并入《高等教育法》第六款，并进行了修改，增加了"商业与国际教育(BIE)"和"语言资源中心(LRC)"项目。为适应新的国际形势，《高等教育法》在1992年和1998年经历了两次修改。在1992年，第六款的国际教育部分增加了"美国海外研究中心（AORC）"和"国际公共政策研究协会（IIPP）"两个项目，以强调国际专家多样化的需要。1998年，第六款增设了"外国信息接收的技术创新与合作项目(TICFIA)"。这三次修改标志着美国对"国家利益"定义的不断更新，美国联邦政府在国际化发展中除了传统的政治价值导向，还加入了更多的经济价值导向。

三、"9·11"之后到特朗普执政之前

（一）后"9·11"时期的美国高等教育国际化政策

进入21世纪，美国高等教育国际化政策的开放和发展态势遭到了"9·11"事件的重创。"9·11"事件打断了美国高等教育国际化的积极发展。"9·11"事件中一名劫机人员持有学生签证，这一情况使得安全恐慌蔓

延至高等教育国际化领域。小布什政府认为,对美国的国家安全构成严重威胁的不再是传统的威胁,而是来自非传统的恐怖主义。恐怖主义和对美国的敌意主要源于美国的民主制度在伊斯兰世界未能得到实施。因此,美国致力于推动伊斯兰世界的民主化进程,以期从根本上消除其对国家安全的威胁。而教育交流被视为传播美国民主自由价值观的最有效手段。于是,在冷战时期发挥重要作用的美国高等教育国际化再次被赋予新的历史使命,被政治力量所裹挟,重新担负起战略工具的使命,反对恐怖主义和加强国家安全成为政府给予美国高等教育国际化的阶段性任务。

在"反对恐怖主义与维护国家安全"的名义下,布什政府对"9·11"事件采取一系列教育战略回应,如 2001 年《美国爱国者法案》(*The USA Patriot Act*)、2002 年《增强边境安全和签证入境改革法案》(*Enhanced Border Security and Visa Entry Reform Act of 2002*)和《美国教育部 2002—2007 年战略规划》(*U.S. Department of Education Strategic Plan 2002-2007*)。

2001 年 10 月 26 日,小布什政府颁布《美国爱国者法案》。该法案旨在通过提供必要的工具来拦截和阻止恐怖主义,从而团结和加强美国。该法案赋予了政府机构和安全部门广泛的权限和资源来打击国内外的恐怖主义。《美国爱国者法案》的内容十分广泛,涵盖了国家安全、政府权力、金融管理等多个领域。由于高等教育国际化涉及美国与国外的人员交流,因此该法案对高等教育国际化也进行了详细规定。在《美国爱国者法案》的第四章"保护边境"中,特别强调了高等教育国际化过程中需要防范外国公民利用移民政策渗透进入美国,从而在美国境内实施恐怖袭击。为此,来到美国的学者、教师、留学生都需要接受严格的审查,美国政府要密切监视这些人在美国的活动,以防其中可能存在的恐怖分子。同时,该法案还规定了高等教育机构需要加强与政府部门的合作,确保国家安全。在高等教育国际化的交流中,美国政府设立了"先进科学与安全跨部门委员会"(Interagency Security Committee),并控制外国留学生对敏感科技的接触,例如核技术、航空航天、化学、生物、计算机、材料、信息安全、激光、机器人技术等可能会被应用于恐怖袭击的科技。为了维护国家安全,美国高等教育国际化受到了诸多限制。这种政治压迫带来的紧张氛围给美国高等教育带来了紧张与不安,降低了其对世界优秀人才的吸引力。尽管这些限制可能确实阻截了部分试图通过高等教育交流进入美国的恐怖分子,但同时也将许多优秀的国际人才拒之门外。这不仅对美国高等教育国际化的进程造成了损害,也对美国国家实力的长远发展产生了不利影响。

2002年,小布什政府颁布了《增强边境安全和签证入境改革法案》,旨在加强美国的边境安全和签证入境制度,以防止潜在的恐怖分子进入美国。该法案的主要内容包括以下几点。第一,增强边境安全。法案要求加强对美国边境的管理和控制,包括增加边境巡逻人员、改善边境安全设施、提高边境安全技术等措施。此外,法案还对外国人在美国飞行学校学习驾驶进行了一定的限制,以防止恐怖分子利用飞行技能进行恐怖袭击。第二,签证入境改革。法案对美国的签证入境制度进行了改革,以提高签证申请的处理效率和安全性。具体措施包括加强签证申请者的背景审查、实施更严格的签证申请标准、加强对签证申请者的面试和审查等。第三,建立信息共享机制。法案要求政府部门之间建立更紧密的合作和信息共享机制,以便更好地监控和追踪潜在的恐怖分子。此外,法案还建立了完整的"内部数据共享系统"和出入境数据系统,以加强边境安全和签证入境管理的信息化建设。

同年,小布什政府颁布了《美国教育部2002—2007年战略规划》,强调教育与外交、经济、军事和"反恐战略"的联系,重申教育应服务于国家利益。它是在"9·11"恐怖袭击后,布什政府对美国教育战略进行调整的产物,目的是适应新的国际和国内形势,同时回应恐怖袭击对教育领域的影响。该战略规划提出了六大教育发展战略目标,旨在全面提升美国教育的质量和水平。这些目标包括创建一种有成就感的文化氛围,提高所有学生的数学和科学成绩,营造一个安全的、有秩序的、无毒品的教育环境,促进学生坚强品格和良好公民习惯的形成以及增加高等教育入学机会、减轻经济负担等。此外,该规划还强调了教育与国家利益的紧密联系,特别是与外交、经济、军事和"反恐战略"的联系。

(二) 2005 年之后的美国高等教育国际化政策

后"9·11"时期严苛的国际化政策导致国际学生数量明显下滑,也引发各界不满,"恐怖主义时代仍要向世界张开双臂"的呼声高涨[①]。2005 年,美国大学联合会、美国教育理事会等机构向政府提交了一份建议书,这份建议书名为《改善美国签证制度以促进美国科学、经济竞争力和国家安全利益》(*A Shared Responsibility: Improving the U.S. Student Visa System to Enhance National Security and Competitiveness*)。该建议书的主要目的是建议美国政府改善其签证制度,以确保美国能够继续吸引大量的优秀人才。这些组织指出,自"9·11"事件后,美国的签证政策变得过于严苛,导致许多有真才实学和良好意愿的人才被排除在美国之外。这对美国的科技发展、经济发展以及国家利益的维护都构成了重大损失。因此,他们认为有必要对美国的签证政策进行修正,以更好地吸引和留住这些人才。

联邦政府开始调整其国际化政策,颁布了《2006 财年健康、服务和教育机会法案修正案》(*Amendments to Health, Services and Education Opportunity Act for Fiscal Year 2006*)、2007 年《保罗·西蒙留学基金法案》(*Paul Simon Study Abroad Foundation Act*)、2007 年《美国竞争力计划》(*American Competitiveness Initiative*, ACI)和 2008 年《提高国际开放程度以提高美国国家竞争力法案》(*American Competitiveness Through International Openness Now Act of 2008*),提出吸引留学生的多项措施,并把开拓国外生源市场纳入政府工作日程。

2006 年,美国政府通过了《2006 财年健康、服务和教育机会法案修正案》,该法案对于恢复美国教育国际化的活力起到了显著的作用。第一,促进国际学生流动:该修正案通过增加财政援助和扩大贷款计划,使得更多国际学生有机会在美国接受高等教育。这不仅增加了美国高校的国际学生人数,也促进了国际学生之间的交流和文化理解,加强了美国教育的国际影响

[①] The Secure Borders and Open Doors Advisory Committee. Secure Borders and Open Doors: Preserving Our Welcome to the World in an Age of Terrorism[R]. Washington, D.C.: The U.S. Department of Homeland Security, 2008.

力。第二,加强国际教育和研究合作:修正案提供的资金和资源不仅支持了美国国内的高等教育改革和创新,也鼓励高等教育机构与国际合作伙伴开展合作。这包括共同开展研究项目、开展学术交流、建立国际合作办学项目等,促进了美国教育国际化的进程。第三,提升美国高等教育的国际竞争力:通过支持研究和科研能力的发展,该修正案有助于提升美国高等教育在国际上的竞争力。吸引优秀的国际学生和学者以及与国际合作伙伴开展合作,都有助于美国在全球范围内树立其作为教育强国的形象。第四,推动国际教育政策和标准的制定:修正案还可以促使美国在国际教育政策和标准制定方面发挥更积极的作用。通过与其他国家的教育机构合作,美国可以参与制定国际教育政策、标准和评估体系,从而推动全球教育的发展和改进。

2007年美国政府通过《保罗·西蒙留学基金法案》,旨在激励高等教育机构消除阻碍学生出国留学的制度、课程和文化。该法案的核心目标是通过提供资金支持和其他资源,鼓励更多的美国学生参与到海外学习中来。它强调了海外学习作为大学教育的重要环节,认为支持学生出国学习是拓宽未来几十年美国领导者视野的重要途径,并提出国际化视野对于美国在全球经济、军事和政治等领域的竞争至关重要。法案的实施包括要求各高校对资金支持、课程设置等方面存在的障碍予以清除,以推动学生出国留学。这包括但不限于提供留学指导、奖学金、文化交流项目等,以帮助学生更好地适应和融入海外学习环境。

2007年的《美国竞争力计划》对美国教育国际化的作用主要体现在以下几个方面。第一,吸引全球人才:该计划提出要提供最好的环境,以吸引世界各地的最顶尖的学生、科学家和工程师。通过优化教育和科研环境,美国旨在成为全球从事学习和科学研究的最有吸引力的地方,这不仅有助于吸引国际人才,而且能够增强美国教育系统的多元化和国际化。第二,提升教育质量和科研水平:ACI计划吸引全球最优秀的人才,这些人才给美国带来了新的思想、方法和观点,从而推动美国教育和科研领域的发展和创新,提升美国的教育质量和科研水平。第三,加强国际教育和科研合作:

ACI计划鼓励高等教育机构和科研机构与国际合作伙伴开展合作。第四，提高美国教育的国际影响力：ACI计划有助于提高美国教育的国际影响力，增强美国在全球教育领域的领导地位。

2008年小布什政府通过《提高国际开放程度以提高美国国家竞争力法案》，再次加强了美国政府推动教育国际化的决心。第一，该法案强化国际教育的重要性。该法案以法律的形式确定了国家在今后若干年内提高国家核心竞争力的战略目标，明确指出加强国际教育交流对美国实现全球领导竞争力战略目标的重要作用。第二，该法案强调要提升美国对国际学生的吸引力。法案提出，美国政府各部门应该在不牺牲国家安全的前提下，保持吸引国际学生、学者和科学研究者的竞争力。政府将采取包括优化签证政策、提供奖学金和财政援助等措施，以吸引更多的国际学生前往美国学习。第三，该法案要求美国将继续促进国际学术交流与合作。法案鼓励高等教育机构和科研机构与国际合作伙伴开展学术交流与合作，共同开展研究项目、分享学术资源等。第四，美国政府将优化签证政策以吸引国际人才。2011年，根据该法案的精神，美国再次调整了签证政策，将留学签证政策调整有效期部分增至4年，以进一步提高吸引国际优秀人才、学者的竞争力。这项政策有助于简化国际学生的签证流程，提高签证通过率，从而吸引更多的国际学生前往美国学习。

（三）奥巴马政府的美国高等教育国际化政策

奥巴马执政期间是国际化多元目标发展的重要阶段：国际化政策主体走向政府、组织、高校三位一体，政策目标走向政治、经济、科技目标并重，政策手段走向外交手段支撑，政策对象走向全面国际化。[①] 奥巴马执政期间，美国的教育国际化快速反弹。奥巴马政府采取了一系列措施来推动教育领域的国际交流与合作，以恢复和提升美国在全球教育领域的地位和影响力。首先，奥巴马政府强调了教育国际化的重要性，并将其作为国家发展的重要

---

① 陈越，王余生. 美国高等教育国际化政策：历程、动因和走向[J]. 现代教育管理，2016(8)：68-73.

战略之一。政府加大了对国际教育的投入,提供了更多的资金和资源支持,以推动美国高等教育机构与国际合作伙伴开展合作。这包括支持学生流动、教师交流、科研合作等项目,促进了国际的知识共享和学术交流。其次,奥巴马政府致力于改善签证政策,以吸引更多的国际学生来美国学习。政府简化了签证流程,提高了签证通过率,为国际学生提供了更便利的入境和居留条件。这些措施使得更多的国际学生选择美国作为留学目的地,进一步推动了美国教育国际化的进程。此外,奥巴马政府还加强了与其他国家的教育合作与交流。他推动了一系列国际教育合作项目,如"百万强计划(Million Student Initiative)""全球创业计划(Global Entrepreneurship Program)""教育无国界倡议(Education Without Borders Initiative)"等,旨在增加美国高等教育机构与海外学生的联系,扩大美国教育的国际影响力,鼓励和支持美国学生和国际学生在全球范围内开展创业活动。这些合作项目为国际学生提供了更多的学习机会和资源,也促进了美国与其他国家在教育领域的相互了解和合作。

值得一提的是"百万强计划"。奥巴马 2009 年 11 月时曾宣布"十万强计划(100 000 Strong Initiative)",提出到 2014 年派 10 万美国学生到中国学习。2008 到 2009 学年,只有 13 674 名美国学生到中国学习。但接下来的 5 年,在私人捐助和中国政府奖学金计划的帮助下,这个数字稳步攀升,2014 年 7 月美国宣布这一目标已经实现。在此基础之上,奥巴马政府于 2015 年又提出了"百万强计划",旨在到 2020 年增加 100 万名美国学生学习中文,以加强美国与中国之间的交流与理解。该计划的目标是培养新一代了解中国、能够与中国打交道的美国领导人,以推动两国在全球各地的合作。该计划由美国国务院和教育部共同负责实施,通过与中国政府、教育机构、非营利组织等合作,为美国学生提供学习中文的机会和资源。其中包括在美国的中小学、大学以及社区学院开设中文课程,扩大中文教师的培训规模,增加中文学习的奖学金和资助等。此外,"百万强计划"还鼓励美国学生到中国留学,以深入了解中国的文化、历史和社会。为此,该计划提供了一系列的留学奖学金和实习机会,以帮助学生获得更全面的学习和实践经验。

从一些相关的数据和报道来看,该计划取得了一定的成果。首先,该计划推动了美国中文教育的普及和发展。通过增加中文课程的覆盖范围、扩大中文教师的培训规模、提供学习中文的奖学金和资助等措施,该计划为更多的美国学生提供了学习中文的机会和资源。据统计,在计划实施的几年中,美国学习中文的学生数量有所增加,中文教育在美国也得到了更多的关注和支持。其次,该计划也促进了美国与中国之间的交流和合作。通过互派留学生、开展教育合作项目、共同研发教育资源等方式,该计划为两国之间的交流和合作提供了更多的机会和平台。这些交流活动有助于增进两国人民之间的相互了解和友谊,为两国关系的长期发展奠定了良好的基础。

第三节　美国高等教育国际化政策演变的特征

从现代美国高等教育国际化的发展历程可以看出其发展的三个显著特点。第一,不同历史阶段的政治、经济、文化发展需求调控着高等教育国际化发展特征和形态。在冷战时期,美国的高等教育国际化凸显了全球霸权争夺和意识形态扩张的需求。这一时期,美国的高等教育机构成了传播美国价值观、文化和意识形态的重要渠道。政府通过提供资金支持和政策引导,鼓励高校扩大留学生招生规模,特别是来自苏联和其盟友国家的学生。此外,美国还通过与国际教育机构合作、开展学术研究和交流等方式,加强对全球学术和思想领域的影响和控制。20世纪80年代末到2001年,美国积极推动高等教育国际化的重要原因是为了维持科技领先地位和保持国际竞争力。在这一时期,随着全球化的加速发展,美国意识到高等教育在培养创新型人才、推动科技进步和经济发展方面的重要作用。因此,政府加大了对高等教育的投入和支持力度,推动高校开展更多的国际合作和交流项目,以吸引全球优秀的学者和学生。然而,"9·11"事件的发生使国家安全一跃成为国际化发展的首要考虑因素。在这一背景下,美国政府对高等教育国际化的态度和政策发生了一定的变化。为了加强国家安全和维护国家利益,政府加强了对留学生和学术交流的审查和监管力度,并对一些敏感领域和国家的合作进行了限制。美国高等教育国际化政策的阶段性与反复性清晰可见,高等教育国际化政策取向无论是开放还是限制,都与其国家利益紧密相连,"国际化"与"国家化"之间的矛盾十分明显。[①]

第二,自20世纪80年代以来,美国国际化活动和全球化浪潮轨迹一致。"国际化是政府、大学及院系为了应对全球化的影响所推行的一系列政策、项目或措施"[②],因此全球化的高潮和低谷直接导致国际化的发展顺境与逆境。国际化是一个由政府、大学及院系所推动的过程,旨在应对全球化所带来的各种影响。这种应对不仅仅是适应性的,更多时候是积极主动的,旨在通过一系列政策、项目或措施来引导和管理全球化的影响。随着全球化的深入发展,国家之间的交流和合作日益加强,资源、资本、技术、人才等要素在全球范围内流动和配置。这种趋势不仅促进了世界经济的发展,也推动了文化的交流和融合。国际化,作为对全球化的回应,是政府、大学及院系为了加强本国或本机构在全球范围内的竞争力和影响力而采取的一系列措施。这些措施包括但不限于增加国际交流项目、招聘国际师资、开设国际课程、推广国际教育等。通过这些措施,政府和教育机构旨在培养具有国际视野和跨文化交流能力的人才,以应对全球化带来的挑战和机遇。然而,全球化的发展并不是一帆风顺的,它经历了高潮和低谷的波动。这种波动不仅影响了全球化的整体进程,也直接影响了国际化的发展顺境与逆境。从美国国际化发展历程来看,当全球化处于高潮时,美国的国际交流更加频繁,国际合作更加深入。然而,当全球化处于低谷时,美国国际交流受到阻碍,国际合作面临困难,美国教育国际化的发展也受到一定的影响。

第三,自二战以后,美国政府在国际化活动中扮演着越来越明显的角色。在最容易受国际关系影响的国际高等教育领域,"政治决定教育"的理

---

① 陈明昆,张雨洁.政策及要素分析视角下21世纪中美高等教育国际化特征比较[J].黑龙江高教研究,2022,40(7):58-65.
② Altbach, P. G., Reisberg, L., Rumbley, L. E.. Trends in Global Higher Education: Tracking an Academic Revolution[R]. Paris: The United Nations Educational, Scientific and Cultural Organization, 2009: 23-79.

论表现得淋漓尽致。① 虽然高等教育国际化主要发展在高校校园中,但国家意志和政府意愿却与国际化如影随形,有时甚至直接主导了国际化的方向和步伐。二战后,美国政府充分认识到国际化对于国家发展的重要性,国际化不仅可以帮助国家获得更多的经济、文化和科技资源,还能提升国家的国际地位和影响力。因此,美国政府开始积极介入国际化活动,并通过制定政策、提供资金等方式来推动各个领域的国际化进程。"9·11"事件之后,美国政府更加冠冕堂皇地把高等教育国际化和国家安全紧密联系在一起,通过各种政策、法规来限制、筛选和监视国际人员流动和教育国际化活动。总之,在高等教育国际化领域,美国政府的主导性作用表现得非常明显。美国政府通过制定相关政策和法规,尤其是入境和移民方面的法规,对高等教育国际化活动进行宏观调控。此外,美国政府还通过科研经费、教育拨款等方式来推动或者阻碍高等教育国际化的发展步伐,并且调节高等教育国际化的发展方向。

---

① 李联明."9·11事件"之后美国高等教育国际化政策调整及其影响[J].全球教育展望,2009(10):50-54.

第三章 近十年美国政府的高等教育国际化政策

美国政府近十年的高等教育国际化政策有着较为鲜明的特点。特朗普于2015年6月以美国共和党人身份宣布参选美国总统,2016年11月9日当选美国第45任总统,2017年1月20日宣誓就职。特朗普上台被认为是逆全球化思潮泛滥的标志之一。"特朗普主义"的核心是以"美国优先"的全球利益再分配。他公开反对全球化,提倡强硬的民族主义和保护主义。特朗普政府对教育国际化持有鲜明的保守态度,在理念上反对全球化,在资源上弱化全球化,在实际操作上阻挠全球化。特朗普执政期间,国际化热情高涨的局面一去不复返,逆全球化和去国际化成为这个时代的导向。在"美国优先"思想主导下,美国高等教育国际化又回到了"紧缩"阶段,一直迅猛增长的国际学生人数开始减速。特朗普对高等教育国际化的限制和打压主要表现为将高等教育国际化的财政经费大幅缩减以及对赴美留学生的严格筛选。

特朗普政府的高等教育政策涵盖诸多方面。罗伯特·罗兹和梅伟惠(2017)认为,特朗普政府的高等教育政策主要体现为拒绝全球化、蔑视推动多元文化社会以及深深的反智主义(包括不信任科学和科学事实)。这两位学者把特朗普时代的美国高等教育政策归纳为六大要点:① 质疑科学和知识追求,削减大学科研预算;② 弱化对多样化和平权法案的承诺;③ 弱化对《教育法修正案》第九条和性别相关问题的承诺;④ 收紧教师和学生的国际化;⑤ 支持营利性高等教育部门的发展;⑥ 努力减少和控制大学成本。① 其中第四条和高等教育国际化直接相关,第一条和第六条也和国际化有着相对紧密的联系。特朗普政府蔑视全球化视野、反对"全球公民"理念,其资金削减计划严重威胁到一些长期的、具有重大影响力的国际交流计划,如支持国际学者交流的富布赖特学者项目。特朗普政府上台后美国移民和海关执法局实施了越来越多的攻击性策略。

在美国,负责国际化项目的管理部门之间缺乏协调,且与其他很多国家相比,美国对此经费投入不足。美国整个高等教育体系缺乏中央协调,教育国际化项目也缺少联邦政府的支持。虽然此前人们对于制定统一的教育国际化国家政策呼声不断,但是美国高等教育体系规模之庞大与多样化意味着教育国际化必须在不同大学里扮演不同的角色;制定一种既能凸显国家特色,避免千篇一律,又能放之四海而皆准的国家政策将是一个严峻的挑战。考虑到特朗普政府的政策导向以及针对现存教育国际化项目的预算削减情况,在可预见的未来,学校可能依然需要承担起推动教育国际化的责任。②

第一节 近十年美国高等教育国际化政策的背景

一、逆全球化

(一) 逆全球化产生的背景

全球化自二战之后飞速发展,美国不仅是全球化的首要参与者和推动者,也是主要的受益者。美国在全球化下开放的贸易体系中实现其经济、财富与国际地位的加速提升,全球化在多个领域,包括经济、政治、文化等方

---

① 罗伯特·罗兹,梅伟惠.特朗普时代的美国高等教育政策:六大要点[J].全球教育展望,2017,46(8):119-128.
② 罗宾·麦卓斯·赫尔姆斯,卢西娅·布拉伊科维奇.美国教育国际化:数据、趋势与特朗普效应[J].吕耀中,姜姝莹,译.世界教育信息,2018,31(23):17-19.

面,都为美国带来了巨大的益处。美国在全球化经济体系中获得的丰厚回报体现在三点:一是经济快速发展;二是居民福利大幅增长;三是获得世界霸主地位。[1]

在经济方面,美国首先实现了贸易扩张。二战后,美国利用布雷顿森林体系确立了美元的国际货币地位,这极大地促进了美国的出口和全球贸易。此外,通过关贸总协定(后来的世界贸易组织)等多边贸易协定,美国确保了其在全球市场的准入和贸易优势。其次,美国公司利用全球化的机会,在全球范围内进行直接投资,特别是在制造业、服务业和高科技领域。这不仅为美国企业带来了高额利润,还促进了全球供应链的形成。再次,美国的金融市场,如纽约证券交易所和芝加哥商品交易所,成为全球资本流动的关键节点。这使得美国可以从全球金融活动中获得巨大的经济利益。

在政治方面,美国也获得了巨大的政治资源。首先,在全球化进程中,美国利用其在经济和军事上的优势,加强了与盟友的合作关系,并扩大了其在全球的政治影响力。例如,通过北约组织、"五眼联盟"等机制,美国巩固了其在欧洲和亚太地区的政治地位。其次,美国积极参与并主导了多个国际组织的创建和运作,如联合国、国际货币基金组织、世界银行等。这不仅提升了美国的国际形象,还使其能够在全球事务中发挥关键作用。

在文化和教育方面,美国也同样从全球化中获益。全球化促进了美国文化的全球传播,如电影、音乐、时尚等。这使得美国文化在全球范围内获得了广泛的认同和影响力。好莱坞电影、流行音乐等成为全球流行文化的代表。另外,全球化加速了美国与其他国家之间的教育交流,为美国吸引了大量的留学生和学者。这不仅为美国带来了经济收益,还加强了其在全球教育领域的领先地位。

2008年美国金融危机和2010年欧洲主权债务危机的爆发,标志着全球经济进入一个动荡和不确定的新时期。这两场危机不仅导致了金融市场

---

[1] 张晓云,李成威,高丰,等.美国在全球化中的角色:过去、现在与未来[J].财政研究,2019(12):110-119.

的剧烈动荡,更重要的是,它们对全球经济增长产生了深远影响。在危机爆发后,全球经济增长陷入了持续的结构性低迷。由于金融机构的信贷紧缩、企业和消费者的信心下降以及全球贸易的放缓,经济增长受到严重制约。这种低迷的经济环境导致了失业率的上升、收入分配不均和社会两极分化等问题的加剧。在发达国家内部,这些问题尤为明显,因为这些国家的经济体系更为复杂,受到的冲击也更为严重。然而,面对这些问题,许多国家的政府未能做出及时有效的调整。一方面,由于政治和经济利益的考量,政府往往难以采取果断措施来应对危机;另一方面,由于缺乏有效的政策工具和协调机制,政府难以有效地解决这些问题。这种政策上的犹豫和失误加剧了经济下滑的趋势,使得处于经济与社会边缘地位的中下层民众日益不满。

一些民众将造成这些问题的原因在相当大程度上归因于全球化。他们认为全球化导致了资源的过度集中、贫富差距的扩大以及就业机会的减少。在这种情绪化的认知下,他们开始表现出日益强烈的排外主义、保护主义、反建制主义和本国优先主义的政治立场。他们希望政府能够采取更加保护主义的政策来维护本国利益,限制外国资本和商品的流入以及加强对国内产业的扶持。这些群体希望在市场力量之外寻求社会保护而诉诸政治力量。他们认为政府应该扮演更加积极的角色来保障民众的福祉和权益。因此,他们开始支持那些主张加强政府干预、提高社会福利和保护国内产业的政治力量。特朗普主义的一些主张和承诺恰好迎合了这些政治需求。特朗普政府提出"美国优先"的政策导向,强调保护国内产业和就业机会,限制外国资本和商品的流入。这些政策主张得到了许多中下层民众的支持和认可,因为他们认为这些政策能够保护他们的利益和权益。正如李向阳(2019)所总结的那样,美国的逆全球化浪潮起源于三个事实:第一,美国国内不同群体之间收入分配差距加大;第二,美国霸权的削弱;第三,移民与文明冲突。[①]

[①] 李向阳.特朗普政府需要什么样的全球化[J].世界经济与政治,2019(3):44-56.

综合来看,特朗普主义崛起的美国国内主要原因是收入差距拉大、产业空心化、移民与恐怖主义威胁、反建制力量的崛起。[①] 第一,美国国内不同群体之间收入分配差距加大。反对全球化的人士往往将收入分化的加剧和美国就业岗位的减少归咎于全球化。然而,实际上全球化的利弊并存,且其收益和损失的分配并不均衡。全球化的收益通常在大众中广泛分布,但那些处于社会上层、拥有优势地位的群体往往会获得更多利益。这种不均衡的收益分配导致了财富分配的不公平。具体的企业和工人承受了这种不公平的损失,而民众的收入和生活质量水平因此不断下降。特别是那些缺乏技术的底层劳动群体,他们遭受的打击尤为严重。由于生活压力和经济困境,这些群体往往将他们的损失归咎于移民和那些在社会中占据优势地位的上层民众。这种归咎心理在一定程度上加剧了社会的不和谐与紧张关系。

第二,产业空心化。产业空心化的表现之一是制造业作为实体经济的主体在整体经济产出中所占的比例持续缩减。随着制造业的比重降低,其他非实体经济,特别是金融服务领域,逐渐占据了主导地位。美国的这种经济转型起始于里根政府时期,那时保守主义思潮盛行,主张减少政府监管,为金融市场创新提供了宽松的环境。克林顿总统上台后,美国迎来了所谓的"新经济"时代。这个时代以技术进步、商业模式的创新和政府政策的激励为特点,推动了经济的强劲增长,保持了较低的通胀率。然而,这也为互联网和信息技术领域带来了投资泡沫。随后,小布什执政期间,房地产市场也加入泡沫的行列。从产业结构的角度看,服务经济在美国国内生产总值中的比重逐年上升,与此同时,制造业的增加值占国内生产总值的比例却在持续下滑。这种现象不仅仅是制造业产值的下降,更深层次的是它反映了实体经济与虚拟经济之间的不平衡发展以及金融化和泡沫化对整体经济结构的深刻影响。

第三,移民与文明冲突。移民的大量涌入对劳动力市场造成了压力,加

---

① 盛斌,宗伟.特朗普主义与反全球化迷思[J].南开学报(哲学社会科学版),2017(5):38-49.

剧了竞争,同时也对社会福利资源产生了影响。中下层白人群体对此问题尤为敏感,他们认为非法移民、穆斯林移民以及拉美裔等少数族裔人口的迅速增长,给美国经济和社会带来了多方面的负面影响。这些担忧包括本地居民工作机会的减少、社会犯罪率的上升以及文化冲突等。由于这一群体在社会中所处的位置以及近年来经历的利益受损,他们可能会感受到强烈的被剥夺感。为了寻求心理上的平衡,他们可能会选择通过激进的反移民态度来强调自己的身份优越感。这种心理状态下,白人群体的潜意识中会出现"自我"与"他者"的界限,从而催生出对其他种族的排斥情绪。值得注意的是,"白人少数化"的焦虑也是这一现象背后的一个重要因素,它解释了为什么特朗普的支持者并不仅限于社会底层。这种焦虑使得中下层白人群体对移民带来的社会资源紧张、文化冲突以及可能引发的民族矛盾和恐怖主义危机感到极度不安。因此,他们可能选择支持特朗普的反移民、反全球化立场,认为这能在一定程度上缓解他们的焦虑和不满。特朗普的竞选策略正是抓住了这种"身份政治"的核心,通过强调白人民族主义来赢得中下层白人群体的支持。他成功地利用了这一群体的社会心理,通过渲染种族主义情绪来巩固自己的政治地位。

第四,反建制力量的崛起。反建制主义是一种反对现有政治、经济和社会制度的思想和行动,它试图寻求变革和改革,以解决社会中存在的各种问题。长期以来,美国的政治体制在解决失业、收入停滞和贫富分化等核心社会问题上显得捉襟见肘,传统建制派的政策主张往往因为过于拘泥于"政治正确"或过度维护少数既得利益者的权益,而失去了对广大民众的吸引力和影响力。民众对现任政府的失望和厌倦情绪逐渐累积,形成了一股强大的力量,渴望打破现有的、被认为是不公和无效的政治体制。与此同时,美国的政治生态也出现了极化的趋势。民主党和共和党,这两大主要政党,因为各自的党派立场和意识形态差异,经常陷入互相攻击和拆台的局面,导致政治决策的效率和质量受到严重影响。共和党在白人蓝领阶层中的影响力逐渐减弱,而民主党虽然在扩大公共支出和提高民众福利方面有所尝试,但其对社会不平等问题的处理以及在贸易和移民问题上的立场,都引发了中下层民众的不满。总的来说,美国选民在经历了数年的收入增长停滞之后,已经变得日益失望和不满。政治和经济问题上的无解状态为反建制派的崛起提供了肥沃的土壤。这种情绪催生了一场反对现行体制的民粹主义革命,使得美国政治的分化从传统的左派与右派之争转变为建制派与反建制派之间的激烈对立。

(二) 逆全球化产生的原因

英国脱欧、美国迎来"特朗普时代"、一些欧洲国家民族主义的兴起和仇外情绪的增强,从不同角度折射出逆全球化思潮在西方国家的影响日益扩大。美国曾是全球化的主要推动者和受益者,但全球化导致的结构性变化日益体现出来,如底层社会群体的就业困难和收入降低问题、移民带来的社会冲突和就业问题等。全球化过程中的受益群体与受损群体之间的矛盾是全球化逆转的重要推动力。[1]

特朗普现象是对 20 世纪 80 年代以来资本主义主导的全球化所造成的经济社会后果的一种政治反映。美国国内兴起了全面质疑全球化的社会思潮,其根源在于"全球化时代收入分配不均恶化激发了受益不多或者无从受益者的民粹主义观点,使'慷慨''包容''协作'的自由主义国际观不再具有说服力"。[2] 美国的一些民众反对国际化并非毫无理由。他们往往会基于以下三个事实来反对全球化。第一,全球化发展与民族国家利益之间存在根本的和不可调和的矛盾,而且在发生冲突时后者往往能占上风。第二,全球化具有再分配效应,会进一步造成经济不平等,而政府却往往对此认识不足,未采取有效的补救措施。第三,人口在全球范围的自由流动,可能造成本土居民失业和收入下降,引起文化、价值观和国家认同等方面的冲突,甚至可能危害国家安全。[3]

---

[1] 高柏,草苍. 为什么全球化会发生逆转——逆全球化现象的因果机制分析[J].文化纵横,2016(6):22 - 35.

[2] 王玮. 从"优势论"到"优先论":冷战后美国对外政策思想的演进[J]. 美国研究,2018(5):66 - 81.

[3] 付随鑫.美国的逆全球化、民粹主义运动及民族主义的复兴[J].国际关系研究,2017(5):34 - 46.

总体而言,美国"逆全球化"的根源成因非常复杂,主要包含经济因素、政治因素、社会因素、技术因素。首先,经济因素是一个重要的原因。在全球化过程中,美国的一些产业和工人可能面临竞争压力,导致利益受损。例如,制造业外流和制造业空心化导致国内就业减少和产业竞争力下降。此外,美国与一些发展中国家的贸易逆差也使得美国国内感到不满。这些因素促使一些美国企业和政治领导人对全球化持怀疑态度,并寻求通过逆全球化政策来保护国内产业和就业。美国社会内部在全球化浪潮中出现了明显的贫富差距扩大现象。反对全球化的声音中,有一部分人坚信全球化是导致国内收入分化日益严重和就业机会流失的元凶。然而,全球化带来的利益与损失并非完全对等,而是呈现出一种不平衡的分配模式。尽管全球化的总体利益是广泛的,但其中的优势更多地流向了社会的上层,使得这部分群体获得了更多的经济利益。这种不均衡的财富分配方式导致了许多美国民众,特别是那些缺乏技术的底层劳动者,感受到了生活质量的明显下降。这部分群体往往将自身遭遇的困境归咎于外来移民和社会上层的优势地位,认为他们占据了更多的资源和机会,导致其自身在全球化进程中遭受了损失。这种心态在一定程度上加剧了美国社会内部的紧张与冲突,使得逆全球化的声音逐渐高涨。

其次,政治因素也起到了推动作用。美国霸权的削弱是"逆全球化"思潮抬头的原因之一。逆全球化则可以看作霸权国对既有霸权体系进行修正的一种战略:霸权国有意调动政治资源与经济资源将逆全球化的相关理念付诸政治与经济战略中,通过减缓或破坏经济全球化下的多边治理机制与贸易自由化秩序缩窄经济全球化中"公"的属性,采取反全球化措施加深全球化机制中"私"的属性特征,榨取旧有全球化体系的剩余利益并最小化自身所受的负面冲击,择机重新构建新的国际机制以实现霸权护持。[①] 美国政府中的一些势力强调国家主义和保守主义,对全球化带来的国家主权让

---

① 陈庭翰,王浩.美国"逆全球化战略"的缘起与中国"一带一路"的应对[J].新疆社会科学,2019(6):69-79.

渡和国际合作持怀疑态度。他们认为全球化削弱了美国的国家利益和国家安全,因此倾向于采取更加保护主义的政策来维护国家利益和民族尊严。

近年来,中国经济的快速发展和全球影响力的不断提升,使得中美两国在经济规模上的差距逐渐缩小。美国政府将中国的崛起归结为中国参与全球化进程中的不平等竞争,并将中国视为对其全球领导者地位的最大威胁。这种心态在一定程度上加剧了美国社会内部的紧张与冲突,导致一些人认为全球化导致了美国霸权的衰落,从而产生了逆全球化的想法。这些社会群体对全球化带来的移民问题、文化冲突和社会安全等问题感到担忧和反感。他们认为全球化导致社会不公和利益分配不均,因此支持逆全球化政策来维护自身利益和社会稳定。这些人忽视或者无视全球化是一个复杂的过程,在全球化的过程中各国之间的相互依存程度不断加深,各国都在积极融入全球化进程中并从中受益,他们简单地将全球化的收益和损失归咎于某些国家或群体。

再次,社会因素也对美国的逆全球化趋势产生了影响。移民是优化劳动力资源配置的一种非常有效的途径,能提升整体福利,但它也会使某些群体利益受损。[①] 一方面,从经济角度来看,移民的大量涌入可能会导致本地劳动者的工资水平下降。这是因为移民增加了劳动力市场的供应,使得企业在招聘时有更多的选择,从而可能降低劳动者的工资。这种情况对于低技能劳动者来说尤为不利,因为他们通常面临着更大的竞争压力。另一方面,移民还可能增加社会保障系统的负担。移民的到来意味着需要更多的公共服务,如医疗、教育和福利等。这对于已经面临财政困难的美国来说,可能会进一步加剧经济不平衡。特别是在一些移民集中的地区,公共服务的压力可能会更加明显。再者,在社会方面,移民可能导致社会融合的困难。由于语言、文化和价值观的差异,移民可能与本地居民之间存在隔阂和冲突。这种隔阂可能会加剧社会分裂和不公平现象,使得某些群体感到被

---

① 付随鑫.美国的逆全球化、民粹主义运动及民族主义的复兴[J].国际关系研究,2017(5):34-46.

边缘化。另外,在文化方面,移民带来的不同文化与本地文化的冲突可能导致社会不稳定。不同宗教、价值观和生活方式的碰撞可能引发文化冲突和争议。这可能会影响到国家的整体发展和国际影响力。最后,从安全角度来看,移民也可能成为恐怖主义活动的潜在渠道。恐怖分子可能会利用移民身份作为掩护来渗透和袭击美国。这种威胁对国家的安全和和谐产生负面影响。

最后,技术因素也对美国的逆全球化趋势产生了一定的影响。随着信息技术和交通工具的快速发展,全球化进程加速,但同时也给一些传统行业和国家带来了巨大的竞争压力。这种技术变革带来的挑战和不确定性,也促使一些美国企业和政治领导人对全球化产生怀疑和反对。一方面,信息技术的发展极大地促进了信息的流通和传播。互联网、大数据、人工智能等技术的广泛应用,使得全球范围内的信息传播变得瞬间可达。这种快速的信息流通使得美国的一些传统行业面临着来自全球各地的竞争压力。例如,在零售业,电子商务的兴起使得美国传统的实体零售店面临来自中国、印度等国的在线零售巨头的竞争。这些国际竞争对手往往拥有更为低廉的成本和更广阔的市场,从而给美国的传统零售行业带来了巨大的挑战。另一方面,交通工具的快速发展进一步加速了全球化进程。高速铁路、航空运输等先进交通工具的广泛应用,使得全球范围内的商品和人员流动变得更加便捷。这使得美国的制造业等传统行业面临着来自新兴市场的竞争压力。例如,中国的制造业在过去几十年中迅速崛起,其产品在全球范围内享有很高的声誉和市场份额。这使得美国的制造业企业面临着来自中国的激烈竞争,许多企业甚至不得不关闭生产线或寻求海外生产以降低成本。此外,全球化进程还带来了人才和技术的竞争。随着全球范围内的教育和研究资源的共享,许多新兴市场培养出了大量的高素质人才和技术创新者。这使得美国在一些高科技领域面临着来自这些新兴市场的竞争压力。

(三)逆全球化的政策主张

特朗普上台以来,打着"美国优先"旗号进行了一系列"逆全球化"的政策调整,主要表现在"退群"、"建群"、增加关税、限制移民以及对华"脱钩"等方面。[①]

第一,退出或威胁退出国际组织、协约,阻止国际组织和多边机制发挥作用。特朗普政府在其执政期间采取了一系列措施,显著地改变了美国在国际组织、协约和多边机制中的角色和态度。这些措施包括退出或威胁退出一些重要的国际组织和协约以及采取措施阻止国际组织和多边机制在全球事务中发挥有效作用。在特朗普执政期间,美国退出了《跨太平洋伙伴关系协定》(TPP)。特朗普政府认为 TPP 对美国不利,因此在特朗普上台后不久就宣布退出这一由奥巴马政府推动的大型区域贸易协定。此举被视为美国对自由贸易态度的重大转变,并引发了地区内的担忧和不确定性。美国退出世界卫生组织(WHO),特朗普政府对 WHO 在处理全球卫生危机(如新冠疫情)方面的表现表示不满,并指责该组织在处理美国利益方面存在偏差。美国退出《关于伊朗核计划的全面协议》(JCPOA),特朗普政府认为伊朗核协议过于宽松,未能有效遏制伊朗的核能力和地区影响力。因此,美国单方面退出了这一由多个国家共同签署的协议,并重新对伊朗实施制裁。此举引发了国际社会的广泛担忧和批评,也破坏了美国在国际核不扩散领域的信誉。另外,特朗普政府认为气候变化协议对美国经济利益不利,并拒绝参与《巴黎气候协定》。此举导致美国在全球气候治理领域的角色大幅减弱,也引发了国际社会的广泛批评和担忧。特朗普政府指责世界贸易组织(WTO)上诉机构存在越权行为,并对其任命程序产生质疑,从而削弱 WTO 在全球贸易治理中的作用。另外,特朗普政府通过颁布行政令和制裁措施,试图限制国际刑事法院(ICC)对美国公民和军事人员的审判权。此举被认为是对国际法和国际司法体系的一次严重挑战,也引发了国际社会的广泛谴责和担忧。

第二,重新谈判贸易协定,增加有利于美国的保护主义条款。特朗普政府通过重新谈判现有的贸易协定,增加了有利于美国的保护主义条款。这些条款通常涉及减少进口关税、限制外国投资、加强知识产权保护等方面。

[①] 赵梅.逆全球化背景下美国的战略选择[J].东北亚学刊,2020(6):3-9.

例如,在重新谈判的北美自由贸易协定(现称为《美国-墨西哥-加拿大协定》,USMCA)中,特朗普政府成功地增加了对美国农产品的保护、对汽车产业的限制以及对知识产权的更强保护等条款。此外,特朗普政府还通过实施单边贸易措施,如加征关税和采取贸易报复手段,来推动其贸易议程。这些措施旨在迫使贸易伙伴接受美国的贸易条件,并减少美国在全球贸易中的逆差。特朗普政府认为,通过增加关税和其他贸易壁垒,可以保护美国国内产业和工人,促进经济增长和就业。

第三,制定贸易保护主义政策,限制外国商品的进口。特朗普政府认为,全球贸易体系中的一些规则和安排对美国不公平,导致了美国国内产业的萎缩和就业机会的流失。为了纠正这种情况,特朗普政府采取了贸易保护主义政策,以限制外国商品的进口,促进国内制造业的发展和工作岗位的回流。在钢铁和铝产品方面,特朗普政府于2018年3月宣布了对这两种产品进口的全面关税措施。该措施对钢铁和铝产品分别征收了25%和10%的关税,涵盖了来自多个国家的进口产品。特朗普政府声称,这些关税措施是为了保护美国的国家安全,因为钢铁和铝产品是制造军事装备和其他关键基础设施所必需的。此外,特朗普政府还对光伏产品进行了反倾销调查,并以高关税相威胁。这一举措旨在限制来自中国的光伏产品进口,因为特朗普政府认为中国通过不公平的贸易做法获得了竞争优势。这些关税措施导致光伏产品的进口成本增加,从而减少了外国光伏产品在美国市场的竞争力。

第四,改革美国移民政策。特朗普政府在其执政期间对美国的移民政策进行了重大改革,采取了强硬的立场和措施。首先,特朗普政府终止了奥巴马政府时期的"梦想者"计划,即 Deferred Action for Childhood Arrivals (DACA)。该计划旨在为那些在美国非法入境的未成年人提供临时居留权和工作许可。特朗普政府认为,该计划鼓励非法移民涌入美国,并对美国的安全和就业市场构成威胁,特朗普政府因此决定终止该计划。其次,特朗普政府推出了"禁穆令(Executive Order 13769)"。该命令引发了广泛的争议和法律挑战,被认为违反了美国的宗教自由和宪法原则。特朗普政府声称,该命令是为了保护美国免受恐怖主义的威胁。此外,特朗普政府还实施了"零容忍"政策,即对非法移民采取强硬立场,加大边境巡逻和执法力度。该政策导致大量非法移民被拘留和遣返,加剧了边境地区的紧张局势和人道主义危机。除此之外,在改革美国特殊专业人员/临时工作签证(H-1B签证)计划方面,特朗普政府通过签署"买美国货,雇美国人"的行政命令,要求改革现有的 H-1B 签证计划,防止美国企业雇佣成本更加低廉的外国工人。特朗普政府认为,该签证计划导致美国工人失去了就业机会,因为企业更倾向于雇佣低成本的外国工人。最后,特朗普政府还颁布了"紧急状态令",并行使总统否决权,执意在美墨边境修建隔离墙。特朗普政府认为,修建隔离墙可以有效阻止非法移民和毒品进入美国,维护国家的安全和边境秩序。

第五,将中国视为主要战略竞争对手,全方位加大对华遏制打压。特朗普执政期间,美国不惜"两败俱伤"主动挑起对华贸易战,并很快将对华遏制打压从经贸领域延伸至中美关系的各个方面。美方制裁中国科技企业,对华实施科技脱钩,限制双方人文交流和民间交往。在教育方面,特朗普政府主张人文和教育交流"脱钩"。[1]

人文和教育交流"脱钩"与高等教育国际化密切相关。2017 年以来,美国国内出现了一股质疑和抹黑中美人文交流的强劲逆流,特别是在特朗普政府执政期间,这种情况尤为明显。这一逆流主要体现在对中国访美学者、留学生以及中美高校交流与合作项目的审查力度加大,甚至取消部分中国留学生的美国签证。此外,对美国高校及科研机构的华裔科学家也进行了广泛的调查和打压,导致数百位科学家遭到解聘、逮捕、指控或判刑。这些行动严重限制了中美之间的人文和教育交流,使两国之间的文化互鉴和学术合作陷入困境。具体来说,特朗普政府采取了一系列措施来限制中美人文和教育交流。首先,在签证政策上,美国加强了对中国访美学者和留学生的审查,导致许多人的签证申请被拒绝或延迟处理。这不仅影响了他们的

---

[1] 赵梅.逆全球化背景下美国的战略选择[J].东北亚学刊,2020(6):3-9.

学术活动,也给他们的生活带来了很大的困扰。其次,在学术合作方面,美国政府对中美高校和科研机构的合作项目进行了严格的审查,导致许多项目被迫中止或取消。这不仅影响了双方的学术交流,也损害了双方的科研合作。最后,在媒体和分支机构方面,美国政府对孔子学院、中国在美国创办的媒体及分支机构进行了严格的限制和打压。这不仅限制了中国的文化传播,也限制了中美之间的文化互鉴。在新冠疫情期间,美国对华舆论战不断升级,进一步加剧了中美人文和教育交流的困境。例如,美国国务院将新华社等五家中国媒体纳入《外交使团法》(*Foreign Missions Act*)适用范围,限制了这些媒体在美国的活动。此外,美国还将孔子学院列为外国使团,对其活动进行限制,对其资金、人员、教学内容等进行严格的审查,使得很多孔子学院被迫关闭或者缩减规模。这些限制严重影响了孔子学院在美国的正常运营和发展,也对中美两国的人文交流和教育合作造成了不利影响。

二、民粹主义

(一) 民粹主义的概念

学界对于民粹主义的定义一直没有达成共识。正如柳亦博和王若彤(2021)所说的那样,"民粹主义很难被定义,它时而出现在政治领域,表现为民粹主义政党或政客上台执政,时而又出现在社会领域,表现为一种排外的社会运动或极具攻击性的身份歧视。虽然民粹主义有多副面孔,但没有一副是温和或懈怠的,在所有民粹主义出场的时空里,它总以某种激进的、暴力的形式显现"。[1] 这两位学者认为民粹主义者语境中的"人民"其实是一个虚构的、同质化的整体,现实世界不存在这种道德上纯洁无瑕、永远正确的"人民整体",所谓的"人民"并不等同于公民,而仅是公民的一部分,只有支持民粹主义的人才是"真正的人民",其余的人则是当下社会矛盾的罪魁

---

[1] 柳亦博,王若彤.论民粹主义的美国起源、当代发展及制度逻辑[J].天津行政学院学报,2021,23(6):84-95.

祸首。美国学者卡斯·穆德教授(Cas Mudde)认为,民粹主义"把社会分为两个完全分割的同质性的且敌对的集团,即'纯洁的人民'对'腐败的精英'"①。崇拜人民和反对精英是民粹主义意识形态的核心。② 王鸿刚(2017)认为民粹主义源于一国社会中相当规模的平民团体对其他特定群体或对象(如精英、富人、大公司或其他阶层和族群)的不信任与仇视情绪,并因情绪的主体和客体不同而可大致作左、右之分。③ 刘玲(2018)认为民粹主义在主张上具有平均主义、反精英、反建制、反智主义、民族主义等特性;在政治实践上,民粹主义与大众动员、社会运动、卡里斯马型领袖④等现象密切相关。⑤

(二) 美国历史上的民粹主义浪潮

历史上共出现过四次席卷全球的民粹主义浪潮,浪潮的中心分别在19世纪90年代末的美国和俄国、20世纪30年代至60年代的拉美、20世纪80年代末至90年代的东亚和东南亚以及2010年之后的盎格鲁-撒克逊传统的民主国家联盟,尤其是2016年特朗普上台与英国脱欧被学术界视为最近的一次民粹主义高峰。⑥

19世纪90年代末的美国和俄国成为民粹主义浪潮的中心。在美国,这一时期出现了人民党(The People's Party)运动,它代表了农民和劳工的利益,反对大企业和金融精英。在俄国,民粹主义运动也在19世纪晚期兴起,与农民和知识分子中的反政府情绪相结合。20世纪30年代至60年代,拉美地区成为民粹主义浪潮的中心。在这一时期,许多拉美国家出现了

---

① Cas Mudde. The Populist Radical Right: A Pathological Normalcy[J]. West European Politics,2010(6):1167-1186.
② Cas Mudde. Populist Radical Right Parties in Europe [M]. New York: Cambridge University Press, 2007:23.
③ 王鸿刚.民粹主义思潮与美国的新一轮国家转型[J].人民论坛·学术前沿,2017(6):6-14.
④ 卡里斯马型领袖,也称为魅力型领袖,是指那些具有非凡魅力和超凡能力的领导者。这种魅力可以源于领导者的个人特质、才华、智慧或行为方式,使得他们能够吸引并影响追随者,产生强烈的忠诚和认同感。
⑤ 刘玲.民粹主义在美国的历史源流与现实走向[J].国外社会科学,2018(2):97-103.
⑥ 柳亦博,王若彤.论民粹主义的美国起源、当代发展及制度逻辑[J].天津行政学院学报,2021,23(6):84-95.

民粹主义领袖和政权,他们通常承诺改善社会条件、反对外国干涉和推动经济独立。20世纪80年代末至90年代,东亚和东南亚地区也卷起了民粹主义浪潮,东亚和东南亚国家如韩国、泰国、印度尼西亚等经历了政治动荡、经济不稳定和社会不满的加剧。一些民众对政治精英和经济寡头的不满情绪上升,导致了一些抗议活动、社会运动和政治变革。这些运动往往要求更多的政治参与、社会公正和经济平等。2010年之后的盎格鲁-撒克逊传统的民主国家联盟成为民粹主义浪潮的中心,特别是2016年特朗普上台和英国脱欧事件,反映了民众对全球化、移民和经济不平等问题的不满。

美国历史上的几次民粹主义运动,都是在美国国家转型期间社会危机意识上升的具体表现,同时也成为加速国家转型和塑造转型方向的重要力量。

美国的民粹主义始于19世纪末的美国人民党运动。[①] 人民党运动起源于美国南部地区,在当地农场主的推动下形成。这场运动的主体是南方农场主和劳工阶级,他们反对政治腐败和经济不平等,要求改革政治制度和经济结构,实现社会公正和平等。他们希望通过自己的力量来改善农民的处境,因此选择了与政府对抗的方式来实现他们的诉求。这场运动起源于对美国政治和经济精英的不满,尤其是对大企业和金融家的垄断控制感到愤怒。人民党自称代表"人民"的利益,主张直接民主、经济平等和反对政治腐败。人民党的兴起反映了当时美国社会中的农民、工人和小企业主的利益诉求。他们希望改革政治制度,削弱大企业和金融家的权力,实现更广泛的民主参与和经济平等。人民党的口号包括"摆脱财阀、贵族和其他一切卑鄙小人,让人民真正掌权",这体现了其对政治精英的强烈不信任和对民众力量的重视。虽然人民党在选举中取得了一些成功,但并未能够长期掌握政权。然而,人民党的出现标志着民粹主义在美国的兴起,对后来的美国政

---

① 陈中奎,陈纪.美国新一轮民粹主义的兴起、影响及其对中国的启示[J].国家安全论坛,2022(3):13-28,96.

治和社会产生了深远的影响。民粹主义在美国历史中多次出现,并与不同的社会运动和政治力量相结合,形成了不同的民粹主义高潮。从人民党运动开始,民粹主义在美国社会中不断间歇性地爆发,并对美国的政治、经济和社会秩序产生了重要的影响。19世纪末是美国由农业社会转变为工业社会、由自由资本主义向垄断阶段过渡的时期,人民党运动迫使民主、共和两党更加关注基层选民,开启了20世纪初期的进步主义运动,并为此后一系列法律出台与政府改革起到重要的启蒙和铺垫作用,是这一时期推动美国国家转型的重要力量。

自此之后,美国的民粹主义浪潮分别出现在20世纪30年代、20世纪60年代、20世纪90年代和21世纪特朗普上台。20世纪30年代掀起了民粹主义浪潮,以著名的"汤森运动(Townsend Movement)"为代表。[1] 这一时期的民粹主义运动主要起源于对大萧条时期经济困境和社会不公的强烈反响,反映了普通民众对于经济困境、政治腐败和社会不平等的愤怒和不满。之后,20世纪60年代民权运动时期的亚拉巴马州州长乔治·华莱士(George Wallace)、20世纪90年代的罗斯·佩罗(Ross Perot)都带有明显的右翼民粹主义色彩。2008年金融危机后兴起的"占领华尔街(Occupy Wall Street)"运动和"茶党运动(Tea Party Movement)"则分属左、右翼民粹主义运动。[2]

美国20世纪30年代兴起的民粹主义运动反映了当时美国社会存在的严重经济和政治问题,尤其是贫富分化和社会不公。民粹主义者对这些问题进行了激烈的批判,并提出了一系列改革方案,包括实行直接民主、限制大企业的权力、提高最低工资标准等,这些主张在一定程度上改善了当时的社会状况。其次,民粹主义运动为后来的政治和社会变革奠定了基础。例如,"汤森运动"虽然未能成功实施其提出的养老金计划,但它引发了关于社

---

[1] 陈中奎,陈纪.美国新一轮民粹主义的兴起、影响及其对中国的启示[J].国家安全论坛,2022(3):13-28,96.

[2] 付随鑫.美国的逆全球化、民粹主义运动及民族主义的复兴[J].国际关系研究,2017(5):34-46.

会保障制度的广泛讨论和后来的立法改革。此外,民粹主义运动还激发了其他社会运动的发展,如劳工运动、妇女权益运动等,这些运动共同推动了美国社会的进步和变革。

20世纪60年代华莱士掀起的民粹运动,也有深刻的国内外背景。当时美国的经济持续陷入"停滞与通胀"的困境,导致"相对贫困"现象普遍存在。尽管国家整体看似富裕,但广大民众的实际生活水平并未得到显著提高。在国际层面,冷战的阴影仍然笼罩全球,苏联的力量不断增强,而美国则深陷越南战争的泥沼。与此同时,第三世界国家也在积极寻求独立和发展。在这样的国内外背景下,各种社会运动不断涌现,包括黑人、妇女等群体为争取自身权利而进行的斗争。华莱士的种族主义言论在一定程度上反映了南方乡村普通白人的不满和愤怒,成了他们情绪的一种极端表达。尽管民粹运动在一定程度上加剧了对种族问题的关注度,但它也推动了民权运动的进步。更重要的是,它预示着右翼民粹主义的崛起。

20世纪90年代美国民粹主义兴起的背景主要是全球化浪潮的推动。自20世纪80年代起,以里根政府为代表的新自由主义政策开始盛行,其核心理念在于拥抱和推动全球化。这一政策框架虽然短暂地帮助美国经济摆脱了滞胀困境,但其所采取的减税、扩军、放松管制和产业转移等措施,却逐渐在社会层面上产生了显著的负面效应。这些政策更有利于富人和大公司,导致工作机会大量流失,贫富分化现象愈发明显,社会福利体系受到冲击。在这一背景下,民众对于社会不公和经济不稳定的担忧加剧,民粹主义思潮应运而生,成为表达不满和寻求改变的一种重要力量。

考察美国历次民粹主义运动,可以发现它们至少有四项重要特征。第一,每当出现严重的经济危机或文化冲突时,民粹主义运动就会在美国爆发。第二,美国的民粹主义运动主要是一种政治风格和策略,它既可以与"左"的意识形态也可以与右的意识形态结合起来。第三,这些运动的参与者基本上都是白人,特别是中下层白人,少数族裔群体则受到排斥。第四,少数族裔群体或外来移民往往会成为白人民粹主义运动的替罪羊,成为白人发泄不满和转移社会矛盾的对象。这些特征在2016年大选中都表现得非常明显。①

(三) 美国新一轮民粹主义浪潮

特朗普的政治理念表现为对全球化的拒斥、反对非法移民、反对多元主义。② 特朗普政策主张的实质是在利用民众对美国现状的不满和怨恨,实现抑制新自由主义的目标。③ 特朗普曾经直言不讳地表达了自己成功的关键是绝大多数白人蓝领和乡村白人的鼎力支持。白人蓝领和乡村白人之所以支持特朗普,是因为他们遭受着严重的经济困难和文化焦虑。④ 他们面临的主要经济困难是收入停滞和失业。除此之外,乡村白人对外来移民非常反感和排斥,他们认为移民不能适应美国的生活方式,而且拉低了工资,抢走了工作。

美国新一轮民粹主义产生的原因是多样而深刻的,学术界表达了对经济、政治、文化和社会等多个方面深层次原因的理解。陈中奎和陈纪(2022)认为当前美国民粹主义产生的原因有四点:一是贫富差距严重扩大;二是种族结构遭遇挑战;三是民主制度出现危机;四是社交媒体推波助澜。⑤ 刘玲(2018)认为当前美国产生民粹主义的根源有三个:一是经济不平等撕裂美国社会;二是政党政治出现代表性危机;三是文化多元主义导致身份认同危机。⑥ 李涛声(2018)认为美国民粹主义兴起的根源并不在于经济全球化,而是在于20世纪80年代开始的新自由主义改革,它才是造成美国民粹主义兴起的真正原因。⑦ 戴长征(2020)认为民粹主义产生的原因主要有以下

---

① 付随鑫.美国的逆全球化、民粹主义运动及民族主义的复兴[J].国际关系研究,2017(5):34-46.

② 柳亦博,王若彤.论民粹主义的美国起源、当代发展及制度逻辑[J].天津行政学院学报,2021,23(6):84-95.

③ 林红."失衡的极化":当代欧美民粹主义的左翼与右翼[J].当代世界与社会主义,2019(5):113-122.

④ 付随鑫.美国的逆全球化、民粹主义运动及民族主义的复兴[J].国际关系研究,2017(5):34-46,152-153.

⑤ 陈中奎,陈纪.美国新一轮民粹主义的兴起、影响及其对中国的启示[J].国家安全论坛,2022(3):13-28,96.

⑥ 刘玲.民粹主义在美国的历史源流与现实走向[J].国外社会科学,2018(2):97-103.

⑦ 李涛声.民粹主义在美国兴起的原因及启示[J].理论观察,2018(1):65-67.

几条。首先,新自由主义和全球化带来的贫富差距扩大和阶级矛盾,是新近一波民粹主义兴起的根本原因。其次,全球化加剧了人口流动和文化交流,在某种程度上冲击传统的政治认同,刺激民族主义的兴起。再次,现代西方代议制民主的精英本质加剧了全球化进程中各种政治力量的对立,使传统政治精英丧失了普通民众的信任,为民粹主义政党异军突起提供了机会。最后,现代信息网络通信技术的发展为民粹主义提供了便捷的宣传平台。①

综合学术界的观点,可以把美国新一轮民粹主义产生原因归为经济原因、政治原因和文化原因。美国新一轮民粹主义产生的经济原因主要有以下三条。第一,经济不平等与贫富差距。美国长期面临的经济不平等和贫富差距问题为特朗普的民粹主义提供了肥沃的土壤。富人阶层的财富不断积累,而中产阶级和底层民众的生活状况没有得到明显改善,这种经济不平等导致了民众对精英阶层和现行体制的不满。第二,传统产业不景气和外来产品冲击。随着全球化的推进,美国的传统产业受到了来自其他国家的竞争和冲击,导致一部分人的就业机会受到威胁。特朗普提出了"美国优先"的口号,主张保护本土产业和工人利益,反对自由贸易和全球化,这也是他民粹主义思想在经济方面的重要体现。第三,对大企业外包的不满。特朗普批评美国的大企业将生产线外包给其他国家,导致国内就业机会减少。他认为这种做法损害了美国工人的利益,因此提出了"让美国再次伟大"的口号,主张让美国企业在国内生产,为美国工人创造更多的就业机会。

美国新一轮民粹主义产生也有其深刻的政治原因。新自由主义政策的失灵是民粹主义兴起的原因之一。新自由主义政策强调市场自由化和减少政府干预,然而这些政策并未能解决经济不平等和社会不公等问题。相反,减税、扩军、放松管制和产业转移等政策更加有利于富人和大公司,导致工作机会大量流失,贫富分化现象更加明显。这些政策的失灵使得民众对于传统政治精英和建制派产生了不满和失望情绪,为民粹主义提供了政治空间。另外,西方代议制民主危机也是导致民粹主义兴起的原因之一。代议

---

① 戴长征.欧美新近一波民粹主义的成因、特点及影响[J].人民论坛,2020(32):82-85.

制民主是西方国家的主要政治形式之一,然而近年来其面临着诸多挑战和危机。政治精英与选民之间的鸿沟不断扩大,选民对政治机构的信任度不断下降。同时,传统政党在应对经济不平等、社会不公等问题上未能提出有效的解决方案,导致选民对传统政党制度的不满和失望情绪不断累积。这种民主危机为民粹主义提供了可乘之机,使其成为影响美国政治不可忽视的力量。

在文化上,文化多元主义导致了美国人身份认同危机的出现,为民粹主义的兴起提供了条件。首先,文化多元主义强调不同文化之间的平等和尊重,这在一定程度上削弱了美国传统的文化认同。美国是一个由不同种族、宗教和文化背景的人组成的国家,文化多元主义推动了各种文化的交流和融合,但也使得传统的美国文化认同变得模糊和淡化。一些美国人开始感到自己的文化身份和价值观念受到威胁,从而产生了身份认同危机。其次,文化多元主义也加剧了社会分裂和政治极化。不同文化背景的群体往往有着不同的利益诉求和政治立场,这使得社会共识难以形成,政治分歧加剧。在这种背景下,一些政治势力开始利用身份认同问题来动员选民,推动民粹主义的兴起。他们通过强调本土文化和民族认同,来对抗外来文化和移民潮,从而获得了部分选民的支持和信任。最后,文化多元主义也在一定程度上导致了社会信任危机的出现。由于不同文化背景的群体之间存在着差异和隔阂,这使得社会信任难以建立和维护。一些美国人开始怀疑和不信任那些与自己文化背景不同的人,这种不信任情绪为民粹主义提供了可乘之机。民粹主义通过强调本土文化和民族认同,来加强社会内部的凝聚力和信任感,但同时也加剧了对外来文化和移民的排斥和敌意。

(四)特朗普主义

特朗普执政期间,很多学者用"特朗普主义(Trumpism)"来概括其政策的特征。在美国对外政策研究中,"主义"一词常被用来形容美国总统对外政策制定的指导原则和在某一原则指导下展现的行为特征。美国历史上常常对具有鲜明执政色彩的总统冠以"主义",如杜鲁门主义、里根主义、布什主义、奥巴马主义。美国《大西洋月刊》主编、曾提出"奥巴马主义

(Obama Doctrine)"一词的杰弗里·戈德伯格(Jeffrey Goldberg)早在2018年6月就提出了"特朗普主义"的概念。戈德认为,"没有敌人,没有朋友"构成了"特朗普主义"的基本内涵。[①] 美国著名政治学家查尔斯·库普乾(Charles Kupchan)就认为,"美国优先、民族主义、单边主义、反移民的热情、对中国的抨击,这些都是'特朗普主义'的标志,它们已成为新常态"。[②] 国内一些学者也对"特朗普主义"进行了概括。韩召颖和黄钊龙(2020)发现"特朗普主义"具有如下内涵:大国竞争的基本战略判断、"美国优先"的具体政策指针和在此基础上形成的单边主义与强制主义外交风格。[③] 孙兴杰(2020)认为特朗普主义的核心理念是"美国再次伟大",战略路径是"美国优先"和"有原则的现实主义",其手段包括结果导向、极限施压和对等交易等,具体表现为对不同议题的安全化或者去安全化,从而重构了美国的对外政策。[④] "特朗普主义"是美国收入差距拉大、产业空心化、移民与恐怖主义威胁和反建制力量崛起的产物,它在实施中具有右翼民粹、强人政治、孤立主义和保护主义,以及大政府影子等特点。[⑤]

总之,"特朗普主义"能够较好地概括以唐纳德·特朗普为代表的政治意识形态、社会情感、治理风格、政治运动以及一套获取和保持权力的机制。它主要包括以下几个特点。第一,孤立主义和保护主义:特朗普主义强调"美国优先",推行经济民族主义和外交单边主义,主张在贸易、移民等问题上采取强硬立场,以保护美国的国家利益和就业机会。第二,民粹主义:"特朗普主义"具有强烈的民粹主义色彩,主张权力下放,反对精英统治,强调普

---

① Goldberg, J.. A Senior White House Official Defines the Trump Doctrine: We're America, Bitch[EB/OL]. (2018-06-11)[2022-07-05]. https://www.theatlantic.com/politics/archive/2018/06/a-senior-whitehouse-official-defines-the-trump-bitch/562511/.
② Kupchan, C.. America First: Means a Retreat From Foreign Conflicts[EB/OL]. (2019-09-26)[2022-05-15]. https://www.foreignaffairs.com/articles/2019-09-26/america-first-means-retreat-foreignconflicts.
③ 韩召颖,黄钊龙."特朗普主义":内涵、缘起与评价[J].国际论坛,2020,22(4):3-18,155.
④ 孙兴杰."特朗普主义"的终结?[J].外交评论(外交学院学报),2020,37(6):24-47,5.
⑤ 盛斌,宗伟.特朗普主义与反全球化迷思[J].南开学报(哲学社会科学版),2017(5):38-49.

通民众的利益和诉求。特朗普通过煽动种族和宗教情绪,吸引那些感觉被忽视或被精英阶层遗忘的美国人。第三,反全球化主义:"特朗普主义"反对全球化进程,认为全球化导致了美国制造业的衰落、工作机会的流失和社会不平等的加剧。他主张通过限制进口、提高关税等措施来保护国内产业和工人。第四,强硬外交:"特朗普主义"在外交政策上采取强硬立场,主张通过军事手段解决国际争端,强调美国的军事实力和领导力。他退出了多个国际协议和组织,如跨太平洋伙伴关系协定(TPP)、巴黎气候协定、世界卫生组织等,以彰显美国的独立性和自主性。"特朗普主义"的出现反映了美国社会的深层次矛盾和分歧,包括经济不平等、种族和宗教冲突、对传统价值观的质疑等。

第二节 特朗普政府的高等教育国际化政策

一、"禁穆令"

西方社会对穆斯林群体的负面形象认知是一个复杂的社会现象,它受到历史、文化、宗教、政治等多方面因素的影响。在某些情况下,这种负面认知可能会导致对穆斯林群体的歧视和不公平待遇。2015年11月13日,巴黎系列暴恐袭击事件确实加剧了美国人对恐怖主义袭击的担忧,并导致美国人对穆斯林群体的负面情绪上升,甚至到达了"9·11"事件发生后的水平。这种情绪可能会导致一些美国人对穆斯林群体产生偏见和误解,进而加剧族群间的冲突和紧张关系。一些美国人甚至把穆斯林群体作为恐怖主义的代名词。

特朗普在移民问题上的立场,是他成功当选的一个重要因素。从直接因素来看,尽管全球化推动了美国经济的发展,但国内贫富差距却呈现出加剧的趋势。这导致以工薪阶层为主体的中产阶级在经济地位上受到挑战,从而激发了主流社会对外部世界,特别是移民的强烈不满和怨恨。同时,伊斯兰极端恐怖组织的袭击加剧了这种社会情绪。面对恐怖主义的不确定性以及恐怖分子可能混入难民潮的担忧,美国民众对恐怖主义产生了深深的恐惧和焦虑。这种情绪促使特朗普政府提出了"禁穆令"等一系列难民和移民政策,试图消除这些不确定性和模糊的情景,以满足民众对于安全的需求和期望。

2017年1月27日,美国总统特朗普签署第13769号总统行政命令,要求在120天内暂停所有难民入境,在90天内暂停向伊朗、伊拉克、叙利亚、利比亚、苏丹、索马里、也门七个伊斯兰国家公民核发签证入境美国。因为所涉的七个国家均为穆斯林占多数的国家,因此这份行政命令也被媒体和社会各界称为"禁穆令(Muslim Ban)"。

"禁穆令"一出,在美国及国际社会引起轩然大波,也遭遇到前所未有的司法挑战。当地时间2017年2月3日,美国华盛顿州西区联邦地方法院法官罗巴特(James Louis Robart)不认同特朗普政府认为七国公民对美国有威胁的指控,裁决暂缓实施移民禁令。之后美国司法部提出上诉,希望冻结罗巴特的裁决。美国第九巡回上诉法院于2017年2月5日清晨做出裁决,驳回司法部提出的上诉,拒绝恢复特朗普"禁止穆斯林入境"的行政命令。迫于国内外压力,2017年3月6日,特朗普签署第13780号总统行政命令。特朗普签署的新版移民禁令中仍有六个穆斯林人口较多的国家遭限制,包含叙利亚、伊朗、索马里、也门、利比亚以及苏丹。虽然新版禁令内容有所放宽,但反对者仍批评此举是"换汤不换药"。2017年9月24日,特朗普发表第9645号总统公告,对旅行禁令进行再次修正,并向最高法院发出申请,要求对伊朗、利比亚、索马里、叙利亚和也门五个穆斯林为主的国家以及朝鲜和委内瑞拉实施旅行禁令。2017年12月4日,美国联邦最高法院裁定,特朗普政府针对朝鲜和委内瑞拉的旅行禁令以及对六个伊斯兰国家的旅行禁令全面生效,标志着美国司法体系首次允许特朗普"禁穆令"生效。这无疑是特朗普政府移民政策改革的一次胜利。

"禁穆令"不仅对有意向前往美国留学的伊斯兰国家学生产生了巨大的阻碍作用,也对已经在美国的穆斯林学生造成了不小的影响。对于有意向前往美国留学的伊斯兰国家学生来说,"禁穆令"的实施使他们面临无法获得美国学习签证的困境。由于该政策限制了来自特定伊斯兰国家公民的入境,这些学生在申请签证时可能会遭受额外的审查和延误。这不仅影响了他们的留学计划,还可能导致他们错过重要的学术机会和奖学金。此外,由于担心受到歧视或排斥,一些原本计划前往美国留学的国际学生可能选择放弃或者推迟留学计划,转而选择其他国家进行学业深造。对于已经在美国境内的穆斯林学生来说,"禁穆令"也带来了不小的困扰。由于该政策的不确定性,这些学生在短暂出境后可能面临无法返回美国继续学业的困境。他们在出境前必须仔细考虑自己的签证状态和入境权限,以避免陷入无法返回的困境。此外,即使在美国境内,这些学生也可能因为"禁穆令"而面临歧视和排斥,对他们的心理健康和社会融入造成负面影响。

二、收缩工作签证

移民问题在美国一直备受瞩目,其敏感性不容忽视。近年来,无论是民主党还是共和党,都尝试推动移民政策的改革,但进展并不显著。特朗普政府则试图对近半个世纪以来的美国移民政策进行大刀阔斧的改革,其核心在于"美国优先"的原则,即优先考虑美国公民的就业、收入和安全,并主张优先雇佣美国人。然而,特朗普政府的移民政策改革之路并不平坦,其提出的各项议案屡次在美国国会遭到挫败。尽管面临重重困难,特朗普政府依然坚持其移民政策的核心方向,即加大执法力度,严厉打击非法移民,并对移民政策进行进一步的收紧。这意味着特朗普政府在移民问题上的立场仍然坚定,不会轻易改变。

特朗普上台后连续颁发了多个移民政策文本,例如 H-1B 签证改革、旅行禁令、《落实总统边境安全和加强移民执法政策》(*Implementing the President's Border Security and Immigration Enforcement Improvement Policies*)、《改革美国移民制度,强化就业草案》(*RAISE Act*)、《特朗普政府的移民政策重点》(*Trump Administration Immigration Policy*

Priorities)等,共同构成特朗普政府新移民政策内容。[1] 特朗普政府移民新政策主要内容包括:① 驱逐非法移民,减少移民数量。《改革美国移民制度,强化就业草案》提出,未来10年内将合法移民人数从现阶段的100万人减少至50万人,难民合法人数限制在每年5万人,并采取在边境修筑隔离墙等方式严防非法移民。[2] ② 鼓励"优质移民",取消"链式移民"。所谓优质移民,即能对美国经济有所贡献并且自身经济实力能够支撑个人和家庭生活的人。该草案取消了"链式移民",规定只有美国公民和绿卡持有者的配偶及未成年子女才能申请获得绿卡。直系父母可以获取临时签证,但不能获得相应的社会福利。非直系亲属及成年家人不能再申请亲属移民。[3] ③ 废除绿卡抽签制,采用积分制。《改革美国移民制度,强化就业草案》认为绿卡抽签制涉及欺诈且不符合经济效益或人道主义原则,应予以取消,转而效仿加拿大采取积分制,通过对申请人的受教育程度、英语评估测试成绩、杰出成就、工作机会、在美投资、亲属移民等内容进行评估和积分,总积分达到30分即可申请职业移民,实现吸引"优质移民"的政策目标。[4]

特朗普执政以来,移民局要求补交材料的情况变得越来越普遍。这一趋势不仅影响了新申请者的签证处理流程,也加大了已经在美国的移民和留学生的压力。首先,从数据上看,特朗普执政后,补交材料的要求显著上升。以2017年第四季度为例,约有68.9%的申请者因"专业与工作不相符"而被要求补交材料。这一比例相比之前的年份有大幅度提升,显示出移民局在审核材料时变得更加严格和挑剔。其次,各类工作签证的拒签率也呈

---

[1] 王正青,陈琴. 特朗普政府新移民政策对美国高校留学生教育的潜在影响与争论[J]. 比较教育研究,2018,40(7):20-27.

[2] Caton,T.,Perdue,D.. Reforming American Immigration for Strong Employment Act [EB/OL]. (2017-08-02)[2017-12-31]. https://static.politico.com/fd/af/3eebc635479892982f81bdfe3fa2/raise-act.pdf.

[3] Caton,T.,Perdue,D.. Reforming American Immigration for Strong Employment Act [EB/OL]. (2017-08-02)[2017-12-31]. https://static.politico.com/fd/af/3eebc635479892982f81bdfe3fa2/raise-act.pdf.

[4] Caton,T.,Perdue,D.. Reforming American Immigration for Strong Employment Act [EB/OL]. (2017-08-02)[2017-12-31]. https://static.politico.com/fd/af/3eebc635479892982f81bdfe3fa2/raise-act.pdf.

现出上升趋势。这意味着,不仅是新申请者,即使是已经在美国工作的移民,也可能因为各种原因被要求补交材料,甚至面临签证被拒绝的风险。这种不确定性给许多移民和留学生带来了心理压力和生活上的不便。此外,特朗普政府对于移民政策的调整也是导致补交材料情况普遍化的重要原因。在特朗普的"美国优先"政策指导下,移民局加强了对申请者的审查和筛选,以确保只有那些最符合美国利益的人才能够获得签证。这种政策导向使得补交材料成了一个常态化的过程。对于申请者而言,补交材料意味着他们需要投入更多的时间和精力来准备和提交额外的文件和信息。这不仅增加了申请成本,还可能延误他们的签证申请进程。对于一些急需签证来开始工作或学习的申请者来说,这种延误可能会对他们的生活产生重大影响。[①]

2020年6月22日,特朗普总统签署了一项行政命令,该命令规定在当年12月31日之前,暂停持有一系列工作签证的外国人进入美国。这一决策对多个类别的签证持有者产生了重大影响,其中包括H-1B签证和H-4签证、H-2B签证、L签证以及J签证。H-1B签证是非移民签证的一种,它允许美国雇主临时聘用从事"专业职位"的外籍专业技术人员。这些专业职位通常需要具备大学或以上学历的专业人员,如工程师、医生、教师等。H-1B签证为这些外籍专业技术人员提供了在美国合法居住和工作的机会,对美国的科技、医疗、教育等领域产生了重要的推动作用。然而,特朗普政府的这一行政命令却对这些持有H-1B签证的专业人员及其家属造成了困扰和不确定性。除了H-1B签证外,特朗普政府的行政命令还涉及H-4签证。H-4签证是H-1B签证的衍生签证,通常颁发给H-1B签证持有者的配偶和未成年子女。这一行政命令的签署意味着H-1B签证持有者的家属也可能面临无法入境美国的困境。此外,该行政命令还针对了其他几类工作签证,如H-2B签证、L签证和J签证。H-2B签证主要适用于非农部门的季节性工人,如旅游业、餐饮业等。L签证则用于跨国公司内部调动,允许公司员工在美国分公司工作。J签证则主要用于文化

[①] 赵梅.美国特朗普政府移民政策改革及影响[J].当代世界,2018(9):28-31.

教育交流项目,如学生、实习生和研究人员等。这些签证的暂停也将对相关的行业和领域产生影响。

特朗普政府的这一行政命令引起了广泛的争议和批评。一些人认为这一决策将损害美国的经济利益,因为许多持有这些签证的外籍专业技术人员对美国的科技、医疗、教育等领域做出了重要贡献。同时,这一决策也可能导致美国公司在全球竞争中的劣势地位。然而,特朗普政府则坚称这一决策是为了保护美国本土的就业市场和工资水平。

根据1990年美国《移民法》(Immigration Act)的规定,美国政府每年签发8.5万份H-1B签证,其中6.5万份签发给私人部门的高级技术人员,2万份签发给在美国大学取得科学、技术、工程或数学高等学位的外国毕业生。近年来H-1B申请人数往往远远超过签证名额,因此每年都需要通过抽签的方式来确定拥有签证资格的人。2020年10月初,特朗普政府公布了近20年来最严格的H-1B签证新规,这一政策调整对全球技术移民和美国的科技公司产生了深远的影响。新规要求大幅提高H-1B签证申请的最低工资标准,并收紧申请人的专业限制。首先,关于最低工资标准的提高,特朗普政府将H-1B签证的最低工资要求从原来的水平大幅提高。这一调整对于许多申请者来说无疑是一个巨大的挑战,这意味着申请者需要获得更高的薪资才能满足签证申请的要求,他们必须获得更高的收入才能在美国合法工作。此外,这一政策也间接提高了H-1B签证的申请门槛,使得只有那些拥有更高技能和经验的人才能够符合条件。其次,特朗普政府还收紧了H-1B签证申请人的专业限制。根据新规,申请者的工作职务必须与专业学位紧密联系,这一要求使得许多原本可能符合条件的申请者因为专业不匹配而被拒之门外。此外,政府还取消了H-1B签证抽签获取制度,改为按照在美工作的工资等级进行分配,这使得等级高的申请者优先获得H-1B签证,而等级低的申请者则可能面临无法获得签证的困境。

2020年10月底,美国国土安全部(DHS)又发布了H-1B新政2.0,这一政策在原来的基础上变得更加严格。新政2.0进一步收紧了H-1B签证的申请条件,提高了对申请者的审核标准,并加大了对违规行为的处罚力度。这些变化使得H-1B签证的申请变得更加困难,对于许多想要在美国工作的技术移民来说无疑是一个巨大的挑战。

H-1B新政出台之际,社会各界都提出了不满并提起了上诉,包括加州北部地区的6所大学,加州理工、犹他大学、康奈尔大学等学校。还有不少科技公司也在新泽西州提起诉讼,以阻止劳工部的规定生效。在2021年12月21日,美国移民局(USCIS)发表声明,称国土安全部当天发布了一项最终规则(final rule),正式撤回了特朗普政府于2021年1月8日所发布的"依据薪资水平对H-1B签证申请人进行抽签的规则"。这意味着H-1B分配规则将回归原有的抽签制度。

特朗普政府的移民政策虽未全部落地,但仍然对美国高校留学生教育产生了潜在影响。严苛的移民政策或将影响留学生的留美意愿;工作签证改革或将导致高素质国际人才流失;烦琐的入学申请程序或将浪费留学生的学习时间;理工科专业优先政策或将影响美国高校学科平衡。[1] 首先,特朗普政府实施严苛的移民政策,如加强对留学生的签证审查、限制留学生在美国的居留时间等,可能使得许多国际学生对留美产生疑虑和担忧。这种政策氛围可能导致留学生的留美意愿下降,进而影响美国高校的国际学生招生和多元化程度。其次,特朗普政府对工作签证政策进行的改革,如限制H-1B签证的发放数量和提高申请门槛,可能对那些希望在美国工作的国际学生产生不利影响。这些改革可能导致高素质的国际人才无法顺利获得工作签证,进而选择在其他国家发展,从而造成美国高校的人才流失。另外,特朗普政府的移民政策可能导致留学生入学申请程序变得更加烦琐和复杂。例如,增加更多的申请材料、提高面试要求等,都可能使留学生花费更多的时间和精力在申请过程中,从而影响了他们的学习计划和学业进度。再者,特朗普政府曾提出优先处理STEM(科学、技术、工程和数学)领域留学生的签证申请,这可能导致美国高校在招生时更加偏向于理工科专业。

---

[1] 王正青,陈琴.特朗普政府新移民政策对美国高校留学生教育的潜在影响与争论[J].比较教育研究,2018,40(7):20-27.

虽然这有助于增加理工科领域的国际学生数量,但也可能导致其他学科领域的留学生数量减少,从而影响美国高校的学科平衡和多元化发展。

三、减少对国际项目的资助

联邦财政预算是政府每年进行的重要工作,它详细说明了政府能够获取多少财政收入以及如何合理地分配这些收入。在预算的制定过程中,国会和总统发挥着举足轻重的作用。通常情况下,总统会在每年2月的第一周的周一向国会递交预算提案,这份提案是政府对未来一年财政收支的规划和期望。然而,预算提案的通过并不是一帆风顺的。它需要经历一系列复杂的程序和妥协,期间会形成各种联盟,达成众多交易,甚至偶尔会发生激烈的冲突。最终,国会确定的预算往往会与总统和预算管理局提出的原始提案存在较大的差异,但预算的基本内容和核心理念通常会得到保留。尽管财政预算中只有少数内容最终会被国会立法通过,但这份预算却具有重要的象征意义。它不仅揭示了联邦政府的基本政策方向,还反映了政府在各项政策选择和优先倾斜程度上的考量和权衡。因此,联邦财政预算的制定和通过过程,实际上是一场关于国家未来发展和政策优先级的深刻讨论和决策过程。

2018财年特朗普政府向国会提交了新预算纲要,凸显了结构性变化,集中体现为"三去一增",是特朗普政府"财政大转向"的开始。从增删的项目来看,该预算纲要呈现四大特点,可概括为"三去一增"——"去奥巴马""去软实力""去国际化""增强硬实力"。总预算增加部分是612亿美元,约90%集中在安全领域。与此相对,其他政府部门的预算则广泛减少,削减部分达615亿美元,以达到总体保持平衡的目的。其中,国家环境保护局、美国国务院、农业农村部削减程度位居前三,而卫生和公共服务部、国务院、教育部被削减的金额最多,合计352亿美元,占削减总额的一半以上。[①] 其

---

① 陈晓晨,周西蒙,张岩,等.特朗普新预算彰显"美国财政大转向"[N].第一财经日报,2017-03-20.

中,美国环保局预算降幅高达 31.4%;国务院、国际开发署和财政部国际项目的预算减少 28.7%;农业农村部和劳工部预算分别减少 20.7%;卫生与公众服务部预算减少 16.2%;商务部预算减少 15.7%;交通运输部预算减少 12.7%。白宫行政管理和预算局局长米克·马尔瓦尼(Mick Mulvaney)说,毫无疑问这是一份"硬实力预算",而非"软实力预算"。①

在"去软实力"方面,特朗普政府明显减少了与约瑟夫·奈所定义的"软实力"紧密相关的科、教、文、卫等领域的支出。这些领域通常被视为国家通过非物质手段影响其他国家的重要途径。在这一背景下,国务院和其他部门负责的各项海外文化教育交流项目成了削减的重点。数十所相关机构的经费遭受了削减,其中包括美国的一系列智库的联邦经费。这种举措反映了特朗普政府对于减少在非军事和国防相关领域的投入,更加注重硬实力的倾向。另外,2018 年预算纲要还体现了"去国际化"的特点。政府对于涉及国际援助的方面进行了大规模地削减。以国务院为例,其预算被大幅削减,其中主要是对外援助领域,总计高达 101 亿美元。这些削减涉及维和行动、发展援助等多个方面。这种削减意味着美国在特朗普政府时期将减少对"国际公共品"的提供,更加注重国内事务和自身利益。

在 2019 年、2020 年和 2021 年财年特朗普政府的财年预算提案都延续了其政治主张,反映了"美国优先"的宗旨,凸显了"去软实力"和"去国际化"的特点。② 政府减少了在科、教、文、卫等领域的支出,削减了海外文化教育交流项目和智库的联邦经费,并大幅削减了国务院的预算,特别是对外援助领域的支出。这些举措反映了特朗普政府对于财政政策的重新定位和国家利益的考量,旨在更加注重国内事务和硬实力的建设。③

---

① 新华社新媒体专线.特朗普政府预算纲要:拟大幅增加国防预算[EB/OL].(2017-03-17)[2022-01-09]. http://www.rmzxb.com.cn/c/2017-03-17/1422200.shtml.

② 勾月.从 2020 财政预算提案透析美国教育政策走向及影响因素[J].现代教育科学,2020(2):137-143.

③ 萧达,陶短房,青木,等.特朗普政府公布 2021 财年预算,大幅削减公共开支引争议[N].环球时报,2020-02-12.

四、针对中国留学生的限制政策

2017年12月,特朗普政府发布了《国家安全战略报告》,其中明确提出了一系列旨在保护美国国家安全的新政策方向。《国家安全战略报告》标志着美国政府将中国定位为修正主义国家和战略竞争者,自此中美关系开始迅速恶化,在部分美国智库的推动以及国会和行政当局的操弄下,美国国内全面遏制中国的共识迅速达成。[①] 报告强调"将考虑对来自指定国家的外国科学、技术、数学和工程(STEM)学生实行限制","以减少非传统情报收集人员的经济盗窃行为"。在这份报告中,特朗普政府计划制定新的签证政策,以限制外国人,特别是来自中国的学生,来美国学习科学、工程、数学等关键领域的知识。特朗普政府认为,通过限制这些领域的签证,可以减少潜在的知识产权泄露风险。通过限制某些国家的STEM学生,美国政府可能试图遏制这些国家在科技领域的发展,从而保持自身在全球的技术领先地位。该政策旨在维护美国在全球的领导地位和影响力以及科技霸权。

第10043号总统令是特朗普政府于2020年5月签署的一项行政令,也被称为"特朗普签证禁令"。该命令的核心内容是针对特定的中国学生和学者,限制他们获得美国的F(学生)签证和J(交流访问学者)签证,从而阻止他们进入美国进行学习和研究。具体来说,第10043号总统令规定,签证官可以因为学生的就读专业、研究方向、毕业院校以及是否获得中国国家留学基金委员会资助等因素,拒绝为特定中国学生和学者发放F签证或J签证。这一禁令主要影响了那些来自高等教育机构的中国学生和学者,特别是那些来自被称为"国防七子"的七所中国高校(哈尔滨工业大学、哈尔滨工程大学、北京航空航天大学、北京理工大学、西北工业大学、南京航空航天大学和南京理工大学)以及其他一所高校(北京邮电大学)的学生和学者。该禁令的影响范围还在不断扩大,除了直接针对的8所学校外,其他与中国军方有

---

① 毛锡龙,徐辉. 美国"全政府"对华战略对中美教育科技交流影响的深度分析[J]. 清华大学教育研究,2021,42(5):15-29,63.

关联的学校也逐渐被纳入限制范围。而且,受到禁令影响的群体在申请其他类型签证时也存在被拒绝的风险。同时,美国国务院和国土安全部等政府部门也参与了该禁令的执行,包括定义涉及"军民融合战略"的具体人员、负责签证部分的落地以及入境步骤的执行等。该禁令也引发了广泛的争议和批评,包括对其合法性、合理性和公平性的质疑以及对中美教育文化交流和全球人才流动的影响的担忧。美国拜登政府上台后,虽然口口声声说重视对国际学生的开放性,却继续将这个充满偏见歧视的特朗普总统令奉为圭臬,这与美方自我标榜的开放、自由理念和"欢迎中国学生"的表态完全不符。美国政府称上述措施只影响少于2%的中国籍申请人,但美国乔治城大学报告评估,每年预计有3 000至5 000名拟赴美留学的相关学科中国研究生受到第10043号总统令的影响,占总人数的16%到27%。[①]

特朗普在2020年7月14日发布的一道行政令中,宣布将中止与中国内地以及中国香港特别行政区有关的所有富布赖特交流项目。暂停与内地和香港有关的富布赖特项目,是特朗普公布的结束香港优惠待遇总体行政令的其中一项,载明于该行政令第三部分的第i条。富布赖特项目是一个具有很大影响力的国际学术交流项目,自1946年建立以来,已发展成为世界规模最大的国际交流计划之一。中美富布赖特项目是中华人民共和国与美国之间本着"平等、互惠和互利的原则促进教育领域的合作和交流"为目的的官方交流计划。在该计划的支持下,中美两国交换教育工作者、研究人员、专业人员和学生进行研究和教学。美国政府的这一决定给中美人文交流设置了障碍。中美关系需要多层次、高水平的交流以增进彼此的了解、消除误解,但美国政府反其道而行之,其深层次的原因是美国政府对中国的"麦卡锡式"恐慌。

2018年11月,美国司法部启动了"中国倡议(China Initiative)"[②],旨在应对所谓的来自外国的"安全和技术威胁"。然而,该项目因对无辜美国华

---

① 新华社. 外交部:敦促美方停止对中国留学生的无端限制打压[EB/OL]. (2021-07-09)[2022-11-18]. https://www.gov.cn/xinwen/2021-07/09/content_5623857.htm.
② 美国司法部最终在2022年宣布暂停这一饱受诟病的"中国倡议"项目。

裔的怀疑和偏见加剧而受到广泛批评。有系列案件和投诉指出，该项目助长了对亚裔的歧视和偏见。值得注意的是，尽管该项目被暂停，但并不意味着美国会完全放弃对中国的关注和打压。相反，美国可能会寻求更隐蔽的方式来遏制中国的发展。特朗普政府认为，中国正在利用研究人员和学生来"窃取"美国的技术创新成果。"中国倡议"列了10项目标举措，其中有2项涉及美国学术界与中国的交流与合作：一是要制定针对中国在美国实验室、大学的研究人员这类非传统信息收集者的执法策略；二是要告知美国高校有关中国对美国高校学术自由和话语自由的潜在威胁。实施"中国倡议"行动后，美国司法部将学术界的非传统安全作为执法的重点领域。[1] 在该计划实施的3年多时间里，美国联邦调查局（FBI）等调查机构在高校和科研机构掀起大规模的涉华清查狂潮。根据司法部统计，自倡议实施至特朗普政府执政结束，涉及与中国相关的72件典型起诉案件中，有23件与中美学术界的交流与合作有关。[2] 美国司法部不断滥用国家安全的概念，将违反披露申报制度与经济间谍、盗窃商业秘密等严重犯罪行为混为一谈。这种混淆导致科研人员常常面临严重的刑事指控，即便在证据不足的情况下，他们也可能被错误地指控为虚假纳税申报等罪名。这种滥用权力的行为对科研人员的职业生涯、学术前途和家庭生活造成了巨大的伤害，类似于麦卡锡主义时期的红色恐慌。这种恐慌不仅影响了科研人员的个人发展，也对整个社会的科技创新和进步造成了阻碍。

多位华裔学生和学者或与中国有教育科研合作关系的学者遭到了调查、迫害，甚至被捕。哈佛大学、麻省理工等一流高校，堪萨斯大学、天普大学、西弗吉尼亚大学等综合性院校，洛斯·阿莫斯国家实验室、国家卫生研究院等重要研究机构均有人员被查。美国田纳西大学教授胡安明是首位因"中国行动计划"出庭受审的华裔学者。作为加拿大籍华人，胡安明是全球

---

[1] Department of Justice. The China Initiative: Year-in-Review(2019 - 20)[EB/OL]. (2020 - 11 - 16)[2022 - 08 - 11]. https://www.justice.gov/opa/pr/china-initiative-year-review-2019-20.

[2] 毛锡龙,徐辉. 美国"全政府"对华战略对中美教育科技交流影响的深度分析[J]. 清华大学教育研究,2021,42(5):15 - 29,63.

知名的纳米技术专家,从 2013 年起在田纳西大学诺克斯维尔分校任教。其间,他还在北京工业大学担任客座教授,后来又与美国宇航局(NASA)进行合作研究。FBI 对胡安明开展了 21 个月的调查,始终没有任何进展。2020 年 2 月,FBI 突然又将一顶"欺诈罪"新帽子扣到胡安明头上,并逮捕了他,理由是他"在接受 NASA 资助的同时隐瞒了他与中国大学的关系"。根据美国法律,NASA 不能资助与中国或中国机构有关的研究。迫于政治压力,田纳西大学解雇了胡安明。2021 年 6 月,胡安明案的一审流诉;9 月 9 日,当地法官驳回所有指控并判定胡安明无罪。① 2021 年 9 月,美法官宣布针对胡安明的所有指控均不成立。

一些与中国有过科研合作的美国学者也遭到了打压。2020 年 1 月,哈佛大学化学与化学生物学系主任查尔斯·利伯(Charles M. Lieber)因参与中国科研项目和在中国大学工作,被联邦调查局以虚假和欺骗性陈述为理由逮捕并受到刑事指控。2021 年 12 月 21 日,查尔斯·利伯因在与中国关系的问题上的虚假陈述和报税不实被判有罪,陪审团裁定利伯犯有六项重罪,包括两项虚假陈述罪(making false statements)和四项税务犯罪(related tax offenses)。美国的《科学》杂志指出,虽然美国司法部对利伯等一众与中国有科研合作关系的美国学者实施逮捕和指控,是想攻击中国在通过这些学者对美国进行"间谍"或"知识产权盗窃"活动,可利伯最终被指控的罪名却与这些没有任何关系,而只是他没有汇报他与中国的科研合作以及从中获得的相关收入。②

除加强对中国学生、学者和与中国有过合作的美国学者的调查外,联邦调查局还展开了对赴华美国学生的调查。据报道,在 2018—2019 年的两年里,美国联邦调查局对至少 5 名曾就读于北京大学燕京学堂的美国学生进

---

① 胡文利."中国行动计划":一场具有表演性质的政治迫害[N]. 中国青年报,2021 - 09 - 16.
② Mervis, J.. What the Charles Lieber Verdict Says about U. S. China Initiative[J/OL]. Science. (2021 - 12 - 28)[2022 - 09 - 15]. https://www.science.org/content/article/what-charles-lieber-verdict-says-about-u-s-china-initiative.

行了调查,目的是确定他们是否被中国的所谓间谍活动所收买。[①]

2019年,美国联邦调查局(FBI)发布了一份名为《中国:对学术界的风险》(*China: The Risk to Academia*)的报告。该报告声称,中国利用美国开放的教育环境非法获取美国的学术研究信息,并将其用于推动本国的经济、科技和军事发展。基于这一观点,报告呼吁美国教育系统必须提高学术警惕性,加强自我保护,并与政府执法机构紧密合作,以在知识共享与国家安全之间找到平衡。然而,这份报告被普遍认为是对中美之间正常学术交流合作活动的过度解读和夸大。报告列举了一系列所谓的"风险点",包括教师、学生、科研人员、研究数据、实验设备、软件等以及各类常见的教育学术交流活动,如人才项目、外国学生和访问学者项目、合作研究项目等。这种广泛的指控几乎涵盖了所有可能的学术交流领域,试图通过渲染"中国威胁论"来制造学术氛围的紧张和对立。这种对中国的指责是毫无根据的,并且已经遭到了许多学者和专家的反驳。

五、新冠疫情期间的国际化政策

2020年7月,特朗普政府颁布了一项规定,要求若秋季学期的全部课程均采用在线教学模式,则位于美国境内的留学生必须离开或转至其他学校,而身处境外的留学生则不被允许进入美国。此举引发了以哈佛、麻省理工为首的多所知名大学的强烈反对,并促使他们发起了法律诉讼。最终,特朗普政府不得不废除了这一政策。此外,特朗普政府在2020年5月还实施了名为"第10043号总统令"的措施,旨在限制中国学生前往美国留学。同年6月,政府又宣布暂停发放H-1B和特定类型的J-1签证。

在新冠疫情暴发并达到高峰的2020年3月13日,特朗普宣布美国进入紧急状态。就在同一天,美国移民和海关执法局(ICE)联合国土安全局调查署、国家安全调查司以及学生和交流访问者计划(SEVP),共同发布了

[①] 毛锡龙,徐辉. 美国"全政府"对华战略对中美教育科技交流影响的深度分析[J]. 清华大学教育研究,2021,42(5):15-29,63.

关于疫情期间国际学生身份规定的调整指南。该指南针对国际留学生的情况,提出了三种解决方案。方案一:对于未开设在线课程或远程教育的学校,只要学生在SEVIS系统中保持有效学生身份,并有意愿在复课后继续学习,此情况将被视为短期放假,允许学生合法居留美国。方案二:对于开设在线课程的学校,SEVP在疫情期间暂时取消了对网课的全日制课程限制。只要学生参加在线课程并保持SEVIS系统的有效和激活状态,他们就可以合法留在美国。方案三:学生选择离开美国回国,与方案二类似,只要学生继续参与学校的在线课程,线上课程也能满足保留学生身份的要求。

然而,2020年7月6日,学生和交流访问者计划更新了其指导意见,推翻了之前的说法,对在2020秋季学期上在线课程的非移民学生的临时豁免进行修改,美国国土安全部计划将此程序和职责作为临时最终规则在联邦公报中发布。这项新政策主要针对持有F-1(全日制本科及以上)和M-1(职业院校和大专)签证的国际学生。根据新政策,如果学生的大学全部课程转为在线教学,他们将无法留在美国或入境美国。这项新规影响了近110万名国际留学生,包括那些毕业后持学生签证工作的留学生。由于疫情长期影响,许多美国高校计划采用线上教学方式。但新政策要求这些学生必须离开美国,即使他们的学校选择了线上教学。具体内容包括三大要点:① 持非移民F-1签证和M-1签证的学生在完全在线运营的学校学习时,可能无法留在美国。美国国务院不会向在秋季学期完全在线的学校和/或课程中注册的学生发放签证,美国海关和边境保护局也不会允许这些学生进入美国。目前在美国注册参加这类项目的现役学生必须离开美国或采取其他措施,如转学到有面授课程的学校以保持合法地位。否则,他们可能面临处罚后果,包括但不限于启动驱逐程序。② 持非移民F-1签证的学生在正常当面授课的学校就读时,受现行联邦法规的约束,符合条件的学生最多可在网上修一节课或三个学分。③ 持非移民F-1签证的学生在采用混合模式的学校学习时,即线上和线下授课的混合模式下,将允许在线学习超过一节课或三个学分。这些学校必须通过签发一个特定表格(1-20表格)以及"非移民学生身份资格证书"等,向SEVP证明该校课程并非完全在线,并证明该学生本学期不是完全在线课程,而且该学生正在参加为获得学位课程正常进展所需的最少在线课程。上述豁免不适用于英语培训课程中的 F-1 学生或获得职业学位的 M-1 学生,他们不允许参加任何在线课程。

美国政府的这项新规定影响了美国成千上万的国际学生,他们缴纳了昂贵的大学学费,却不得不返回自己的国家上网课。该规定在实施时并未全面考量多方利益,包括学生的健康、新冠疫情的严重性以及学校是否为留学生提供了替代方案。对于已在美国境内的留学生,如果大学未能恢复线下课程,他们可能会面临无学可上的困境,不得不选择离开美国。而那些在境外计划远程上课的学生,由于交通管制和签证问题,可能会失去继续学习的机会。即便他们决定赴美上课,也将面临感染疾病的风险。此外,这一规定也给学校带来了不小的困境。包括哈佛大学在内的众多高校,本来已经决定在 2020 年 9 月份开学后继续采取网络授课的形式。如果学校继续将大部分课程安排在线上,这可能会损害教学质量和留学生的利益。而如果学校决定在几周后恢复线下课程,则必须承担巨大的健康风险。更为严重的是,这项规定被认为违反了《行政程序法》(*Administrative Procedure Act*)。因为在其发布之前,并未充分考虑"问题的重要方面",也没有为政策提供合理的依据,更没有充分通知公众。这导致许多受影响的群体在毫无准备的情况下被迫应对这一突如其来的变化。

2020 年 7 月 8 日,两所世界名校哈佛大学和麻省理工学院共同向波士顿地方法院提起诉讼,这起诉讼的被告包括美国国土安全部(HDS)、美国移民及海关执法局(ICE)。作为原告,哈佛和麻省理工学院的最终诉求如下:① 临时限制令和初步及永久的禁令,阻止被告执行 ICE 7 月 6 日指令中宣布的政策,或将禁令作为最终规则颁布;② 撤销 7 月 6 日宣布的政策,恢复 3 月 13 日的政策;③ 一份宣布 7 月 6 日指令不合法的公告;④ 提供原告诉讼费和律师费;⑤ 法院认为适当的任何和所有其他救济。麻省理工学院和哈佛大学联合发起的诉讼引起了多方力挺。包括加州大学洛杉矶分校、普林斯顿大学、康奈尔大学、密歇根州立大学等诸多大学在内的相关负责人都陆续发表声明,声援支持这次起诉。

2020年7月14日,美国波士顿联邦地区法院法官艾莉森·伯勒斯(Allison Burroughs)在开庭审理哈佛大学和麻省理工学院提起的相关诉讼时突然宣布:美国政府同意撤销此前发布的留学生签证新规。在以哈佛大学、麻省理工学院为代表的一百多所大学共同努力之下,特朗普政府被迫撤回了这项极度损害留学生利益的政令。

第三节 近十年美国高等教育国际化政策引发的博弈

特朗普政府与高等教育国际化的相关政策反映出其清晰的政治倾向,即反对全球化、支持民粹主义。这些政策导致了美国社会中与高等教育利益相关者的不安和反对,从而激化了相关群体的矛盾和冲突。具体而言,特朗普政府的高等教育国际化政策使三类"博弈"变得更加明显。

第一,"全球主义"和"民族主义"支持者的博弈。英国脱欧、特朗普上台、欧洲民族主义的兴起和仇外情绪的增强从不同角度折射出逆全球主义思潮在西方国家的影响日益扩大。美国曾是全球化的主要推动者和受益者,但全球化导致的结构性变化日益显现,底层社会群体的就业困难、收入降低和移民带来的社会冲突和就业矛盾带来了一部分美国民众的不满。全球化过程中的受益群体与受损群体之间的矛盾是全球化逆转的重要推动力,[①]而特朗普上台正是矛盾激化的产物,也是民族主义和保护主义高涨的重要标志。

全球主义和民族主义的矛盾在美国将长期存在。一方面,全球化受益者和受损者在美国主要以高收入的白人群体和低收入白人群体为代表,两个人群的力量并没有很大的悬殊,因此任何一方都很难在短期内取得压倒性的胜利,双方将处于一种胶着的博弈之中。另一方面,美国在全球化进程中一直扮演着主要角色,他不会轻易放弃其全球领导的地位,更不会放弃已

---

① 高柏,草苍.为什么全球化会发生逆转——逆全球化现象的因果机制分析[J].文化纵横,2016(6):26.

经掌握的国际利益和所能支配的国际资源。因此,特朗普主张的民族主义并不是与世隔绝的孤立主义,而是美国优先的保护主义。

特朗普时代的美国高等教育国际化发展带上了"美国优先"的烙印:国际化发展必须服务于美国利益,国际化给美国带来损害的部分将被尽力铲除,国际化给美国利益带来好处的部分将予以保留。因此,特朗普提出的教育政策主张既反映其"保守"的政治性,又反映其作为商人的"市场观"。[①]美国政府希望继续坐收国际教育产业的红利,以增加美国的财政收入和人才资源,但又不希望让美国本土民众的就业机会遭到留学毕业生的冲击。因此,特朗普政府采取了有限度地支持国际化政策,在适当缩小国际化规模的同时,保留国际化人才战略的核心目标。

在高等教育国际化领域,特朗普的国际化政策引发的"全球主义"与"民族主义"的博弈不仅体现在政策层面,更深入到社会文化和价值观念层面。全球主义者认为高等教育国际化是促进文化交流、增进国际理解、培养全球化人才的重要途径。他们主张开放、包容的教育环境,鼓励国际学生来到美国学习,同时也支持本国学生到海外留学,以拓宽视野、增进国际竞争力。而民族主义者则可能担忧国际学生的增加会带来就业竞争加剧、文化冲击和价值观的冲突,他们更倾向于保护本国就业机会、本土文化和教育体系的独特性。

第二,美国与其他留学目的国的博弈。高等教育国际化市场的竞争日益激烈。美国在高等教育国际化市场上独占鳌头,就世界八大留学目的国接收高等教育国际学生总数而言,美国虽然依旧排名第一,但近年来份额已经有所下降。相对而言,澳大利亚和加拿大的份额都有显著上升,而中国也进入了全球八强的行列。可见,国际教育市场正呈现出更大的多样性,美国面对的不仅是其他英语国家的竞争,还有非英语国家的竞争。中国作为较大的留学目的国,国际学生招生人数增长显著,"一带一路"沿线国家成为

[①] 段世飞,辛越优. 教育市场化能否让美国教育更公正与卓越?——新任"商人"总统特朗普教育政策主张述评[J]. 比较教育研究,2017,39(6):3-12.

来华留学的主要增长点,为中国更加深入地参与全球化发展和全球治理积蓄人才。在欧美逆全球化和欧洲难民潮的阴影中,对国际学生抱着开放、欢迎态度的国家将会迎来国际招生的更大受益。值得关注的是,美国虽然缩小了国际招生规模,但延续了高端人才的引进宗旨,其留学博士生占比反而有所上升。可见,美国在国际招生中采用了"少而精"的战略,以维护通过国际化来争夺人才的核心目标。

自特朗普政府以来,美国的高等教育国际化政策凸显其孤立主义和民粹主义的特征,美国政府采取的各种反全球化和逆国际化政策对于美国高等教育机构的国际化发展产生了巨大的阻碍作用。大量的国际生源由于对美国政府的国际化政策的不信任,把其他留学接收国作为选择,美国的国际生源因而近年来一直处于下行趋势。就全球高等教育国际化格局而言,国际流动的方向越发多元,这对于其他留学接收国而言无疑是一个好消息。

第三,政府与高校的博弈。大学具有高资源依赖型组织和强自主发展型机构的双重特质,一方面大学越来越依赖于政府、市场、社会等为其提供发展的资源与动力,另一方面大学依靠自身的组织力量、学术声望和社会影响力,具备和其他力量相博弈的能力。[①] 美国政府与大学的博弈实质上是控制与自治的动态平衡。美国高校为了获取更大的经济利益和更高的学术声誉而努力推进全面国际化。2008年金融危机以来,通货膨胀日益加深,美国联邦政府的研究基金却在大幅度减少。2017年,特朗普政府提议削减近十亿国家科学基金(NSF)和国家卫生研究院(NIH)的科研预算,这使得一些依赖于政府资助的公立大学陷入更深的危机。即使是有较多的其他经费来源的大学也在努力寻求创收途径,而国际化是美国大学稳固其国际教育中心的优势地位并且坐收国际教育红利的最方便和快捷的途径。美国大学一方面加大国际招生方面的努力和投入,以吸引更多国际学生,另一方面提升国际学生的学费,以便从国际学生身上获取更大利益。

---

① 史静寰,赵可. 从美国大学科研经费的间接成本管理看政府与大学的关系[J]. 清华大学教育研究,2007,28(3):83.

尽管美国高校对政府施加了一定的压力,但学术界的各种观点不大可能对决心走民族主义道路的政府产生重大影响。[①] 在美国,政府控制是政府与大学关系中的主导性因素,大学自治体现为各种力量之间的一种妥协,其中最重要的力量就是政府。[②] 由此看来,美国高校尽管对国际化热情高涨,但并不能从根本上扭转特朗普政府去国际化的政策导向。美国政府的决策受到多种复杂因素的影响,而美国政府一直把政治和国家安全利益置于最重要的位置,教育和文化的重要性只能退居其次,教育国际化只被当作是服务于它们的工具,因而大多数情况下大学也只能服从于政府的意志。

[①] 菲利普·G.阿特巴赫,汉斯·德维斯.国际学生流动将迎来革命[J].周岳峰,译.世界教育信息,2017(10):6-7.
[②] 刘虹.控制与自治:美国政府与大学关系研究[M].上海:复旦大学出版社,2012:258.

第四章　美国国际化政策对中美学生流动的影响

近年来,美国政府的民族主义和孤立主义政策对中美之间的高等教育国际化流动产生了一定的影响。本书基于以下的文献综述和推拉理论,对赴美留学的中国学生和赴美交流的中国教师进行了实证调查。对赴美留学的中国学生的调查内容和结果在本章中予以陈述,对赴美交流的中国教师的调查内容和结果将在第五章中予以陈述。本章首先梳理了华人学者和学生的相关文献,然后对推拉理论进行了阐述,并把其作为理论框架,接下来从两个方面来对中美学生流动进行分析:第一,基于美国门户开放报告所提供的数据,对中美学生流动进行定量分析;第二,基于国内大学的调查数据,对中国大学生赴美留学的动机和现实情况进行讨论。

第一节　在美国的华人学生和学者的相关文献[①]

一、中国留美学生的流动意愿

美国和中国大学之间的合作对全球知识生产至关重要。多种因素导致

[①] 本研究中"华人"是一个广义概念,指中国人以及具有中华民族血统且加入或者取得外国国籍的人。

中国向美国的国际流动无法完全恢复到之前的较好水平。[①] 首先,中美关系近年来受到挑战,特别是在特朗普执政时期,美国政府对中国研究人员和学者的怀疑越来越多。其次,病毒式的暴力行为和反亚裔事件将美国描绘成对中国学生不安全的地方。再者,鉴于对新冠疫情的应对不当,很多人对美国的信任可能需要数年时间才能恢复。最后,随着中国近年来改善了国内高等教育部门,美国大学对中国学生的吸引力已经有所减弱。

阿默斯特学院(Amherst College)于 2020 年进行了一项调查。[②] 在接受调查的 54 名中国学校的升学顾问中,87%的人表示中国学生和家长正在重新考虑赴美国学习的计划,他们的大学目的地选择可能会更多样化;约 85%的受访者表示,特朗普政府对中国学生的"不可预测的政策"是中国家长最担心的问题;78%的人对安全问题表示了担忧;65%的人对研究生毕业后的工作表示了担忧;65%的人表示担心抵达后签证被拒或驱逐出境;78%的人认同英国新颁布的两年毕业后工作签证政策将会对中国学生产生较大的吸引力。受访者指出,英国、加拿大和澳大利亚等国家正在吸引越来越多的中国家庭。"竞争国加大了招收中国学生的力度,在过去几年中取得了重大进展。"另外,由于人民币贬值,美国高等教育成本上升,加拿大或英国的大学教育费用只有美国的一半或更少。

彭诗豪(2020)在调查中发现,60%的有出国意向的大学生都认为中美关系的恶化会影响他们在美国的求学之路。[③] 美国针对中国留学人员的签证限制一定程度上对中方大学生选择美国作为留学意向国产生了影响。因为签证申请的难度以及签证有效期的缩短,导致 58.82%的调查对象并没

---

① Allen, R.M., Ye, Y.. Why Deteriorating Relations, Xenophobia, and Safety Concerns Will Deter Chinese International Student Mobility to the United States[J]. Journal of International Students, 2020, 11(2): i-vii.

② Stacey, V. China: Students "Reconsidering" US Study Plans[N/OL]. The Pie News. (2020-04-27)[2022-07-12]. https://thepienews.com/news/chinese-families-reconsidering-plan-to-study-in-us/.

③ 彭诗豪.特朗普政府时期中国大学生赴美留学意愿探析[J]. 教育进展, 2020, 10(6): 945-950.

有选择美国作为留学意向国；H1-B签证发放方式的改变及门槛的提高导致了超过半数的有留学意向的大学生产生了改变留学意向国的想法。针对STEM和高新科技领域的留学生，美国不仅收紧了签证的发放同时也增加了学费方面的负担，这项政策导致44.12%的学生放弃了留学美国的打算。

二、中国留美学生的困难加剧

中国留美学生在美国会面临不同的社会文化、历史和经济挑战，并经历孤独、无规范状态和高度压力。[1] 由于学费高昂，中国留美学生在美国大学的投资回报率并不令人满意，美国教育机构实际上剥削了中国留美学生。[2] 有学者认为导致中国留美学生对留学体验不太满意的根本原因部分来自全球权力格局，因为当他们在追求跨境高等教育时，全球权力格局渗透到他们的校园体验中。[3]

在新冠病毒感染大流行之前，中国留学生受到"中美系统性竞争"的影响。2017年美国总统大选后，特朗普政府使中美关系发生了决定性转折。与过去二十年不同，美国将中国视为其在意识形态、地缘政治和技术方面的主要竞争对手。阿特巴赫（2019）认为美国作为主要的留学接收国面临着迫在眉睫的"中国危机"：来自中国大陆的学生入学人数下降，而新冠病毒感染大流行是加速即将到来的危机的催化剂。[4] 另有学者讨论了新冠疫情对于美国的国际学生流动的影响。[5] 研究者认为在2020年病毒传播加剧和死亡人数增加的情况下，特朗普利用他的行政和政治权力迫使国际学生必须

---

[1] Chen, T.H., Bennett, S.. When Chinese Learners Meet Constructivist Pedagogy Online[J]. Higher Education, 2012(64): 677-691.

[2] Abelmann, N., Kang, J.. A Fraught Exchange? US Media on Chinese International Undergraduates and the American University[J]. Journal of Studies in International Education, 2013, 18(4): 382-397.

[3] Suspitsyna, T.. Cultural Hierarchies in the Discursive Representations of China in the Chronicle of Higher Education[J]. Critical Studies in Education, 2015, 56(1): 21-37.

[4] Altbach, P.G.. The Coming "China Crisis" in Higher Education[J]. International Higher Education, 2019(98): 20-22.

[5] Yu, J.. Lost in Lockdown: The Impact of COVID-19 on Chinese International Student Mobility in the US[J]. Journal of International Students, 2021(11): 1-18.

到教室上课,尽管该政策随即被取消,但这一政治导向表明,政府决策可以在结构上决定学生的流动性。另外,疫情期间特朗普在言论中多次使用歧视华人的语言,导致对华不友好情绪在美国社会蔓延。当众多报道显示亚洲学生遭受歧视甚至袭击时,那些计划送子女赴美留学的家长可能会重新考虑既定计划,并在疫情后的条件下重新规划国际教育路线。尽管拜登政府希望美国放弃特朗普的孤立主义,但中国似乎是个例外。当拜登的国务院在2021年7月依据第10043号总统令拒绝向500名中国学生发放签证时,很明显他会延续特朗普政府对中国留学生的怀疑。

另外,美国政府与留学生相关的政策也会影响留学生的学习和生活。例如,有学者认为特朗普政府试图提高 H-1B 工资水平的政策产生了寒蝉效应,使国际学生不愿意留在美国。[1] 再如,托多兰和彼得森(2019)的研究发现2017年的美国旅行禁令禁止来自6个穆斯林占多数国家的国民进入美国,尽管当时的就业签证(H-1B)规定没有变化,但美国政府对移民的敌对态度导致所有国际学生对美国未来的就业前景感到担忧。[2]

另有学者把在美国的中国留学生作为研究对象,探讨了地缘政治紧张对于国际学生流动的影响。[3] 该研究调查了美国媒体对中国留学生的影像刻画,并探讨了国际地缘政治在国际学生流动中的关键作用。研究发现,美国流行媒体在撰写有关中国留美学生的文章时,可能会流露出一种源于美国更深层次对华不友好情绪的语气,从而会加剧美国和中国之间的地缘政治紧张局势。当美国媒体在讲述中国留美学生在美国高等教育中的经历时,他们的叙事会受国际地缘政治背景(即中国在经济实力和社会政治影响力方面对美国的全球地位构成了挑战)的影响。美国媒体将中国留美学生

---

[1] Ma, Y.. Ambitious and Anxious: How Chinese College Students Succeed and Struggle in American Higher Education[M]. New York: Columbia University Press, 2020.

[2] Todoran, C., Peterson, C.. Should They Stay or Should They Go? How the 2017 U.S. Travel Ban Affects International Doctoral Students [J]. Journal of Studies in International Education, 2019, 24(4): 440-455.

[3] Xie, W.. Unwitting Agents: Representations of Chinese International Students in US China Geopolitics[J]. East Asia, 2023, 40 (4):391-409.

描绘成中国(美国国家利益的外部威胁)的化身,把他们描绘成拒绝自由民主和自由政府的延伸体。换句话说,对于美国政府、高等教育和媒体来说,将中国留美学生描绘成威胁可能是为了利用这些留学生,把他们作为增强美国软实力的工具。以这种方式利用中国留美学生的动机可能是为了通过赢得中国留美学生的"人心"和钱包,在新自由主义全球经济中重新建立美国的意识形态优势。研究还发现,美国高等教育机构和雇用中国留美学生的美国公司,将中国留学生视为能够促进美国知识和经济发展的进口商品,同时,美国政府、高等教育和媒体也把中国留美学生塑造成能够促进美国繁荣的殖民商品。[1]

三、华人科学工作者的困难加剧

有学者调查了第10043号总统令以及2018年"中国倡议"背景下的STEM领域的华人学者和研究生的境况。[2]研究者与百人会(the Committee of 100,一个由美籍华人组成的非营利组织)合作,对美国顶尖大学的1949名STEM领域教职员工、博士后研究生和研究生进行了一次全国范围内的调查。在接受调查的样本中,近一半(46%)的人自称是华人。该研究的调查内容包括这些华人学者和研究生与中国合作的经历以及对"中国倡议"的感受以及他们的未来计划。研究发现华人科学家遭受种族歧视的情况非常突出。42%的华人科学家表示,他们感到美国政府对他们进行了种族歧视,相比之下,只有9%的非华人科学家表示有这种感觉。51%的华人科学家担心/害怕受到美国政府的监视,相比之下,只有12%的非华人科学家表示有这种担心。此外,由于种族/国籍/原籍国的原因,更多的华人科学家(38%)在美国获得研究资金方面遇到了困难,相比之下,非华人科学家(14%)遇到的困难较少。同样,由于种族/国籍/原籍国的原因,

---

[1] Rhee, J., Sagaria, M. A. D.. International Students: Constructions of Imperialism in the Chronicle of Higher Education[J]. The Review of Higher Education, 2004, 28(1): 77-96.

[2] Li, X., Lee, J. J.. US-China Geopolitical Tensions: Implications for Universities and Science[J]. International Higher Education, 2022(110): 21-22.

华人科学家(38%)在职业生涯中遭遇专业挑战(如晋升、专业认可)的可能性高于非华人科学家(16%)。

该研究还表明美国学界对中国和中国科学家的负面刻板印象也很明显。虽然大量"中国倡议"案件被撤销或驳回以及被免除罪责,75%的非华人科学家认为美国应该对中国采取更强硬的措施,44%的非华人科学家认为中国科学家在学术界的学术间谍活动和知识盗窃是严重的问题。尽管这种观点几乎没有证据基础,但这种刻板印象令人担忧,因为它们不仅影响到科学家个人,也影响到美国的科学事业。

该研究还发现,由于科学家对潜在研究风险和额外麻烦的担忧,中美研究合作受到阻碍。在过去三年中参与过涉及中国的国际协作研究的科学家中(占总数的43%),有16%提前或意外地结束或推迟了与中国科学家的研究合作。他们给出的主要原因是,由于"中国倡议",他们希望与中国合作者保持距离。此外,这些在过去三年中参与过涉及中国的国际协作研究的科学家中,有28%的人减少了与中国合作者的沟通,17%的人决定不让中国参与未来的项目,16%的人决定在未来项目中不与中国的合作者合作。

尽管中美地缘政治紧张局势导致了许多负面后果,但该研究结果还表明,大多数科学家仍然认识到国际合作的价值,包括与中国的学术合作。参与调查的科学家压倒性地强调中国科学家在研究和教学中做出了重要贡献(95%),美国应该与中国建立更紧密的研究合作(87%),与中国科学家合作对他们自己的学术研究很重要(80%)。此外,绝大多数科学家认为,限制与中国合作将对学术发展(93%)、学科发展(93%)及他们自己的研究项目(94%)产生负面影响。

该调查的研究结果显示:尽管美国(包括华人和非华人)科学家高度重视中美之间的学术合作,但中美两个国家之间的地缘政治紧张干扰了他们的科学知识生产。许多科学家尽管赞同国际合作的重要性,但在"中国倡议"和对华不友好的氛围下,他们认为中美国际合作可能会带来很高的风险。该研究还表明:地缘政治干扰学术科学带来了严重的后果,对华人科学家的种族定性、退出与中国的研究合作以及科学人才流失只是其中的一些后果,长远而言还会有更多的严重后果。

美国国家科学院院士、普林斯顿大学社会学教授谢宇,发布了一篇名为《身陷囹圄:在美华裔科学家的恐惧》的联合报告。① 这项调查于 2021 年 12 月至 2022 年 3 月期间进行,涵盖了 1 300 多名美国大学的"终身教授或终身助理教授"等学者。报告中显示,华裔科学家离开美国的趋势在增强,美国科研人才流失到中国的现象已存在一段时间,在"中国行动计划"之后,这一现象更为普遍。截至该调查之前,至少有 150 名科学家受到了调查,其中 24 人受到了刑事指控,还有更多的科学家受到了秘密调查。

调查结果显示,在美华裔科学家群体中普遍存在的恐惧和焦虑,是导致他们考虑离开美国或停止申请联邦拨款的原因。他们的这些担忧对意向行为产生了影响:45%曾获得联邦拨款的研究者表示,现在希望避免申请联邦拨款,他们的主要担心是"我如果在表格和披露中出错,会承担法律责任"和"我与中国的研究机构或研究人员接触会使我受到怀疑"。在其余打算继续申请联邦拨款的人中,有 95%的人表示他们依赖联邦资助进行研究,尤其是生命科学领域研究者。更有 61%的研究者表示曾考虑离开美国(前往亚洲或非亚洲国家),在初级研究者和美国联邦政府资助获得者中,这种意愿更加明显。在"心理指标"和"意向指标"上,华裔科学家群体中普遍感到恐惧、焦虑。35%的受访者感到在美国不受欢迎,42%的人害怕从事研究,72%的受访者认为作为学术研究人员不安全,86%的受访者认为跟 5 年前相比,更难招募到国际学生。进一步的分析表明,相对而言,工程和计算机科学教师、生命科学教师、联邦拨款获得者、资深教师和男性,更有可能害怕在美国进行研究。其主要原因是"担心美国政府对华人研究人员进行调查"(67%)和"美国反亚裔的仇恨和暴力"(65%)。作者指出,如果这种恐惧和担忧得不到缓解,美国将面临科学人才利用不足和科学人才流失的重大风险。

---

① Xie, Y., Lin, X., Li, J., et al. Caught in the Crossfire: Fears of Chinese-American Scientists[R]. Proc. Natl. Acad. Sci. U.S.A., 2023.

四、中国留美学生应对地缘政治变化的策略

一项研究调查了在中美地缘政治紧张局势升级的情况下,中国学生在制订毕业后计划时如何应对政治环境。[①] 该研究通过对 15 名从美国大学毕业的中国留学生的访谈,发现大多数中国留学生并没有因为中美关系紧张而改变他们的毕业后计划。他们积极主动地克服地缘政治背景带来的困难,利用有用的资源来保护他们的职业和生活抱负。该研究还警告了遏华政治言论持续存在的危险,并强调了高等教育机构在缓冲负面政治影响和支持中国人才流动方面的作用。

该研究发现尽管留学生在移民政策和国际关系方面无能为力,但他们也可以制定应对策略来保护自己的职业和生活愿望。留学生们做出了巨大的努力来提高自己在美国的职业竞争力。一位学生在新生时,就向职业服务机构寻求建议。另一位学生决定攻读硕士学位。还有一位学生充分利用了课程实习(CPT)计划,在毕业前获得了实习经验。另外还有一位学生有意识地扩展自己的职业网络,通过这个网络,他获得了自己的第一份全职工作。除此之外,他还做出了一个不同寻常的决定来应对政治变化:他在大学三年级增加了 STEM 专业,以提高他的就业能力。他分享了这个决定的重要意义:"在特朗普上台后,我尤其感到了一种危机感。我意识到我需要做些什么来保护自己。增加 STEM 专业对我非常有帮助,否则我现在可能仍然失业。有了 STEM 专业,你可以做更多的事情,你也有可能获得两年的 OPT 延期。公司不愿意花钱雇佣只能工作不到一年的人。"虽然增加一个 STEM 专业需要付出很多额外的努力,但与不断变化的政治环境相比,这是这位学生可以控制的。他展示了如何利用现有的移民政策来为他在美国找工作的目标服务。

---

① Li, X.. Chinese Students' Resilience in Making Post-Graduation Plans Under the US-China Geopolitical Tensions[J]. Journal of International Students,2023,13(2):189 – 205.

第二节 理论框架

一、推拉理论

推拉理论是研究国际学生流动的主要的框架之一。推拉理论的雏形最早可见于19世纪末的恩斯特·莱文斯坦(Ernst G. Ravenstein)提出的人口迁徙定律。1966年艾雷特·李(Evereet S. Lee)[①]在莱文斯坦的研究基础上提出了更系统的人口流动理论,创建了影响人口流动的四大因素分析框架,即与来源地相关的因素、与目的地相关的因素、来源地和目的地之间的障碍因素、与个人相关的因素,并用图表表示。他认为每个国家或地区都存在着无数个正面因素(+)、负面因素(-)、不起作用的中性因素(0)。

图 4-1 Lee(1966)的人口流动分析框架

在该模型中,推力因素是指将学生留在本国或地区的负面因素,而拉力因素则是指吸引学生到国外留学的正面因素。具体来说,推力因素包括国内教育资源不足、就业前景不乐观、家庭和社会压力等。这些因素促使学生寻求更好的教育和更好的就业机会,从而产生了到国外留学的动机。拉力因素则包括国外优质的教育资源、丰厚的奖学金、国际化的学习环境、语言能力培养等。这些因素吸引学生到国外留学,寻求更好的教育和个人发展机会。

---

① Lee, E. S. A..Theory of Migration[J]. Demography, 1966,3(1):47-57.

艾雷特·李的推拉模型还包括了对这些因素的综合分析和比较,以便更好地解释学生选择国际流动的原因和动机。他认为推力因素和拉力因素相互作用,共同影响学生的留学决策。此外,艾雷特·李还强调了个人因素在留学决策中的作用,如个人兴趣、职业规划、家庭状况等。这些因素可能会对推力因素和拉力因素的权重产生影响,从而影响学生的留学决策。

推力因素通常与学生的祖国相关,而拉力因素则与国际留学生的目的地国家相关。一些学生可能因国内不利的学习条件而"被推"出国外,而另一些学生则可能因接收国的奖学金和其他机会而"被拉"到国外。拉力因素并不一定是吸引学生的因素;它们也可以对学生的流动性产生反面影响。例如,签证限制和高昂的学费是影响国际学生流动性意图的负面拉力因素。[1]

20世纪80年代伴随着全球流动的加剧,推拉理论在教育学领域得到了广泛的应用,尤其在跨国教育和国际教育领域的研究中,推拉理论被引入学生国际流动的研究。许多学者使用推拉模型来探讨影响学生跨国流动的各种因素以及这些因素对学生选择留学国家、留学动机和留学后的就业等方面的作用。在国际化的文献中,推拉模型被广泛用于解释学生的国际流动决策[2][3][4][5][6]。文献中提到的最常见的推力因素包括:缺乏研究能力、教

---

[1] Perkins, R., Neumayer, E.. Geographies of Educational Mobilities: Exploring the Uneven Flows of International Students[J]. The Geographical Journal, 2014,180(3): 246-259.

[2] Altbach, P. G.. Higher Education Crosses Borders: Can the United States Remain the Top Destination for Foreign Students? [J]. Change: The Magazine of Higher Learning, 2004,36(2): 18-25.

[3] Bodycott, P.. Choosing a Higher Education Study Abroad Destination: What Mainland Chinese Parents and Students Rate as Important[J]. Journal of Research in International Education, 2009, 8(3): 349-373.

[4] Li, M., Bray, M.. Cross-border Flows of Students for Higher Education: Push-pull Factors and Motivations of Mainland Chinese Students in Hong Kong and Macau[J]. Higher Education, 2007, 53(6): 791-818.

[5] Mazzarol, T., Soutar, G. N.. "Push-pull" Factors Influencing International Student Destination Choice[J].International Journal of Educational Management, 2002, 16(2): 82-90.

[6] Wu, Q.. A Theoretical Framework for Understanding Chinese International Students' Decision-making in Selecting Regional Australian Higher Education[R]. Freemantle, Western Australia: Australian Association for Research in Education, 2015.

育质量低下以及学生祖国缺乏就业机会。[①] 文献中最常提到的拉力因素包含东道国大学的声誉[②]、东道国的高质量教育[③]、毕业后就业机会[④]以及国内雇主对海外训练的专家的偏好[⑤]。

阿特巴赫(1998)针对发展中国家的学生提出了国际流动的八推力和七拉力因素的分析框架,在学术界产生了较大的影响。[⑥] 影响发展中国家的学生决定出国留学的推力因素包括获得留学奖学金的可能、较差的教育设施、缺乏科研设备、未能进入本国教育机构学习、不适宜的政治环境、国外学位在本国市场增值、种族歧视、认识到现存的传统教育的不足等。拉力因素包括提供给国际学生奖学金的可能、提供优质的教育、先进的科研设备、有可能被录取、适宜的政治环境、适宜的社会经济环境、有机会获得国外生活体验等。

表 4-1 阿特巴赫(1998)影响发展中国家的学生决定出国留学的因素

推力因素	拉力因素
1. 获得留学奖学金的可能	1. 提供给国际学生奖学金的可能
2. 较差的教育设施	2. 提供优质的教育
3. 缺乏科研设备	3. 先进的科研设备

---

① Park, E. L.. Analysis of Korean Students' International Mobility by 2-D Model: Driving Force Factor and Directional Factor[J]. Higher Education, 2009, 57(6): 741-755.

② Wilkins, S., Balakrishnan, M. S., Huisman, J.. Student Choice in Higher Education: Motivations for Choosing to Study at an International Branch Campus[J]. Journal of Studies in International Education, 2012, 16(5): 413-433.

③ Shanka, T., Quintal, V., Taylor, R..Factors Influencing International Students' Choice of an Education Destination-a Correspondence Analysis [J]. Journal of Marketing for Higher Education, 2006, 15(2): 31-46.

④ Binsardi, A., Ekwulugo, F.. International Marketing of British Education: Research on the Students' Perception and the UK Market Penetration[J]. Marketing Intelligence & Planning, 2003, 21(5): 318-327.

⑤ Wilkins, S., Balakrishnan, M. S., Huisman, J.. Student Choice in Higher Education: Motivations for Choosing to Study at an International Branch Campus[J]. Journal of Studies in International Education, 2012, 16(5): 413-433.

⑥ Altbach P. G.. Comparative Higher Education: Knowledge, the University and Development[M]. Norwood, N. J.: Ablex Pub. Corp., 1998:240.

续表

推力因素	拉力因素
4. 未能进入本国教育机构学习	4. 有可能被录取
5. 不适宜的政治环境	5. 适宜的政治环境
6. 国外学位在本国市场增值	6. 适宜的社会经济环境
7. 种族歧视	7. 有机会获得国外生活体验
8. 认识到现存的传统教育的不足	

总之,大多数文献都认为推力因素是指国际学生所在国的特点,这些特点推动他们出国接受高等教育。这些因素包括母国的经济财富、人口和高等教育容量(特别是在发展中国家)。拉力因素是指吸引外国学生到该国的特定东道国特征。这些特征包括地理和文化上的接近性、共同语言、汇率因素(在确定某个国家的可负担性方面是一个重要考虑因素)以及东道国政府关于国际教育的政策,包括至关重要的移民和签证规定,以及奖学金和教育援助的可用性。[1]

二、推拉因素的分类

一些学者对影响国际教育流动的因素进行分类。奈杜(2007)[2]总结了影响国际教育流动的三类因素,分别为社会、经济和政治因素。社会因素包括东道国与母国之间的亲和力水平、东道国教育机构的教学和学术声誉、东道国与母国之间的地理/文化接近性以及东道国潜在的移民机会。经济因素包括东道国与母国之间的汇率、学费以及东道国的生活成本。政治因素包括通过东道国外交政策促进国际教育以及教育在发展援助计划中的作

---

[1] Zheng, L.. The Determinants of International Student Mobility in United Kingdom Higher Education[A]. In Branch, J. D., Christiansen, B. (eds.), The Marketisation of Higher Education [C], Palgrave Macmillan, Cham, 2021: 293-319.

[2] Naidoo, V.. Research on the Flow of International Students to UK Universities[J]. Journal of Research in International Education, 2007, 6(3): 287-307.

用。库维略等(2002)①将国际学生流动影响因素分成四大类别,即① 个人原因(个人提升、周围人的建议、民族主义等);② 国家形象(文化相近性、社会及学术声望、社会经济水平等)和城市形象(城市大小、生活成本、安全性、环境等);③ 院校形象(院校声誉、教授质量、国际认可度、通信、校园设置等);④ 课程形象(国际认可度、未来雇主认可度、适合度、专业度、费用等)。

国内的学者也对影响国际学生流动的因素进行了分类。田玲(2003)对清华大学的241名本科生进行了出国意向的调查。基于该实证调查,她按照重要性把推拉因素进行了归纳,分为六类,分别为经济、教育、学生个人、社会、文化、政治。②

表4-2 田玲(2003)的六因素分析框架

影响因素	具体指标
经济因素	(1)经济实力;(2)综合国力;(3)经济发展潜力;(4)就业机会;(5)工作或学习条件;(6)奖学金额度
教育因素	(1)专业课程设置;(2)师资力量;(3)学校学术水平;(4)科研设备;(5)图书资料完善程度;(6)学术氛围;(7)国际交流环境
学生个人因素	(1)生存环境;(2)生活质量;(3)工资待遇;(4)人际关系;(5)成才环境;(6)工作与生活的轻松感;(7)个人价值实现;(8)家庭成员倾心性
社会因素	(1)社会保障体系;(2)社会文明程度;(3)社会服务体系;(4)社会关系;(5)社会地位;(6)社会治安;(7)开发程度;(8)友好程度
文化因素	(1)文化认同;(2)情感归属;(3)生活方式;(4)心理适应;(5)语言交流;(6)科技水平;(7)教育水平;(8)获取信息的可能
政治因素	(1)国际声望;(2)国际上影响;(3)民主化程度;(4)法制化程度;(5)人才政策的合理性;(6)教育政策的合理性

李梅(2008)在田玲(2003)的研究基础上,提出了影响中国学生国际流

---

① Cubillo, J.M., Sanchez, J., Cervino, J.. International Students' Decision-making Process [J].International Journal of Educational Management, 2006, 20(2):101-115.
② 田玲.中国高等教育对外交流现象研究[M].北京:民族出版社,2003:200-204.

动的内外因素互动模型。[①] 她认为无论是输出国还是接收国都既有推力因素也有拉力因素,进一步把六类因素归纳为两大类,经济、教育、社会、文化、政治属于外部因素,学生个人属于内部因素。

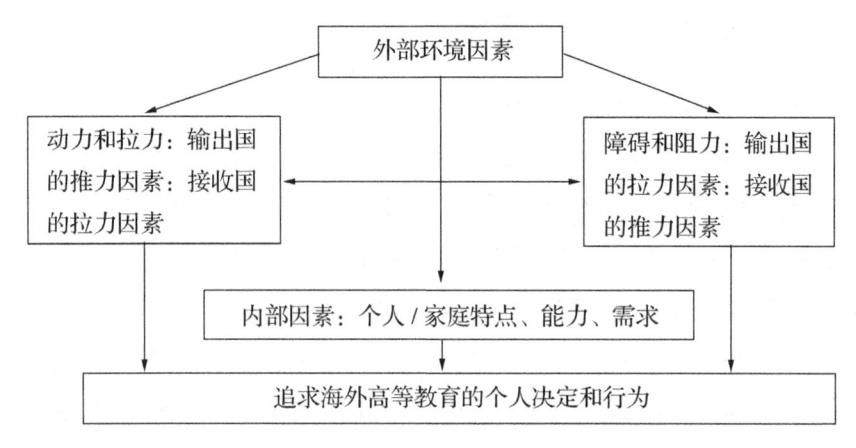

```
                    ┌──────────────┐
                    │  外部环境因素  │
                    └──────────────┘
                     ↙      ↓      ↘
        ┌──────────────┐      ┌──────────────┐
        │动力和拉力:输出国│ ←→ │障碍和阻力:输出国│
        │的推力因素:接收国│      │的拉力因素:接收国│
        │的拉力因素      │      │的推力因素      │
        └──────────────┘      └──────────────┘
                     ↘      ↓      ↙
              ┌────────────────────────────┐
              │内部因素:个人/家庭特点、能力、需求│
              └────────────────────────────┘
                            ↓
              ┌────────────────────────────┐
              │  追求海外高等教育的个人决定和行为  │
              └────────────────────────────┘
```

图 4-2 李梅(2008)的影响中国学生国际流动的内外因素互动模型

综上所述,影响国际学生流动的因素可以有多种分类,但政治因素是其中一个不容忽视的因素。政治因素体现在输出国和接收国两个方面。就输出国而言,适宜的政治环境对国际学生流动而言是一个人才输出国的拉力因素,而不适宜的政治环境对于国际学生流动而言是一个人才输出国的推力因素。就接收国而言,适宜的政治环境对国际学生而言是一个人才接收国的拉力因素,而不适宜的政治环境对于国际学生而言是一个人才接收国的推力因素。

美国特朗普政府执行的反国际化政策作为一个很重要的政治因素,对中美国际流动产生了较为重要的影响。在推拉理论的视角下,特朗普政府的反国际化政策成为美国的一个推力因素,对有赴美交流意愿的中国学者和学生起到了推拒作用,对于正在美国交流或者学习的中国学者和学生的收益产生一定程度的影响。

---

① 李梅.高等教育国际市场:中国学生的全球流动[M].上海:上海教育出版社,2008:140.

第三节　中美国际学生流动的概况[①]

一、美国招收国际学生的情况

（一）美国国际学生的数量

高等教育国际化最为明显地反映在国际学生流出、国际学生流入和国际学者流动的数据上。21世纪以来，美国的国际教育经历了三次危机。第一次危机源自2001年的"9·11"事件。在后"9·11"时代"反恐优先"的政策背景下，美国政府针对国际学生实施了严苛的入境、移民和监控政策，国际学生数量在2002到2008年间陷入低谷。国际学生数量在21世纪初的2000/2001到2001/2002两年间都以6.4%的速度增长，2002/2003学年增速急剧下降为0.6%，2003/2004、2004/2005、2005/2006这三年留学生数量出现负增长，增速分别为-2.4%、-1.3%、-0.5%。2006/2007学年留学生人数才开始出现正增长，增速为3.2%。

2008年11月奥巴马执政，奥巴马政府出台了多项高等教育国际化的利好政策，刺激了美国留学市场的迅速发展。到了2008/2009学年，留学生人数增长恢复并小幅超越了21世纪初的水平，达到了7%。奥巴马执政的8年里，留学生数据总体处于较高的增长水平，最高增速在2014/2015学年达到了10%。

2016年11月特朗普在美国总统大选中胜出，当选美国第45任总统，2017年1月20日宣誓就职。特朗普在竞选期间就在各个场合多次表明其逆全球化和反国际化的政治立场，当选之后出台了多项政策来实施其政治理念。特朗普政府不仅削减国际化交流经费，还通过签证政策来限制和筛选国际学生，如发布"禁穆令"，缩紧H-1B签证，限制科学、技术、工程、数学（STEM）专业的留学生，加大对留学申请者的审查力度，增加签证手续的

[①] 第三节的数据都来自美国门户开放报告网站（https://opendoorsdata.org.）。

烦琐程度等。第三次危机源自新冠疫情。疫情期间,美国实施了近20个月的国际旅行限制,还出台了多项歧视性入境和移民政策。2020/2021学年美国国际学生人数相比前一年下降15%,国际新生人数减少46%。特朗普政府的民粹主义和逆全球化政策使国际学生人数在2016/2017－2019/2020年间增速显著降低,并且呈现逐年下降趋势,最终在2019/2020学年出现了负增长。这也是美国历史上继"9·11"事件之后的留学生人数第二次负增长。

表4-3　美国国际学生的相关数据(2000—2022年)

学年	新入学国际学生数	选择性实习人数(OPT)	国际学生总数	逐年变化比例	高等教育总人数	国际学生占比/%
2000/2001	526 809	21 058	547 867	6.4	15 312 000	3.6
2001/2002	560 251	22 745	582 996	6.4	15 928 000	3.7
2002/2003	558 530	27 793	586 323	0.6	16 612 000	3.5
2003/2004	543 169	29 340	572 509	−2.4	16 911 000	3.4
2004/2005	532 040	32 999	565 039	−1.3	17 272 000	3.3
2005/2006	526 670	38 096	564 766	−0.5	17 487 000	3.2
2006/2007	541 324	41 660	582 984	3.2	17 672 000	3.3
2007/2008	567 039	56 766	623 805	7.0	18 248 000	3.4
2008/2009	605 015	66 601	671 616	7.7	19 103 000	3.5
2009/2010	623 119	67 804	690 923	2.9	20 428 000	3.4
2010/2011	647 246	76 031	723 277	4.7	20 550 000	3.5
2011/2012	679 338	85 157	764 495	5.7	20 625 000	3.7
2012/2013	724 725	94 919	819 644	7.2	21 253 000	3.9
2013/2014	780 055	105 997	886 052	8.1	21 216 000	4.2
2014/2015	854 639	120 287	974 926	10.0	20 300 000	4.8
2015/2016	896 341	147 498	1 043 839	7.1	20 264 000	5.2
2016/2017	903 127	175 695	1 078 822	3.4	20 185 000	5.3
2017/2018	891 330	203 462	1 094 792	1.5	19 831 000	5.5
2018/2019	872 214	223 085	1 095 299	0.05	19 828 000	5.5
2019/2020	851 957	223 539	1 075 496	−1.8	19 720 000	5.5
2020/2021	710 210	203 885	914 095	−15.0	19 744 000	4.6
2021/2022	763 760	184 759	948 519	3.8	20 327 000	4.7

(二) OPT 人数

美国大学的 OPT(Optional Practical Training)是美国移民局授予持 F-1 签证的学生在校外的工作许可。它是学生身份到工作身份过渡的一个重要阶段。在 OPT 期间,学生可以在美国合法地进行与所学专业相关的实习或工作,通常为 12 个月,但 STEM(科学、技术、工程和数学)领域的 OPT 时间可以延长至 36 个月。OPT 不仅为学生提供了实践经验和职业发展的机会,同时也是他们留在美国工作的常用方式。如果在 OPT 期间的工作表现得到公司的认可,学生就有可能获得工作签证(H-1B),从而正式转为职业身份。从美国 OPT 人数变化(详见图 4-3)可以看出,OPT 人数在 21 世纪以来稳步上升,增速越来越快。在特朗普执政期间,OPT 人数没有受到影响,继续保持稳定增长。

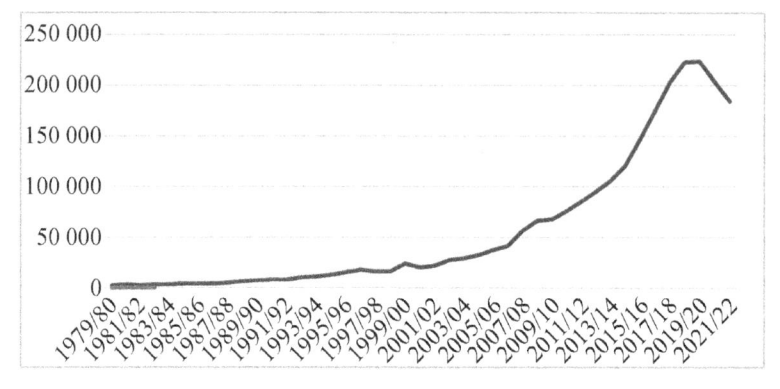

图 4-3 美国 OPT 国际学生数量(1979—2022 年)

(三) 赴国外交流的美国学生数据

从表 4-4 数据可以看出,美国学生出国留学的总人数在疫情之前一直处于显著上升的状态,但前往中国留学的人数在 2002/2003 年度到 2015/2016 年度期间呈现一个波峰,之后出现一个较低水平的平台期,再随后受疫情影响断崖式下跌。赴中国交流的美国学生同样呈现出先升再降的曲线变化,但从其人数和占比来看,在特朗普执政期间,都有较为明显的下降。

表 4-4 赴国外交流的美国学生数据(1999—2020 年)

学年	赴中国交流的学生	赴全球交流的学生	占比/%
1999/2000	2 949	143 590	2.05
2000/2001	2 942	154 168	1.91
2001/2002	3 911	160 920	2.43
2002/2003	2 493	174 629	1.43
2003/2004	4 737	191 321	2.48
2004/2005	6 389	205 983	3.10
2005/2006	8 830	223 534	3.95
2006/2007	11 064	241 791	4.58
2007/2008	13 165	262 416	5.02
2008/2009	13 674	260 327	5.25
2009/2010	13 910	270 604	5.14
2010/2011	14 596	273 996	5.33
2011/2012	14 887	283 332	5.25
2012/2013	14 413	289 408	4.98
2013/2014	13 763	304 467	4.52
2014/2015	12 790	313 415	4.08
2015/2016	11 688	325 339	3.59
2016/2017	11 910	332 727	3.58
2017/2018	11 613	341 751	3.40
2018/2019	11 639	347 099	3.35
2019/2020	2 481	162 633	1.53
2020/2021	382	14 549	2.63

二、中国赴美留学情况

（一）中国赴美留学人数

从 21 世纪初到新冠疫情之前,赴美国高等教育机构留学的中国学生人数总体处于上升趋势。从人数来看,21世纪的中国赴美留学人数峰值在 2019/2020学年,达到了372 532人。最低值在21世纪初的2000/2001学年,人数为59 939(见表4-5)。从变化幅度来看,在2000/2001-2003/2004年之间,中国赴美留学人数的增速为负,即增幅在逐年递减。从2006/2007学年开始,中国赴美留学人数开始较大幅度地增加。在2003/2004-2005/2006年间,增速为正,增幅有较小的增长。但接下来的一年再次经历负增速。自2006/2007学年开始,增幅逐年上升,于2009/2010学年达到峰值,之后逐年下降。更显著的降幅出现在新冠暴发期间,2020/2021学年较前一年下降14.83%,2021/2022学年也较前一年下降了8.58%。在特朗普执政期间,中国留学生人数增幅稳步下降,在2019/2020学年增幅已经基本为零。可以预想如果不出现新冠疫情,2020/2021学年中国美学生人数增幅出现负值也是应有之义。

表4-5 中国赴美留学人数(2000—2022年)

学年	中国赴美留学人数	增幅/%
2000/2001	59 939	
2001/2002	63 211	5.46
2002/2003	64 757	2.45
2003/2004	61 765	−4.62
2004/2005	62 523	1.23
2005/2006	62 582	0.09
2006/2007	67 723	8.22
2007/2008	81 127	19.79
2008/2009	98 235	21.09
2009/2010	127 628	29.92
2010/2011	157 558	23.45
2011/2012	194 029	23.15
2012/2013	235 597	21.42

续表

学年	中国赴美留学人数	增幅%
2013/2014	274 439	16.49
2014/2015	304 040	10.79
2015/2016	328 547	8.06
2016/2017	350 755	6.76
2017/2018	363 341	3.59
2018/2019	369 548	1.71
2019/2020	372 532	0.81
2020/2021	317 299	−14.83
2021/2022	290 086	−8.58

(二) 赴美留学的最大生源地

21世纪以来,中国和印度稳居美国国际生源地第一和第二位。在2001/2002学年,中国留学生人数略高于印度的留学生,自2002/2003学年到2008/2009学年,印度都超过中国,成为美国的第一大留学生源国。从2009/2010学年开始,中国留学生的增幅远远高于印度留学生,中国以较为明显的优势领先印度成为第一大留学生源国。21世纪以来,韩国绝大多数的年份都占据着第三位,唯一的例外是2015/2016学年,沙特阿拉伯以微弱的优势超过韩国,成为第三大生源国。

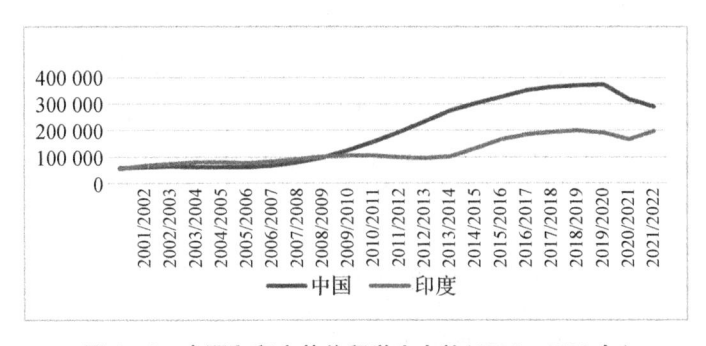

图4-4 中国和印度赴美留学生人数(2001—2022年)

(三) 不同教育层次的中国留学生数量

中国赴美的留学生人数变化在2008/2009年达到顶峰,随后逐年下降,在特朗普执政期间,下降速度相比之前有着显著下降。[①] 中美两国关系恶化可能对中国的研究生和博士尤其不利,他们是美国机构中最有生产力的研究人员之一。长期以来,中国学生也占据了美国研究生课程的很大一部分席位。2021/2022学年,中国学生占美国研究生项目所有国际学生的31.9%,是所有国际学生中最高的。但这种情况已经发生改变。2021年秋季,印度超过中国,成为美国新增国际研究生的主要来源国,来自印度的博士生更是远远超过了中国的博士生,这很明显受到美国政府遏制中国的政策的影响。(详见图4-5)。[②]

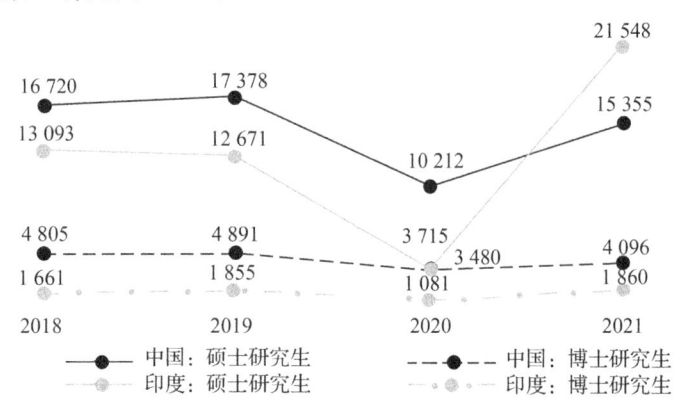

	2018	2019	2020	2021
中国:硕士研究生	16 720	17 378	10 212	15 355
印度:硕士研究生	13 093	12 671	3 480	21 548
中国:博士研究生	4 805	4 891	3 715	4 096
印度:博士研究生	1 661	1 855	1 081	1 860

图4-5 美国招收中国和印度的研究生的人数

(四) 不同专业的中国赴美留学生人数

近十年来,中国赴美的留学生在专业选择上,主要集中在商业管理学科、工程学和数学与计算机这三个专业,其次为物理、生命科学和社会科学。从变化趋势来看,选择商科的留学生比例从2009/2010学年的24.3%一度

---

① Mackie, C., Still No. 1. But for How Long? The Future of Chinese Student Mobility to the U.S.[EB/OL]. (2023-05-22)[2023-08-10]. https://wenr.wes.org/2023/05/still-no-1-but-for-how-long-the-future-of-chinese-student-mobility-to-the-u-s.

② Zhou, E., International Graduate Applications and Enrollment: Fall 2021[EB/OL]. (2022-09-15)[2023-08-12]. https://cgsnet.org/wp-content/uploads/2022/09/CGS-International-Graduate-Applications-and-Enrollment-Fall-2021-2022.09.12.pdf.

上升到了29%,但2021/2022学年下降到了14.6%。选择工程的留学生比例保持在平稳状态,从2009/2010学年的20.2%小幅下降到2021/2022学年的17.2%。物理与生命科学也有小幅下降,从2009/2010学年的12.6%小幅下降到2021/2022学年的9.8%。升幅最为明显的是数学与计算机学科,从2009/2010学年的10.7%上升到2021/2022学年的23.1%。

表4-6 不同专业的赴美中国留学生人数(2009—2022年)①

学年	总 数	商业/管理	教育	工程*	艺术	健康科学*	人文	强化英语	数学/计算机*	物理/生命科学*	社会科学	其他	未声明
2009/2010	127 628	24.3	1.9	20.2	2.8	2.1	1.1	4.9	10.7	12.6	6.7	10.1	2.6
2010/2011	157 558	27.5	2.1	19.2	3.4	2	1.2	4.3	10.6	11.5	7	8.9	2.3
2011/2012	194 029	28.7	1.7	19.6	3.8	1.5	1.3	2.8	11.2	9.9	7.7	9.6	2.2
2012/2013	235 597	29	1.7	19.2	4.9	1.3	1	3.2	11.2	8.8	8.2	9	2.5
2013/2014	274 439	28	1.7	19.8	5.3	1.4	0.9	2.8	11.5	8.9	8.1	8.6	3
2014/2015	304 040	26.5	1.7	19.7	5.6	1.4	0.9	2.8	12.4	8.9	7.8	9.3	2.9
2015/2016	328 547	24.3	1.7	18.6	6.5	1.3	1	2.2	14.1	8.7	8.7	10.1	2.8
2016/2017	350 755	23.1	1.8	18.7	6	1.3	1.1	2.4	15.5	8.2	8.9	10.5	2.4
2017/2018	363 341	20.7	1.8	19	6.6	1.4	1.1	2.1	17.2	8.4	8.4	11	2.4
2018/2019	369 548	18.9	1.7	18	6.5	1.4	1	1.7	19.9	8.4	9.1	11	2.3
2019/2020	372 532	17.2	1.7	17.5	6.7	1.4	1.1	1.8	21.2	8.4	9	11	2.9
2020/2021	317 299	16.6	1.9	17.5	6	1.6	1.2	0.6	22.2	9.1	9.6	11.5	2.2
2021/2022	290 086	14.6	1.9	17.2	6	1.5	1.1	0.4	23.1	9.8	10.3	10.8	3.2

① 带*号的属于STEM(Science, Technology, Engineering, andMathematics)专业。

三、小结

（一）赴美的中国留学生增幅减缓

从历史数据来看，中国留学生在美国的数量总体呈现增长态势。然而，近年来这种增长幅度开始逐渐放缓。随着中美关系的波动和不确定性增加，一些中国学生和家庭可能对赴美留学产生了一些顾虑和担忧，从而影响了赴美留学的意愿和决策。其次，随着中国经济的发展和教育水平的提高，越来越多的中国学生选择在国内接受高等教育。中国的高等教育机构在过去的几十年里取得了巨大的进步，提供了更多优质的教育资源和机会。这使得一些原本考虑赴美留学的学生选择留在国内深造，从而减少了赴美留学的需求。此外，美国的移民政策调整也可能对赴美的中国留学生增幅产生影响。近年来，美国政府对移民政策进行了一系列调整，包括限制签证发放、加强审查等。这些政策调整可能增加了赴美留学的难度和不确定性，使得一些中国学生望而却步。

（二）赴美的中国留学生受到政策的影响

政策因素对于赴美留学生产生了一定的影响，不仅影响到留学生的数量，也影响到留学生的学习层次和就读专业。虽然赴美的中国留学生数量总体呈现上升趋势，但赴美留学的中国学生数量也受到一些因素的影响，如中美关系的变化、美国移民政策的调整以及疫情等突发事件。这些因素可能导致短期内中国留学生数量的波动。可以清晰地看出"9·11"事件、2008年金融危机、特朗普上台和新冠疫情都对中国留学生的数量产生了影响，导致了留学生数量在这几个节点产生了不同幅度的波动。

另外，留学生的学习层次也受到了美国签证和移民政策的影响。美国大学通常对中国本科生并没有太多限制，但对于研究生层次却有所提防，特别是STEM专业的博士近年来受到了美国政府的审查和限制，这在统计数据上也有一定程度的体现。

再者，留学生的就读专业也与美国政府的相关政策有一定关系。例如STEM专业的学生可以申请到36个月的OPT，这一定程度上也使一些中国学生选择这些专业。

（三）中美教育交流规模的不匹配

中国是美国的第一大生源国,而到中国来学习交流的美国学生远远低于赴美国交流学习的中国学生。以 2021/22 学年为例,赴美国交流学习的中国学生为 290 086 人,到中国来学习交流的美国学生只有 382 人,两者之比为 759∶1,差异巨大。中美两国在教育资源、学术水平、科研实力等方面存在差异。美国作为世界高等教育强国之一,拥有众多世界顶尖大学和科研机构,吸引了大量中国学生前往留学。而中国虽然近年来在高等教育领域取得了显著进步,但在全球范围内的知名度和吸引力相对较弱,导致美国学生选择来中国留学的意愿较低。另外,中美两国在政治、经济、科技等领域的竞争和摩擦也可能影响到教育领域的交流与合作。近年来,中美关系经历了一系列波折和挑战,美国政府从多个方面来打压中国并阻挠两国的正常教育文化交流,美国媒体罔顾事实丑化和黑化中国,这可能导致美国学生对中国无法进行真实的了解,对来中国留学的风险和不确定性产生担忧。

第四节　中国留美学生的实证调查

一、调查目的和范围

本次调查旨在研究特朗普时期政策对中国留学生的留美意愿和留美经历产生的影响。具体研究问题有以下几个。第一,特朗普时期政策背景下中国学生选择赴美留学的影响因素。第二,特朗普时期政策背景下中国留美学生的留学满意度。第三,特朗普时期政策对中国学生留美经历的影响。

本研究采用随机抽样的方式来获取调查对象。研究者于 2019 年 12 月对 A 大学 2019 届赴海外留学的毕业生发出了 165 份问卷调查的邮件邀请,愿意参加调查的人数为 135 人。愿意参与调查的毕业生通过邮件里的问卷星的问卷调查链接进行答题,回收 135 份问卷,有效问卷为 135 份。问卷共分为四个部分,共有 16 个题项,分为背景信息、影响留学决定的因素、留学满意度、国际形势对于留美经历影响四个部分。

本研究对调查问卷的数据采用 SPSS 软件进行分析,具体而言采用了均值检验(Compare Means)和单因素方差检验(One-Way ANOVA)。本研究把赴美留学的调查对象和赴其他国家留学的调查对象分成了两组,均值检验和单因素方差检验均可以较好地展示赴美留学的调查对象的答题情况以及两组的差异,从而对数据发现进行更全面和深入的讨论。

二、调查数据和分析

(一) 调查对象的基本情况

同意参加调查的人数为 135 人,其中本科毕业生 110 人,硕士毕业生 18 人,博士毕业生 7 人。男性 60 人,占总人数的 44.44%;女性 75 人,占总人数的 55.56%。参与调查的毕业生来自 A 大学 28 个院、系和研究所,文科 61 人,理工科 74 人。在所有调查对象中,赴美国留学的人数为 62 人,占比 42.93%;赴英国、澳大利亚、日本的留学人数分别为 18 人、7 人、7 人,占比分别为 13.33%、5.19%、5.19%。其中 96.3% 的调查对象通过自筹获得留学经费,其余 3.7% 的调查对象通过国家公派或学校公派的途径获得留学经费。自费留学的毕业生达到 70.37%,获得中国政府或国内大学资助的毕业生占 2.96%,获得国外大学资助的毕业生占 38.52%,获得国外政府资助的毕业生占 5.19%,获得其他类型资助的毕业生占 1.48%。由此可见,大多数留学生是通过自费的形式出国留学,同时也有一部分学生获得了国外大学的经费资助。

(二) 出国留学的影响因素

学者们对国际学生流动的影响因素和留学动机进行了分类。有学者把留学影响因素分为客观和主观因素,客观因素主要表现为课程类型、学术声誉、校园文化氛围、教师质量;主观因素表现为离家距离、家人看法、朋友的选择,其中课程适合性、学术声誉、就业前景、教学质量是影响留学选择最重要的四个因素。① 另有学者将影响因素区分为个体动因和社会动因,社会因素表现为母国与目的国宏观层面的社会因素,个体因素涉及学生的个体选择及个体特征(如学术能力、性别、年龄、动机、期望)。② 张明明和高立平(2011)认为,国家实力、国际关系、文化及地缘关系、友好开放的留学环境、个人职业发展、教育成本、地区与高校的因素以及大学品牌营销等因素影响着国际学生的留学选择。③

本调查针对出国留学的影响因素,从四个方面进行了调查,分别是个体选择、个体差异、目的国、目的院校。这四个方面从个体动因和社会动因两个方面对影响大学生出国留学的因素做了相对全面的了解。

1. 个体选择

(1) 个体选择的均值检验

针对个体选择共设置了16个题项,答案选项分为"非常符合""比较符合""部分符合""较少符合""不符合",分别赋值为1—5,即分值越低,符合程度越高。1代表的赴美留学组,2代表的是其他留学组。赴美留学组认为"符合"的调查对象比例最高的是"国外的学习经历有利于我的成长"(1.35)和"国外的学习能让我开阔视野、了解异域文化"(1.37);其次为"到国外能接受更好的教育"(1.61),"所学专业在国外的研究更加前沿"(1.61),"国外的学习能更好地实现我的学术追求"(1.77)。再次为"国外大学毕业后我能找到更好的工作"(2.11),"出国留学能让我获得更多的成就感"(2.35),"所学专业在国外有更好的职业发展机会"(2.45)。均值在2.5—3之间的为"国外大学的文凭含金量更高"(2.52)。均值超过4的为"父母希望我出国,我就同意了"(4.47),"申请国外大学比国内考研/考博更容易"(4.40),"很多同学和朋友都出国了,我也想去"(4.19)。

从表4-7中的排序可以看出,调查对象在选择出国留学时,内部动因

---

① Soutar, G. N., Turner, J. P.. Students' Preference for University: A Conjoint Analysis [J]. The International Journal of Educational Management, 2002, 16(1): 40-45.

② Arambewela, R., Hall, J.. A Model of Student Satisfaction: International Postgraduate Students from Asia[J]. European Advances in Consumer Research, 2008(8): 129-135.

③ 张明明,高立平.谈高校国际学生流动的规律与影响因素[J].教育探索,2011(10):27-29.

非常显著,如个人成长、专业发展、国际化视野等。正如杨晓平和王孙禺(2017)的判断,"内部动因的逻辑,特别是个人动机倾向是影响国际学生留学目的地选择的核心因素"。① 调查对象主要把学术声誉和教学质量作为影响留学选择最重要的因素,其次为就业前景。另外,题目的排序也显示远景的间接性动机大于近景的直接性动机。调查对象更看重的是出国留学经历对于自身成长和生涯发展的重要作用,如开阔视野、了解异域文化、提升学业。而留学带来的短期收益,如就业、学历等,相对而言重要性稍次要一些。再者,调查对象在选择留学时,受到他人的影响较小,可见他们具有更多的独立判断能力。

表4-7 个体选择(均值检验)

美国1其他2		到国外能接受更好的教育	国外的学习经历有利于我的成长	国外的学习能让我开阔视野、了解异域文化	国外的学习能更好地实现我的学术追求	国外大学的文凭含金量更高	国外大学毕业后我能找到更好的工作
1	均值	1.61	1.35	1.37	1.77	2.52	2.11
1	样本量	62	62	62	62	62	62
1	标准差	0.817	0.515	0.752	0.876	1.067	0.870
2	均值	1.88	1.51	1.48	1.82	2.45	2.48
2	样本量	73	73	73	73	73	73
2	标准差	0.832	0.580	0.689	0.872	0.972	0.930

美国1其他2		出国留学能让我顺利地转换专业	所学专业在国外有更好的职业发展机会	所学专业在国外的研究更加前沿	出国留学能让我获得更多的成就感	出国留学能让我获得亲朋好友的赞扬和认可	出国留学能让我在国外定居或移民
1	均值	3.37	2.45	1.61	2.35	3.08	3.85
1	样本量	62	62	62	62	62	62
1	标准差	1.632	1.263	0.710	1.057	1.346	1.114
2	均值	3.12	2.97	2.03	2.36	2.93	3.70
2	样本量	73	73	73	73	73	73
2	标准差	1.462	1.269	0.912	1.019	1.228	1.361

---

① 杨晓平,王孙禺.国际学生留学北京动机的实证研究[J].中国高教研究,2017,(2):32-36.

续表

美国1其他2		选择出国留学,可以暂时不用考虑就业问题	申请国外大学比国内考研/考博更容易	父母希望我出国,我就同意了	很多同学和朋友都出国了,我也想去
1	均值	3.74	4.40	4.47	4.19
	样本量	62	62	62	62
	标准差	1.227	0.983	0.844	1.053
2	均值	2.71	3.26	4.04	3.89
	样本量	73	73	73	73
	标准差	1.338	1.414	1.252	1.208

(2) 个体选择的单因素方差检验

样本满足方差齐性检测。用单因素方差检验对赴美国留学的学生和赴其他国家留学的学生进行比较。出国留学影响因素(个体选择)的5个选项分别为"非常符合""比较符合""部分符合""较少符合""不符合",这5个选项分别赋分1、2、3、4、5分,即分值越低,符合的程度越高,而分值越高,不符合的程度越高。根据对这16个题项的方差检验(详见表4-8),可以看出,赴美留学生和其他留学生这两个组之间在个体选择的六个题项中存在显著差异。其中差异非常明显(***$P<0.001$)的题项为"选择出国留学,可以暂时不用考虑就业问题""申请国外大学比国内考研/考博更容易"。差异明显(**$P<0.01$)的题项为"所学专业在国外的研究更加前沿",差异较为明显(*$P<0.05$)的题项为"所学专业在国外有更好的职业发展机会""国外大学毕业后我能找到更好的工作""父母希望我出国,我就同意了"。

表4-8 个体选择(方差检验)

	平方和	自由度	均方	F值	P值
国外大学毕业后我能找到更好的工作	4.504	1	4.504	5.525	0.020*
所学专业在国外有更好的职业发展机会	9.100	1	9.100	5.674	0.019*
所学专业在国外的研究更加前沿	5.760	1	5.760	8.450	0.004**

续表

	平方和	自由度	均方	F 值	P 值
选择出国留学,可以暂时不用考虑就业问题	35.540	1	35.540	21.405	0.000***
申请国外大学比国内考研/考博更容易	43.796	1	43.796	28.698	0.000***
父母希望我出国,我就同意了	6.103	1	6.103	5.192	0.024*

从第"1"组(赴美留学组)和第"2"组(其他留学组)在均数上的差异可以看出,具有极其显著的统计学差异的两个题项,第1组的均值都显著高于第2组。"选择出国留学,可以暂时不用考虑就业问题""申请国外大学比国内考研/考博更容易"这两个题项都有极其显著的统计学差异($P=0.000$),说明赴美留学组相对其他留学组而言,并未把留学作为寻求升学或者逃避就业的有效途径,而是基于个人需求而选择赴美留学。在具有显著统计学差异的一个题项"所学专业在国外的研究更加前沿",第1组的均值显著低于第2组,这说明赴美留学生组更赞同在自己所学的专业领域美国具有更高的水平。在具有统计学差异的三个题项中,"国外大学毕业后我能找到更好的工作"和"所学专业在国外有更好的职业发展机会"这两个题项,赴美留学组都比其他留学组的均值高,说明前者赞同程度更高,意味着赴美留学生对于美国在更好的就业和职业发展机会方面期待也更高。另外一个具有统计学差异的题项为"父母希望我出国,我就同意了",第一组的均值高于第二组,说明赴美留学生在留学选择上更少受到父母的影响。

2. 个体特征

针对影响国际流动的个人特征因素,共设置了18个题项,答案共有"极大的影响""较大的影响""一般影响""较少的影响""没有影响"五个选项(见表4-9)。赴美留学的调查对象认为影响最为显著的是"老师的推荐和帮助"(2.03)、"了解国外高校的招生信息"(2.05)、"家人的鼓励和支持"(2.21)、"GPA高"(2.39)、"有较好的自我/组织管理能力"(2.39)、"第一学历背景好"(2.42)、"有过国际化学习或交流经历"(2.50),这几项的均值都等于或低于2.5,说明赴美留学的调查对象赞成这几个说法。其中认为"老师的推荐和帮助"和"了解国外高校的招生信息"产生"极大影响"的调查者比例最高,说明来自师长支持和留学信息至关重要。另外,对留学生而言来自家庭的支持也非常重要。师长和家人的支持都可以包括物质和精神上的支持,但师长和家长的物质支持表现不同,师长的物质支持主要体现在学业方面的,而家长的物质支持主要为经济方面的。再者,成绩、自我管理能力、国际化交流经历也很重要。

表4-9 个体特征(均值检验)

美国1其他2		外语水平高	科研能力强	GPA高	有丰富的社会实践经历	有较好的自我/组织管理能力	有较好的人际交往能力	接受过生涯规划指导	学历层次高	A大学名气大	老师的推荐和帮助
1	均值	2.52	2.71	2.39	3.29	2.39	2.63	3.45	2.66	2.66	2.03
	样本量	62	62	62	62	62	62	62	62	62	62
	标准差	1.098	1.179	1.136	1.233	1.046	1.090	1.263	1.173	0.991	1.008
2	均值	2.38	2.73	2.47	2.97	2.36	2.59	3.44	2.49	2.12	2.23
	样本量	73	73	73	73	73	73	73	73	73	73
	标准差	1.049	1.071	1.144	1.105	0.933	1.052	1.202	1.029	0.897	1.034

美国1其他2		第一学历背景好	了解国外高校的招生信息	家人的鼓励和支持	亲朋好友的帮助	我的性别	有过国际化学习或交流经历	国外的人脉资源多	充足的留学资金
1	均值	2.42	2.05	2.21	2.53	4.18	2.50	3.82	3.19
	样本量	62	62	62	62	62	62	62	62
	标准差	1.033	0.948	1.189	1.211	1.138	1.490	1.235	1.265
2	均值	2.11	2.23	2.22	2.89	4.30	3.03	4.11	3.05
	样本量	73	73	73	73	73	73	73	73
	标准差	1.008	0.979	1.083	1.242	1.089	1.374	1.061	1.189

再次为"外语水平高"(2.52)、"亲朋好友的帮助"(2.53)、"学历层次高"(2.66)、"有较好的人际交往能力"(2.63)、"A大学名气大"(2.66)、"科研能力强"(2.71),这几项的均值在2.5—3之间,说明仍有相当一部分赴美留学的调查对象认可这几种说法。

接下来为"充足的留学资金"(3.19)、"有丰富的社会实践经历"(3.29),选择这几项的调查对象比例在30%—40%之间。最低比例的选项为"接受过生涯规划指导"(3.45)、"国外的人脉资源多"(3.82)。最低的比例为"我的性别"(4.18)。

从答题情况可以看出,赴美留学的调查对象认为对自己做出留学决定产生最大影响的因素是来自师长的支持和留学信息。母校对于调查对象的支持非常重要,母校的声誉以及学术水平都对调查对象进入境外院校学习具有重要影响,特别是母校的师资对于调查对象能够提供重要的支持,优秀的师资能够帮助大学生对未来的发展有更深刻的想法和更清晰的规划,同时也能提供更好的学术和人际资源。另外,亲朋好友是另一个重要的支持源,家庭不仅能够提供经济支持,也能提供重要的情感支持。杨素红和范皑皑(2023)的研究表明,同等条件下,社会经济地位越高、学业表现越出色的学生,面向国际市场寻求教育资源的意愿越强烈,而且优势阶层家庭和学业表现优异的学生选择出国留学的动机和诉求以追求优质教育资源为主,家庭社会文化资本优势对高中生选择本科或研究生阶段出国留学的影响均显著。[①] 另一个重要因素是自身素养,包括学习素养、科研素养、信息处理素养、自我管理素养、外语素养、国际化素养、人际交往素养等多个维度。

3. 留学目的国

(1) 选择留学目的国的均值检验

本题共设置了15个问题,答案分为"非常看中""比较看中""一般""不太看中""很不看重"五个选项(见表4-10)。在选择就读境外院校时,赴美留学的调查对象看重的因素最主要为"该国的高等教育比较先进"(1.45)和"该国的科技水平比较发达"(1.48)。其次,相当看重的因素包括"留在该国工作的机会多"(2.52)、"该国的收入水平高"(2.52),但这两项的均值已经超过了2.5,说明调查对象总体持轻微否定态度。再次,"环境优美、空气清

---

① 杨素红,范皑皑.中国一线城市高中生出国留学意愿调查研究[J].教育学报,2023,19(3):154-169.

洁"(2.71)、"该国的社会保障体系好"(2.95)。接下来为"该国人民对中国留学生比较友好"(3.00)、"我喜欢该国的历史文化和风土人情"(3.10)、"该国的犯罪率低"(3.11)、"该国和中国的外交关系比较好"(3.18)、"获取留学签证比较容易"(3.45)、"移民比较容易"(3.61)、"留学费用低"(3.63)。最低的是"有亲友在该国居住"(4.13)。从以上的数据可以看出,调查对象在选择留学时,最首要的考虑因素是寻求能够获得更高质量的高等教育、学习先进的科学技术。另外,他们还较为看重留在该国工作机会和该国的收入水平。而调查对象并不看重的是美国对留学生的友好程度、历史文化、犯罪率、中美友好程度、签证难度、移民难度、留学费用以及美国是否有亲友。这也说明调查对象已经对美国的这些方面有所了解,因而不认为这些是吸引他们去美国的拉力因素。

表4-10 选择留学国家的影响因素(均值检验)

美国1其他2		该国和中国的外交关系比较好	该国的犯罪率低	该国人民对中国留学生比较友好	环境优美、空气清洁	留在该国工作的机会多	移民比较容易	留学费用低
1	均值	3.18	3.11	3.00	2.71	2.52	3.61	3.63
	样本量	62	62	62	62	62	62	62
	标准差	1.000	1.042	1.056	1.030	1.156	0.947	0.945
2	均值	2.44	2.12	2.23	2.26	3.05	3.55	2.66
	样本量	73	73	73	73	73	73	73
	标准差	0.972	0.999	0.906	1.014	1.177	1.236	1.227

美国1其他2		有亲友在该国居住	获取留学签证比较容易	该国的收入水平高	该国的社会保障体系好	该国的高等教育比较先进	该国的科技水平比较发达	我喜欢该国的历史文化和风土人情
1	均值	4.13	3.45	2.52	2.95	1.45	1.48	3.10
	样本量	62	62	62	62	62	62	62
	标准差	0.966	1.097	1.127	1.078	0.592	0.565	1.097
2	均值	3.90	2.82	2.92	2.64	1.66	1.93	2.29
	样本量	73	73	73	73	73	73	73
	标准差	1.095	1.122	1.233	1.206	0.786	0.977	1.073

（2）选择留学目的国的单因素方差检验

表4-11 选择留学目的国的影响因素（方差分析）

	平方和	自由度	均方	F值	P值
该国和中国的外交关系比较好	18.312	1	18.312	18.877	0.000***
该国的犯罪率低	32.833	1	32.833	31.621	0.000***
该国人民对中国留学生比较友好	19.729	1	19.729	20.655	0.000***
环境优美、空气清洁	6.771	1	6.771	6.487	0.012*
留在该国工作的机会多	9.728	1	9.728	7.138	0.008**
留学费用低	31.642	1	31.642	25.833	0.000***
获取留学签证比较容易	13.294	1	13.294	10.778	0.001**
该国的科技水平比较发达	6.718	1	6.718	10.137	0.002**
我喜欢该国的历史文化和风土人情	21.948	1	21.948	18.667	0.000***

样本满足方差齐性检测。共有五个题项具有极其显著的统计学差异（***$P<0.001$），分别为"该国和中国的外交关系比较好""该国的犯罪率低""该国人民对中国留学生比较友好""留学费用低""我喜欢该国的历史文化和风土人情"。从以下的均值检验可以看出，这五项的均值都是赴美留学生组的均值显著高于其他留学生组，这反映出赴美留学生对于这五个题项的赞同程度都更低。可见赴美留学生在选择美国作为留学目的国的时候，已经清晰地意识到中美外交关系、美国的安全程度、美国的友好程度、留学费用、美国的历史文化及风土人情都不是美国作为留学目的国的具有吸引力的方面。

具有显著统计性差异（***$P<0.01$）的三个题项分别为"获取留学签证比较容易"（0.001）、"该国的科技水平比较发达"（0.002）和"留在该国工作的机会多"（0.008）。关于"获取留学签证比较容易"的题项，赴美留学组和

其他留学组的均值分别为 3.45 和 2.82,说明赴美留学组相比其他留学组认为获取签证更困难。关于"该国的科技水平比较发达",两组的均值分别为 1.48 和 1.93,说明赴美留学组更加认可美国的科技发展。关于"留在该国工作的机会多",两组的均值分别为 2.52 和 3.05,说明赴美留学组有更强的意愿留在美国工作。具有统计学差异的题项(***$P<0.05$)为"环境优美、空气清洁",赴美留学组和其他留学组的均值分别为 2.71 和 2.26,可见赴美留学组相对其他留学组并不认为美国在环境优美方面具有显著优势。

综合来看,两个小组最为看重的都是留学目的国的较高的教育水平和科技水平。但是,两组相比之下存在一些差异。赴美留学组看重美国先进的高等教育以及科技水平,并且这两个因素是赴美留学组持肯定态度的仅有的两个选项。而其他留学组对于高等教育水平、科技发达、留学目的国与中国的外交关系、对留学生的友好程度、社会治安等因素这五个方面,都表示出肯定的态度。由此可见,赴美留学组在选择留学目的国的时候,较为单一地以美国的高质量教育和科技水平为主要拉力,而其他留学组则把多种因素作为留学国对其的拉力,除了教育和科技水平,还包括社会治安、友好程度、环境、外交关系。值得注意的是,两个组存在一些差异,赴美留学组相比其他留学组认为科技水平具有更大的拉力作用,而教育水平在两组之间并没有显著差异。可见美国对于研究对象的吸引主要在于其科技水平,优质的高等教育院校在全球分布得相对均衡,英国等其他一些国家也有世界一流的大学。

4. 目的院校

本题项共有 17 个问题。赴美留学的调查对象把"专业师资力量强"(1.66)、"专业排名"(1.69)、"院校排名"(1.85)这三项作为选择国外院校时最为重要的考虑因素。其次,"学业上的支持"(2.03)、"对留学生友好"(2.19)、"就业前景好"(2.19)、"生活上的支持"(2.39)、"校友资源丰富"(2.44)、"实习机会"(2.45)被列为比较重要的因素。接下来,"留学生群体多元化"(2.53)、"治安好"(2.61)、"该校提供的奖学金较多"(2.82)、"生活便捷"(2.97),这些均值都已超过了 2.5。再接下来为"该校所处地区物价便宜"(3.35)、"该校的学费相对较低"(3.4)、"该校比较容易申请"(3.42)、"成绩要求不高"(3.90)的均值最低。赴美留学的调查对象把专业师资和专业排名及院校排名作为最重要的因素,这个发现一定程度上与杨素红、范皑皑(2023)的判断一致,即学业表现越出色的学生选择出国留学更可能是被国外卓越的教育质量、多元化的教育选择而吸引。[①] 但同时值得注意的是,赴美留学的调查对象对专业排名和院校排名也非常看重。除此之外,调查对象还比较看重美国大学提供的学业和生活支持、友好程度、就业前景、校友资源和实习机会。调查对象较为不看重的是留学费用、申请难度、成绩要求。

把留学目的国和留学目的院校两个方面的数据结合起来看,赴美留学的调查对象把"教育质量""院校排名""就业前景""院校对留学生的友好程度"作为最重要的考虑因素,而"社会治安""留学费用"相对而言并不是一个主要的考量因素。本调查的结果和国外的一项调查的数据除了"留学费用",其他大致吻合。根据全球教育集团纳维达斯(Navitas)对68个国家的880个留学代理的调查,影响留学生选择的七个最重要因素中成本、学习后工作机会和教育质量被选为前三名。该报告还细分了各个来源地区的主要因素,在全球10个区域中,有6个地区认为学习费用和生活费用是最重要的方面,这6个地区为南亚、东南亚、北亚、中亚、中东和北非地区(MENA)以及欧洲。澳大利亚、新西兰和美洲地区认为在学习期间工作的机会是最重要的。而大中华地区较为特殊,该地区80%的代理商表示机构排名最重要,大中华地区把院校排名、生活费、安全性、教育质量作为前四个最为看重的因素。[②] 本次调查与纳维达斯调查的结果差异与这两个调查的调查对象背景有关。本次调查的调查对象为中国大陆一所"985"高校的赴美留学的大学生,他们申请美国高校去攻读研究生,而美国高校给研究生提供奖学金

---

① 杨素红,范皑皑.中国一线城市高中生出国留学意愿调查研究[J].教育学报,2023,19(3):154-169.
② Stacey, V.. Ranking Rated among Chinese Agents, with Cost Leading in Other Regions [EB/OL]. [2023-01-04]. https://thepienews.com/news/ranking-rated-highly-among-chinese-agents-with-cost-importance-leading-in-other-regions/.

较为普遍,研究生学制和本科相比也相对较短,因而留学费用并不是主要的障碍。正如陈扬霖和岳昌君(2020)所发现的那样:家庭经济条件越好、就读院校层次越高、学习成绩越好的高校学生,出国留学的概率越大。[①] 而纳维达斯调查的调查对象为来自大中华地区的留学代理人,他们所了解的留学生申请情况很大一部分来自申请境外本科院校的学生。另一个差异较大的是"安全性",本次调查把"安全性"分成了"友好程度"和"社会治安",本次调查显示赴美留学的调查对象对"社会治安"和"目的国的友好程度"并不看重,可能的原因是调查对象对美国这个国家的社会治安和友好程度已经有了一定的了解,这些是他们在做出赴美留学的决定后所无法避免的。另一方面,他们看重"目的院校的友好程度",这说明美国院校在对留学生的友好程度上并不完全一致,很多留学生在选择美国高校的时候,都会较为关注该高校是否对留学生友好,这一点是有一定的选择余地的。

表 4-12 选择留学院校的影响因素

美国1其他2		该校的世界综合排名靠前	我就读的专业世界排名靠前	在我所感兴趣的专业领域,该校有非常好的导师/专业团队	该校在生活方面提供很多支持	该校在学业方面提供很多支持	该校所处地区的治安较好
1	均值	1.85	1.69	1.66	2.39	2.03	2.61
	样本量	62	62	62	62	62	62
	标准差	0.865	0.879	0.723	1.061	0.868	1.092
2	均值	1.71	1.70	1.59	2.52	1.96	1.93
	样本量	73	73	73	73	73	73
	标准差	0.754	0.776	0.742	0.944	0.807	0.903

[①] 陈扬霖,岳昌君.我国高校学生留学趋势及影响因素:2005—2017[J].教育学术月刊,2020(5):40-45,111.

续表

美国1其他2		该校的学费相对较低	该校所处地区交通方便、生活便捷	该校所处地区物价便宜	该校对留学生比较友善	该校的留学生群体比较多元	该校比较容易申请
1	均值	3.40	2.97	3.35	2.19	2.53	3.42
	样本量	62	62	62	62	62	62
	标准差	1.078	1.201	1.118	0.902	1.051	1.064
2	均值	2.66	2.25	3.11	2.01	2.29	2.78
	样本量	73	73	73	73	73	73
	标准差	1.157	1.115	0.936	0.736	1.047	0.886

美国1其他2		该校对学业成绩要求不高	该校的毕业生就业前景较好	该校提供的奖学金较多	该校的校友资源丰富	该校提供丰富的实习机会
1	均值	3.90	2.19	2.82	2.44	2.45
	样本量	62	62	62	62	62
	标准差	0.936	1.069	1.167	1.168	1.141
2	均值	3.40	2.18	2.79	2.45	2.62
	样本量	73	73	73	73	73
	标准差	1.010	0.948	1.154	1.014	1.101

（三）对留学生活的满意度

1. 总体满意度

（1）满意度均值检验

本题项设置了一个总体满意度的题目，答案分为"非常满意""基本满意""还可以""不太满意""非常不满意"五个选项。从表4-13可以看出，赴美留学的调查对象对境外留学生活的满意度程度较高，均值为1.82。相比之下，到其他地区留学的调查对象的满意度（2.14）略低。

表4-13 对留学生活的满意度

美国1其他2	均值	样本量	标准差
1	1.82	62	0.587
2	2.14	73	0.902
Total	1.99	135	0.787

(2) 满意度单因素方差检验

表4-14 留学生活满意度差异(均值检验)

美国1其他2	样本量	均值	标准差	标准误差	平均值的95%置信区间 下限	平均值的95%置信区间 上限	最小值	最大值
1	62	1.82	0.587	0.075	1.67	1.97	1	3
2	73	2.14	0.902	0.106	1.93	2.35	1	5
总数	135	1.99	0.787	0.068	1.86	2.13	1	5

表4-15 留学生活满意度差异(方差检验)

平方和	自由度	均方	F值	P值
3.314	1	3.314	5.532	0.020

在赋分的时候,"非常满意"赋分为1分,"非常不满意"赋分为5分。相比之下,赴美留学组的满意度更高,均值为1.82,而其他留学组的满意度中等,均值为2.14。两个组具有统计学差异($P=0.020$)。可见,美国较好地满足了赴美留学组的留学期待,因而满意度较高。我们结合之前留学动机的数据,可知赴美留学组的留学期待主要是高等教育质量更高、科技水平更先进,可见就这些方面而言,美国大学较好地满足了他们的期许。

2. 满意的方面

(1) 满意方面的均值检验

本题的答案分为"非常符合""比较符合""部分符合""较少符合""不符

合"五个选项。均值在 1—2 之间的为"我觉得国外的课堂更加活跃"(1.92)、"在国外,我能较好地应付课程任务和作业"(1.94)、"我更喜欢国外大学的授课方式"(1.95)、"和国外的大学同学相比,我毫不逊色"(1.97)。赴美留学的调查对象对美国大学的教学表现出了很高的满意度,同时他们也表达了对自己学习能力的自信。其次,"按照目前的留学状态,相信我定能取得满意的成绩"(2.02)、"我觉得本科大学的学习给留学打下了很好的基础"(2.03)、"我更喜欢国外大学的课程设置"(2.03)、"我在国外的学习上取得了明显的进步"(2.08)、"我觉得国外大学教师总体上更加优秀"(2.10)、"在国外,我能较为自如地进行学术交流"(2.26)、"在国外,我积极投身于各种学术活动"(2.32),这几项的均值在 2—2.5 之间,同样说明调查对象对于美国的课程设置和师资都较为认可,同时对国内母校的人才培养质量也给予了认可,也对自己的学习能力进行了肯定。

"在国外,我有更多的渠道参与各种社会实践和实习活动"(2.52)、"在国外,我的课余生活丰富多彩"(2.69)、"我能很好地融入国外朋友圈"(2.97)这几项均值在 2.5—3 之间,说明调查对象认为稍有不符合。这可能与调查对象仅仅留学半年、时间较短有关,也与文化差异对于社交的负面影响有一定关系。"我对国外的学业有点力不从心"(3.90)这项均值最高,这验证了之前的发现,即调查对象对自己的能力非常自信。

这些数据显示了调查对象对美国院校的课程设置、教学模式、师资力量都比较满意,对自己国外学习能力表现为自信和乐观,也反映出国内 A 大学优秀的人才培养质量给调查对象的留学经历提供了重要的助力。调查对象在留学生活中体验较差的是社交生活,这与调查对象仅仅留学半年、时间较短有关,也与文化差异对于社交的负面影响有一定关系。相比之下,"在国外,我积极投身于各种学术活动"(2.32)、"在国外,我能较为自如地进行学术交流"(2.26)这两项较为乐观,说明调查对象能够相对较好地从事学术交流活动。相形之下,调查对象社会交往活动更差一些。这体现出语言障碍对于社交并不是最主要的障碍,文化差异、思维方式、价值观等可能是更重要的负面影响因素。

表 4-16 留学经历中较为满意的方面(均值检验)

美国1其他2		我在国外的学习上取得了明显的进步	在国外,我能较好地应付课程任务和作业	在国外,我较为自如地进行学术交流	我更喜欢国外大学的课程设置	我更喜欢国外大学的授课方式	我觉得国外教师总体更加优秀	按照目前的留学状态,我相信能取得满意的成绩	在国外,我积极投身于各种学术活动
1	均值	2.08	1.94	2.26	2.03	1.95	2.10	2.02	2.32
	样本量	62	62	62	62	62	62	62	62
	标准差	0.836	0.721	0.828	1.024	0.965	0.936	0.799	0.988
2	均值	2.22	2.33	2.51	2.32	2.32	2.56	2.25	2.36
	样本量	73	73	73	73	73	73	73	73
	标准差	0.886	0.817	0.884	0.970	0.998	0.913	0.878	0.948

美国1 其他2		在国外,我的课余生活丰富多彩	我能很好地融入国外朋友圈	我对国外的学业有点力不从心	我觉得本科大学的学习给留学打下了很好的基础	和国外的大学同学相比,我毫不逊色	在国外,我有更多的渠道参与各种社会实践和实习活动	我觉得国外的课堂更加活跃
1	均值	2.69	2.97	3.90	2.03	1.97	2.52	1.92
	样本量	62	62	62	62	62	62	62
	标准差	1.288	0.958	0.987	0.905	0.868	1.127	0.893
2	均值	2.85	2.95	3.41	1.97	2.10	2.75	2.26
	样本量	73	73	73	73	73	73	73
	标准差	1.186	1.092	0.969	0.763	0.885	1.038	1.041

(2) 满意方面的单因素方差检验

表 4-17 留学经历中较为满意的方面(方差检验)

	平方和	自由度	均方	F 值	P 值
在国外,我能较好地应付课程任务和作业	5.186	1	5.186	8.637	0.004
我更喜欢国外大学的授课方式	4.429	1	4.429	4.580	0.034

续表

	平方和	自由度	均方	F 值	P 值
我觉得国外大学教师总体上更加优秀	7.245	1	7.245	8.498	0.004
我觉得国外的课堂更加活跃	3.897	1	3.897	4.092	0.045
我对国外的学业有点力不从心	8.124	1	8.124	8.502	0.004

样本满足方差齐性检测。从单因素方差和均值检验可以看出,具有显著统计学差异($P<0.01$)的三个题项分别为"在国外,我能较好地应付课程任务和作业""我觉得国外大学教师总体上更加优秀""我对国外的学业有点力不从心"。前两项赴美留学组均值低于其他留学组,表明赴美留学组对这两项的赞成程度更高。对第三项的赞成程度赴美留学组的均值高于其他留学组,说明赴美留学组的赞成程度显著低于其他留学组。具有统计学差异($P<0.05$)的两个题项为"我更喜欢国外大学的授课方式""我觉得国外的课堂更加活跃"。赴美留学组的均值均高于其他留学组。综合这五项具有统计学差异的题项来看,赴美留学组对美国大学的学业、师资、教学都更为满意,对应对留学学业也更加得心应手。这一方面说明美国大学较好地满足了赴美留学生的留学期许,另一方面可能是选择赴美留学的留学生在先天条件上总体更加优秀,因为美国大学在全球大学中的排名普遍较靠前,招收研究生的条件相对也更高。

3. 不太满意的方面

(1) 不满意方面的均值检验

本题项共有 15 个题目,答案分为"极大困扰""较大困扰""有一些困扰""少量困扰""没有困扰"五个选项。从本题项的数据来看,赴美留学的调查对象总体而言在留学生活中并没有感受到特别多的困扰。绝大多数问题的均值都在 3—4 之间,"英语不够好"(3.16)、"学费和生活费用高"(3.18)、"很难融入本地人的社交圈"(3.23)、"社会治安不好"(3.29)、"远离国内的家人和朋友,感到孤独"(3.31)、"文化差异大"(3.52)、"很难在国外找到朋友"(3.52)、"课程太难"(3.77)、"科研能力差"(3.85)、"未来的职业发展和预期相差较远"(3.87)、"专业基础差"(3.89)、"国外和国内的课程体系差异较大,很难衔接"(3.94)、"国外的学习生活和预期相差较远"(3.94)。从这些数据可以看出,"英语能力""留学费用""社会治安""孤独感"相对而言困扰稍大,其次为"文化差异"和"朋友"。均值超过4.0的是"和教授或导师沟通不畅"(4.02)和"受到歧视"(4.31)两项,说明调查对象对这两项没有感觉明显困扰。

之前选择留学目的国和目的院校的调查数据显示,留学费用并不是调查对象们在选择留学目的地时的主要因素,而这里的数据显示留学费用给调查对象带来了"一些困扰"。结合这两方面的数据可以看出,调查对象并不是经济条件非常优越以至于无须顾忌留学费用,而只是中国家庭更愿意为优质的教育资源进行经济上的付出。另外,语言和文化差异也带来了一些障碍。再次为社会治安带来的安全问题。从数据来看,对学生较为重要的学业并没有成为显著的阻碍因素,无论是专业基础、科研能力、师生沟通、课程衔接,都没有对他们构成较大困扰。

表 4-18 留学生活中不满意的方面(均值检验)

美国1其他2		学费和生活费用高	社会治安不好	课程太难	国外和国内的课程体系差异较大,很难衔接	文化差异大	英语不够好	科研能力差	专业基础差
1	均值	3.18	3.29	3.77	3.94	3.52	3.16	3.85	3.89
	样本量	62	62	62	62	62	62	62	62
	标准差	1.208	1.107	1.031	1.038	1.098	0.927	1.006	0.977
2	均值	3.10	3.62	3.34	3.59	3.47	3.16	3.74	3.63
	样本量	73	73	73	73	73	73	73	73
	标准差	1.145	1.319	1.070	1.211	1.144	1.118	0.986	1.007

续表

美国1其他2		很难在国外找到朋友	很难融入本地人的社交圈	受到歧视	和教授或导师沟通不畅	远离国内的家人和朋友，感到孤独	国外的学习生活和预期相差较远	未来的职业发展和预期相差较远
1	均值	3.52	3.23	4.31	4.02	3.31	3.94	3.87
	样本量	62	62	62	62	62	62	62
	标准差	0.971	1.015	0.759	0.859	1.080	1.006	1.000
2	均值	3.67	3.34	4.05	4.16	3.59	3.85	3.84
	样本量	73	73	73	73	73	73	73
	标准差	1.028	1.083	0.998	0.972	1.234	1.023	1.106

（2）不满意方面的单因素方差检验

表4-19 对留学生活不满意的方面差异（方差检验）

	平方和	自由度	均方	F值	P值
课程太难	6.249	1	6.249	5.643	0.019

唯一一个两组具有统计学差异（$P<0.01$）的题项为"课程太难"。样本满足方差齐性检测，进行单因素方差检验，发现赴美留学组的均值显著高于其他留学组（$P=0.019$），说明赴美留学组相对其他组而言认为课程的难度并不高，这也可以部分印证了讨论：赴美留学生的学习素养可能更好，因而学业对于他们并不是一个主要压力。

（四）国际形势的变化对留学的影响

1. 国际形势影响的均值检验

本题项针对涉及中国的国际争端和国际局势的变化（如中美经贸摩擦）是否影响有关出国留学的想法和行为，设置的五个答案选项分别为"非常符合""比较符合""部分符合""较少符合""不符合"。均值在2—2.5之间的有"我越发觉得中国在很多方面有必要向发达国家学习"（2.03）、"我越发坚定了对中国文化的自信和认同"（2.11）、"我越发觉得海外留学是中国人才建设的重要途径"（2.16）、"我对祖国有了更加客观和公正的认识"（2.19）、"我坚定了要报效祖国的决心"（2.29）、"国际局势的变化让我变得更加爱国"

(2.45)。从这几个题目的数据可以看出,国际形势的变化并没有让赴美留学的调查对象改变出国留学的初衷:国际化和成为国际化人才。另外,国际形势的变化让调查对象增强了爱国热情和文化自信以及报效祖国的决心。均值在2—3之间的是"我觉得留学生毕业后回国发展比留在国外更好"(2.73),说明留学生一定程度上赞同回国发展。

其他说法的均值都高于3。均值介于3—4之间的是"国际局势的变化让我意识到国外的生存和发展环境并不如我之前想象的那么乐观"(3.11),说明调查对象对美国的生存和发展环境相对还是比较乐观。"国际局势的变化让我更加坚定要到国外留学的决心"(3.56),结合"基于国际形势,我放弃了到美国留学的计划"(4.63)、"基于国际形势,我改变了留学目的国"(4.48)、"基于国际形势,我改变了留学专业"(4.56)这几个说法,说明调查对象赴美留学的决定并没有受到国际形势变化的太大影响。

从本题项的数据来看,国际形势的变化对调查对象产生的显著影响体现在国际化发展、爱国热情和报效祖国的决心上。国际形势的变化会不同程度地影响到留学生们在海外的学习和生活,例如中美地缘政治的紧张会在一定程度上激发美国国内遏华的社会氛围,但调查对象们在留学经历中反而越发坚定了对国际化发展的赞同、对祖国的热爱以及报效祖国的决心。另外,调查对象一旦坚定了留学目标,国际形势对于留学目的国和留学专业的选择并没有太大影响。

表4-20 国际局势的变化对留学生的影响(均值检验)

美国1其他2		国际局势的变化让我意识到国外的生存和发展环境并不如我之前想象的那么乐观	国际局势的变化让我更加坚定要到国外留学的决心	基于国际形势,我改变了留学目的国	基于国际形势,我改变了留学专业	基于国际形势,我放弃了到美国留学的计划	国际局势的变化让我变得更加爱国
1	均值	3.11	3.56	4.48	4.56	4.63	2.45
	样本量	62	62	62	62	62	62
	标准差	0.977	0.969	0.784	0.643	0.633	1.097
2	均值	2.71	3.52	4.05	4.53	3.85	2.08
	样本量	73	73	73	73	73	73
	标准差	1.275	1.107	1.224	0.689	1.361	1.211

续表

美国1其他2		我对祖国有了更加客观和公正的认识	我越发坚定了对中国文化的自信和认同	我坚定了要报效祖国的决心	我越发觉得海外留学是中国人才建设的重要途径	我越发觉得中国在很多方面有必要向发达国家学习	我觉得留学生毕业后回国发展比留在国外更好
1	均值	2.19	2.11	2.29	2.16	2.03	2.73
	样本量	62	62	62	62	62	62
	标准差	1.053	0.925	1.046	0.978	0.809	1.074
2	均值	1.84	1.93	1.99	2.19	2.30	2.19
	样本量	73	73	73	73	73	73
	标准差	1.054	1.147	1.173	1.163	1.089	1.232

本调查针对赴美留学的调查对象设置了一个题项,即特朗普上台后的中美关系紧张是否会影响赴美留学计划和体验。五个答案选项分别为"非常符合""比较符合""部分符合""较少符合""不符合"。按照调查对象所选比例(表4-21),特朗普上台后的中美关系紧张对调查对象的美国留学计划产生最大影响的是"我发现获得美国签证变得更加困难"(2.58)。从该数据可以看出,特朗普上台后的中美关系紧张对于国际化交流产生最大影响的是美国签证的申请,半数左右的调查对象认为申请美国签证变得更加困难。相比之下,"我发现申请美国大学变得更加困难"(3.45)的认可度要低得多。可见特朗普上台之后,留学生遭遇的困难主要在于美国移民和入境机构的阻挠,相比之下美国院校招收中国学生的意愿并没有受到显著影响。

其次为"我觉得有必要更加注意在美国的人身安全"(2.73)。调查对象对自己在美国的人身安全较为担心,这和特朗普上台后遏华的政治气候有很大关系,留学生在美国的安全性有所下降。但结合另一个题目"我发现美国对中国留学生的友好程度降低了"(4.03),说明留学生并非感受到普通美国民众对中国留学生的友好程度有所下降,而是担心其他方面的人身安全,如美国社会的遏华氛围、美国政府针对中国研究生和学者的审查等。

再次为"我毕业后回国就业的可能性更大"(2.90)。结合另外一个问题,"我对未来在美国的职业发展更加担忧"(3.10),表明特朗普执政期间针对留学生就业的一些新政以及美国政府对华人的不友好一定程度上导致了留学生对美国工作机会和职业发展前景的担忧。但除此之外,还有一些其他原因,中国的日益强大很可能也是吸引留学生回国的一个重要因素。

接下来为"国家之间的争端对我这样的普通学生没有影响"(3.29),说明很大一部分的调查对象认为国家争端对于留学生已经或者将会产生影响。均值低于 4 的还有"我发现申请美国大学变得更加困难"(3.45)、"我发现获得美国大学或政府的资助变得更加困难"(3.47)、"我发现美国大学的学费更高了"(3.52)、"我在美国的学习/研究机会可能会减少"(3.79)、"我曾经动摇了到美国留学的决心"(3.87)、"我的专业学习可能会遇到更多的阻碍"(3.87)。这几个题目的数据说明一部分赴美留学生认为美国大学申请、职业发展、学费、资助的状况、专业学习遭遇到了一些阻碍,他们甚至动摇了到美国留学的决心。均值大于 4 的有"我发现美国对中国留学生的友好程度降低了"(4.03)、"我在美国的留学时间有可能会缩短"(4.32)、"受到两国关系的影响,我可能会换专业"(4.44)、"我可能会中途放弃在美国的留学,改去其他国家或回国深造"(4.44),说明特朗普执政对于留学生的学业并没有产生太明显的障碍,也没有影响留学生感受到的美国的友好程度,这项数据再次验证了中美关系的紧张并没有打消留学生的赴美深造的决心和计划。

表 4-21 中美关系紧张对留学生的影响

	我曾经动摇了到美国留学的决心	我发现申请美国大学变得更加困难	我发现获得美国签证变得更加困难	我发现获得美国大学或政府的资助变得更加困难	我觉得有必要加意在美人身安全	我的专业学习可能会遇到更多的阻碍	我在美国的学习/研究机会可能会减少	受到两国关系的影响,我可能会换专业
均值	3.87	3.45	2.58	3.47	2.73	3.87	3.79	4.44
样本量	62	62	62	62	62	62	62	62
标准差	1.032	1.155	1.337	1.155	1.162	0.949	0.926	0.590

续表

	我发现美国大学的学费更高了	我发现美国对中国留学生的友好程度降低了	我毕业后回国就业的可能性更大	我对未来在美国的职业发展更加担忧	国家之间的争端对我这样的普通学生没有影响	我在美国的留学时间有可能会缩短	我可能会中途放弃在美国的留学，改去其他国家或回国深造
均值	3.52	4.03	2.90	3.10	3.29	4.32	4.44
样本量	62	62	62	62	62	62	62
标准差	1.251	0.868	1.127	1.020	1.092	0.742	0.617

2. 国际形势影响的单因素方差检验

五个答案选项分别为"非常符合""比较符合""部分符合""较少符合""不符合"，依次赋分为1—5分，均值越高，符合的程度越低。第19题中的题项经方差检验，发现四个题项具有统计学差异。其中三个样本不满足方差齐性，采用了方差的稳健性检验（Robust Tests of Equality of Means）进行调整。具有极其显著性统计学差异（$P<0.001$）的题项为"基于国际形势，我放弃了到美国留学的计划"，这个题项产生显著差异是应有之义，因为赴美留学组显然没有放弃到美国留学的计划。其他留学组的均值显著低于赴美留学组，说明选择其他留学国的调查对象相当一部分也曾经考虑过赴美留学，但由于各种原因放弃了。结合另一个题项"基于国际形势，我改变了留学目的国"（$P=0.015$），赴美留学组的均值显著高于其他留学组，说明赴美留学生对于自己的留学目的国选择比较坚定。

具有显著统计学差异（$P<0.01$）的题目是"我觉得留学生毕业后回国发展比留在国外更好"，赴美留学组的学生（2.73）相比之下比其他留学组的学生均值（2.19）更高，说明其他留学组更加赞同留学生毕业后回国发展。这几个均值差异很大程度上是由于美国是一个移民国家，而其他留学组里既有如加拿大、澳大利亚、新加坡这些移民政策相对宽松的国家（所占比例仅为10%左右），也有英国等移民难度很大的国家（所占比例约为44%），因此赴美留学组总体对留在美国发展更加积极和乐观。但结合调查中第19个题项中的"我毕业后回国就业的可能性更大"，认可该说法的赴美留学生达到40.33%，这说明虽然相对其他留学组的学生，赴美留学组的学生更倾

向于毕业后留在国外发展,但他们回国的意愿还是比较强烈的。

具有统计学差异($P<0.05$)的题目为"国际局势的变化让我意识到国外的生存和发展环境并不如我之前想象的那么乐观"(0.041),赴美留学组的均值(3.11)高于其他留学组(2.71),说明其他留学组更加赞同国外的生存和发展不容乐观。但两个组的均值都超过了 2.5,说明这两个组对国外的生存都没有给予太高的期望。

结合之前的分析,可以发现一个有趣的现象:赴美留学组决定去美国的决心非常坚决,他们在留学之初就已经清楚地意识到美国的优势和劣势,但他们依然非常坚定地选择美国作为留学目的国。与此同时,他们在美国的学业非常顺利,满意度也很高,他们毕业后留在美国发展的意愿也更高。

三、小结

(一) 出国留学的影响因素

本调查针对出国留学的影响因素,从四个方面进行了调查,分别是个体选择、个体特征、目的国、目的院校。这四个方面从个体动因和社会动因两个方面对影响大学生出国留学的因素做了相对全面的了解。

在个体选择上,调查对象在选择出国留学时,内部动因非常显著,如个人成长、专业发展、国际化视野等。另外,远景的间接性动机大于近景的直接性动机,调查对象更看重的是出国留学经历对于自身成长和生涯发展的重要作用,相对而言短期收益要稍次要一些。再者,调查对象在选择留学时,受到他人的影响较小,可见他们具有更多的独立判断能力。相对于赴其他国家留学的调查对象而言,赴美留学生并没有把留学作为寻求升学或者逃避就业的有效途径,而是基于个人需求而做出了选择;赴美留学生更赞同在自己所学的专业领域美国具有更高的水平,对于美国在更好的就业和职业发展机会方面期待也更高。

在个体特征方面,赴美留学的调查对象认为师长支持和留学信息至关重要,来自家庭的支持次之。另一个重要因素是自身素养,包括学习素养、科研素养、信息处理素养、自我管理素养、外语素养、国际化素养、人际交往素养等多个维度。

在留学目的国的选择方面,最首要的考虑因素是寻求能够获得更高质量的高等教育、学习先进的科学技术。其次为留在该国工作的机会和该国的收入水平。而调查对象并不把美国对留学生的友好程度、历史文化、犯罪率、中美友好程度、签证难度、移民难度、留学费用以及美国是否有亲友作为吸引他们去美国的拉力因素。相对于赴其他国家留学的调查对象,赴美留学生在选择美国作为留学目的国的时候,已经清晰地意识到中美外交关系、美国的安全程度、美国的友好程度、留学费用、美国的历史人文都不是美国作为留学目的国的具有吸引力的方面。另外赴美留学组相比其他留学组认为获取签证更困难,但也有更强的意愿留在美国工作。

在留学目的院校选择方面,赴美留学的调查对象把专业师资和专业排名及院校排名作为最重要的因素,另外,赴美留学的调查对象对专业排名和院校排名也非常看重。

把留学目的国和留学目的院校两个方面的数据结合起来看,赴美留学的调查对象把"教育质量""院校排名""就业前景""院校对留学生的友好程度"作为最重要的考虑因素,而"社会治安""留学费用"相对而言并不是一个主要的考量因素。

总体而言,对赴美留学的调查对象而言,最主要的拉力因素是美国大学的教育质量、排名、就业前景。他们对赴美留学的决定有非常清晰的动机,他人的影响并不明显。他们对赴美留学的决定比较坚定,并且较为清晰地了解了美国以及美国大学的优势和劣势。

(二) 留学满意度

在满意度方面,赴美留学的调查对象对留学经历的总体满意度较高,相比赴其他国家留学的调查对象的满意度更高。调查对象对美国院校的课程设置、教学模式、师资力量都比较满意,对自己在国外的学习能力和学业成绩也较为自信。相对于赴其他国家留学的调查对象,赴美留学的调查对象对美国大学的学业更加满意,应对留学学业也更加得心应手。调查对象在留学生活中体验较差的是社交生活,中美之间的文化和价值观差异可能是影响社交体验的重要的负面影响因素,相对而言外语能力并不是一个重要的负面影响因素。

(三) 国际形势的影响

在国际形势的影响方面,国际形势的变化对赴美留学的调查对象产生的显著影响体现在国际化发展、爱国热情和报效祖国的决心上。国际形势的变化使得调查对象们在留学经历中越发坚定了国际化发展的赞同、对祖国的热爱以及报效祖国的决心。另外,国际形势对于留学目的国和留学专业的选择并没有太大影响。

特朗普执政对于调查对象首要的影响为申请美国签证的难度显著增大。在特朗普政府管理下,对于签证申请的审查变得更加严格。一些调查对象反映,他们在申请签证时经历了更长时间的审查和更多的面试环节。此外,对于一些来自被认为"高风险"国家的申请人,签证被拒绝的情况也时有发生。这使得想要前往美国进行研究的学者、研究人员和其他专业人士面临更大的挑战。

其次,调查对象更加担心在美国的人身安全,如美国社会的遏华氛围、美国政府针对中国研究生和学者的审查等。特朗普政府在移民政策上的强硬立场以及美国社会的遏华氛围等,让一些调查对象感到担忧和不安。他们害怕在美国遭遇歧视或攻击,甚至可能面临人身安全的威胁。这种担忧在一定程度上影响了他们的生活和工作环境,也对美国的多元文化和包容性提出了质疑。

再次,有一些调查对象表达了对美国工作机会和职业发展前景的担忧。特朗普政府的贸易保护主义政策和经济民族主义倾向,导致一些企业减少了对国际人才的招聘需求。同时,一些针对中国研究生和学者的审查也可能对他们的职业发展和工作机会的获取造成阻碍。这种情况使得一些调查对象在考虑是否前往美国进行学习时更加谨慎。

(四) 国际化政策对推拉格局的影响

从门户开放报告的数据来看,特朗普执政之后中国赴美留学的人数显著下降,美国政府的国际化政策在中美"蜜月期"的时候曾经是国际学生流动的强有力的拉力,但在特朗普上台后,这些政策变成了让一些中国学生望而却步的阻力,一些赴美留学意愿不够坚定的学生或者家庭放弃了赴美留学的计划。基于推拉理论的框架,美国政府与留学生相关的国际化政策是一个影响国际学生流动的重要的外部环境因素,国际化政策的改变使得原本是一些吸引中国学生赴美留学的拉力因素变成了阻碍中国学生赴美留学的推力因素。

在另一方面,从本次针对某"985"高校的调查数据来看,具有强烈赴美留学意愿的学生并没有受到中美关系紧张的太大影响,他们留学的动机非常清晰,也清楚地了解美国以及美国大学的优势和劣势。他们最看重的是美国大学的教育质量、科研水平、院校/专业排名、就业前景。只要美国依旧占据全球经济格局和高等教育格局的中心位置,美国对于中国学生在这方面的拉力就会持续存在。这也是他们的满意度总体较高的原因,说明他们对于留学的期待总体得到了较好的实现。特朗普政府采取了一系列遏制中国的政策,使得办理留学签证难度加大和留美就业前景变差,这些对于中美之间的学生流动产生了显著的阻碍作用,成为来自留学目的国政治环境变化的阻力因素。虽然来自国际化政策改变的美国的推力因素会"劝退"一部分原本有意向赴美留学的学生,但这个方面的推力并没有强大到可以和美国作为经济和教育中心的拉力对抗,因而还是有很大一部分学生在美国和美国高校的拉力作用下,坚定地赴美留学。

拜登政府延续了特朗普政府的遏制中国的战略,也保留了绝大多数的遏华国际化政策。民主党和共和党的更替并没有改变美国政府对于中国的打压策略,未来中美的国际化交流如何发展很大程度上受到中美关系的影响。特朗普和拜登执政期间,美国对于中国留学生的拉力相对于奥巴马执政期间已经弱了许多,但总体上还是拉力大于推力,因而还是有相当一部分中国学生愿意赴美留学。可以预见,如果美国政府变本加厉,加大对中国留学生的不友好政策,那么来自美国的推力将会进一步增大,来自美国的拉力会被进一步抵消,中国赴美留学的人数会继续下降。但如果美国政府迷途知返,改变其"小院高墙"的孤立政策,那来自美国的推力会减少,来自美国

第四章 美国国际化政策对中美学生流动的影响

的总体吸引力作用就会更大,中国赴美留学的人数有望回升。

综上所述,特朗普执政期间的政策对中美高等教育国际化流动产生了显著影响。中国留美学生的数量在这一时期经历了波动,主要受到签证政策、安全问题、学费负担以及疫情等因素的影响。学生流动的意愿和实际情况受到了多方面的影响。特朗普政府采取了一系列针对中国的移民和教育政策,这些政策限制了非本国学生进入美国学习的机会,并加剧了中美关系的不稳定性。这些限制包括加强签证审查、减少留学生招生名额等,使得中国留美学生的申请和审批过程变得更加复杂和困难。由于中美关系的恶化,一些中国学生对美国社会的安全状况表示担忧。这些担忧包括对校园枪击事件、种族歧视等的恐惧以及对于自身在美国的安全感的降低。

然而,尽管特朗普政府的政策对中国留美学生产生了一定的影响,一些学生将目光投向英国、加拿大和澳大利亚等国家,但美国对于许多学生仍然具有很强的吸引力。调查显示美国的吸引力主要集中在其优质的教育资源、强大的科研实力和广阔的就业前景。首先,美国拥有世界领先的教育资源。无论是硬件设施、师资力量、教育经费,还是教学水平、教育氛围和教育风气,美国无疑都领先世界其他国家。其大学数量多且质量高,许多大学在全球排名中名列前茅,提供了丰富的学科选择和深入的研究机会。这种优质的教育资源为留学生提供了广阔的学术视野和深入的研究平台。其次,美国的科研实力强大。美国拥有世界领先的科研机构和实验室,为留学生提供了广阔的科研空间。在这里,留学生可以接触到最新最前沿的科学技术,参与到世界一流的科研项目中,提升自己的学术能力和研究水平。此外,美国的就业前景广阔。作为全球最大的经济体,美国为留学生提供了丰富的就业机会。许多大型企业和创新公司都位于美国,为留学生提供了实践经验和职业发展的机会。

中国留学生在美国面临的挑战主要包括政治紧张局势带来的潜在歧视和就业前景的不确定性。尽管存在这些挑战,但留学生们通过积极策略,如提前规划职业道路、利用实习机会以及发展职业网络等方式,努力克服困难,保护他们的职业和生活目标。

第五章　美国国际化政策对中美教师流动的影响

伴随着我国高等教育国际化战略的不断推进,国际化素养成为教师专业发展日益重要的方面。对在高校中占绝大多数的"本土"教师而言,出国访学已成为提高国际化素养和能力的重要途径之一。对院校而言,教师国际化对于提高我国院校的国际知名度、提升人才培养质量、提高知识生产水平、加强院校的国际合作等都具有重要意义。对国家而言,教师国际化对于促进我国的人力资源素质提升、增强国际的科技竞争力、增进文化包容和理解均具有深远的影响。近年来,各级政府和高校加大了对教师出国访学的政策倾斜和经费支持,出国访学的教师人数急剧增长。美国因为其数量众多的高等院校和一流的高等教育质量,成为中国教师提升国际化素养的主要目的地之一。本章主要基于推拉理论的研究框架,研究美国高等教育国际化政策对于中国教师赴美交流产生的影响。

第一节　研究背景

一、教师国际化

当今的高等教育国际化活动发生在全球、区域、国家、部门、院校、院系和个人这七个层次。① 以教师和学生为主的个人层次受到越来越多的关注。高校在课程、科研和管理上的国际化无一不是与教师的国际化息息相关。② 大学只有通过创造性地调动大学组成人员的积极性和主动性才能实现国际化。③ 教师国际化发展的重要意义体现在教学、科研、管理三个方面：教师国际化不仅可以促进人才培养和课程改革，而且可以促进科研创新、国际学术合作以及跨学科研究的开展与深入，还可以促进教学管理、科研管理及社会服务管理的理念和方法更新。④ 提升教师国际化素养的最有效途径是实地学习和文化沉浸。⑤ 西方学者早就在呼吁建立更多的教师国际项目，以提升教师应对全球化挑战的能力、培养学生的全球公民意识和技能、实现国家和院校国际化发展目标。⑥

二、教师国际化交流的效益研究

学者们对教师国际化交流效益进行了不同维度的划分。陈学飞等（2003）把国家教师公派访学收益分为个人收益和社会收益两个维度，个人收益体现为内在（如态度、知识、能力）、制度（职称、职务）和物质（生活水平）三种形式。⑦ 这些个人收益并不是完全的"私人收益"，是具有"社会收益"性质的个人收益，因此公派访学的社会效益远远高于个人效益。桑德森

---

① Sanderson, G.. A Foundation for the Internationalization of the Academic Self[J]. Journal of Studies in International Education, 2008, 12(3): 276-307.

② Liu, J., Dai, Z.. On the Internationalization of Higher Education Institutions in China[J]. Higher Education Studies, 2012, 2(1): 60-64.

③ Webb, G.. Internationalisation of the Curriculum: An Institutional Approach[A]. In J. Carroll, J. Ryan (eds.). Teaching International Students: Improving Learning for All[C]. London: Routledge, 2005: 109-118.

④ Childress, L.K.. The Twenty-first Century University: Developing Faculty Engagement in Internationalization[M]. New York: Peter Lang Publishing, 2010.

⑤ Biraimah, K.L., Jotia, A.J.. The Longitudinal Effects of Study Abroad Programs on Teachers' Content Knowledge and Perspectives: Fulbright-Hays Group Projects Abroad in Botswana and Southeast Asia[J]. Journal of Studies in International Education, 2013, 17(4): 433-454.

⑥ Albach, P.G., Lewis, L.S.. Internationalism and Insularity: American Faculty and the World[J]. Change, 1998, 30(1): 54-55.

⑦ 陈学飞.改革开放以来大陆公派留学教育政策的演变及成效[J].复旦教育论坛,2004,2(3):12-16.

(2008)提出教师在国际化活动中获得工具性和人文性两种收益。工具性收益是和自身成功密切相关的收益,而人文性收益是和理解、接受、尊敬、和平等国际化意识有关的收益。[1] 比拉伊玛和约提亚(2012)对美国富布赖特项目的研究表明:教师收益主要体现在知识和态度两个方面,但研究者强调态度重要性超过知识,因为事实性知识可以在本国获得,但态度变化需要沉浸式学习环境。[2]

蒋玉梅和刘勤(2015)把教师出国访学收益定义为教师在出国访学中获得的认知、态度、社会及行为维度上的收益,并把这些收益分为内部收益和外部收益。[3] 内部收益指认知、态度和社会维度上的收益,即教师对于知识和价值观念的接受、加工及内化的程度;外部收益指行为维度上的收益,即教师在访学活动结束后是否具备了进行国际化思考、学习及行动的能力。该研究表明,出国访学的经历使高校教师在认知、态度、社会维度上都有很大程度的提升,回国后在教学、科研、国际交往与合作等行为维度方面均做出了很多调整。另外,访学教师不仅提高了自身的教学、科研和综合素质,回国后还通过各种途径将他们的收获传递给同事、学生、教育管理者以及更广的社会群体,从而对高等教育国际化的其他方面产生了重要的影响,如人才培养国际化、知识生产国际化、课程国际化、教育管理国际化等。再者,教师的收益也在自下而上地回报各级组织,对院校而言,教师国际化对于提高我国院校的国际知名度、提升人才培养质量、提高知识生产水平、加强院校的国际合作等都具有重要意义;对国家而言,教师国际化对于促进我国的人力资源素质提升、增强国际的科技竞争力、增进文化包容和理解均具有深远的影响。

---

[1] Sanderson, G.. A Foundation for the Internationalization of the Academic Self[J]. Journal of Studies in International Education, 2008, 12(3): 276-307.

[2] Biraimah, K. L., Jotia, A. J.. The Longitudinal Effects of Study Abroad Programs on Teachers' Content Knowledge and Perspectives: Fulbright-Hays Group Projects Abroad in Botswana and Southeast Asia[J]. Journal of Studies in International Education, 2013, 17(4): 433-454.

[3] 蒋玉梅,刘勤.高等教育国际化视野下教师出国访学收益研究[J].开放教育研究,2015,21(1):62-70.

三、影响教师国际化交流收益的因素

相关文献中提到的影响国外访学效益的因素主要分为个人、组织和个人—组织互动三个层面。

个人层面,即教师对国际化的态度。教师对国际化的态度分为六个层次:拥护者、支持者、潜在拥护者、不感兴趣者、怀疑者、反对者。[①] 前三个层次的教师对国际化有着积极或正面态度,他们更能够积极参与国际化活动。而后三个层次的教师对国际化抱着消极或负面态度,如果不及时扭转他们的态度,必将对国际化进程产生阻碍。

组织层面,即教师国际化项目的组织管理。有学者建议应在派出人员之前制定学习目标,从而能够引导教师的学习行为。[②] 还有学者提出应加强对培训项目的评价,并建议从四个层次来进行评价:学习成效、学习分数、培训者对项目的反应、培训后工作中的变化。[③]

个人—组织互动层面,即教师动机与组织目标在国际化发展上的协调程度。发展国际化有四种逻辑依据——政治的、经济的、社会文化的、学术的[④],而当个人动机与院校的发展需求、发展理念及发展重点保持一致,院校的国际化才可能获得最大成功[⑤]。弗里森(2012)发现加拿大教师参加国际化以社会文化动机(提升跨文化理解)为主,而院校以学术动机(提升院校

---

① Green, M. F., Olson, C. L.. Internationalizing the Campus: A User's Guide [M]. Washington, D.C.: American Council on Education, 2003.

② Oberst, B.S.. A Decade of Experience: Data from the Council on International Educational Exchange's International Faculty Development Seminars[J]. Journal of Studies on International Education, 1999: 73-88.

③ Kirkpatrick, D., Kirkpatrick, J.. Evaluating Training Programs: The Four Levels[M]. San Francisco, CA: Berrett-Koehler Publishers, 2006.

④ Knight, J., de Wit, H.. Strategies for Internationalisation of Higher Education: Historical and Conceptual Perspectives[A]. In de Wit, H. (ed.). Strategies for Internationalisation of Higher Education: A Comparative Study of Australia, Canada, Europe and the United States [C]. Amsterdam: European Association for International Education, 1995: 5-32.

⑤ Van Der Wende, M.. An Innovation Perspective on Internationalisation of Higher Education Institutionalisation: The Critical Phase[J]. Journal of Studies in International Education, 1999, 3(1): 3-14.

和学科地位)为主,两者之间靠着一些脆弱的"互利"的"实用性"方法来维系,国际化的效果也受到了较大的影响。①

第二节　中国访美学者的统计数据

根据美国门户开放报告的数据,21世纪以来中国学者在全球访美学者人数中占据第一位(见表5-1)。在2006/2007学年,访美的中国学者人数超过了2万人。在2010/2011学年,访美的中国学者人数超过了3万人。在2014/2015学年,访美的中国学者人数超过了4万人,4万人的规模一致保持到了2019/2020学年。但是到了2020/2021学年,访美的中国学者人数较前一年下降了38.7%,只有26 254人,到了2021/2022学年,人数较前一年下降26.1%,只有19 391人。访美的中国学者人数重新回到了2005/2006学年的水平。

访美的中国学者人数在21世纪经历了几次波动。第一次是在2002/2003—2003/2004年间,中国学者的人数出现了负增长,这很大程度上与"9·11"之后美国严苛的签证政策有关。之后一直到2018/2019学年,都呈现出增长的趋势。2019/2020到2021/2022年间,中国学者的人数出现了显著的负增长。在2021/2022年,全球访美的学者人数出现了明显反弹,但中国学者的人数反弹相对较弱,这一定程度上是由于新冠疫情带来的封锁政策,但也和美国对中国的遏制政策不无关系。在特朗普执政期间,访美的中国学者的人数增幅都保持在较低水平。

把访美的中国学者人数和访美的学者总数相比,可以看出在2004/2005学年到2018/2019学年之间,访美的中国学者人数逐年增幅均高于访美的学者总数的逐年增幅。但在2019/2020、2020/2021和2021/2022这三年间,访美的中国学者人数逐年下降的幅度要显著高于访美的学者总数的

---

① Friesen, R.. Faculty Member Engagement in Canadian University Internationalization: A Consideration of Understanding, Motivations and Rationales[J]. Journal of Studies in International Education, 2012, 17(3): 209-227.

下降幅度。可以看出,相比访美的学者总数的变化,在特朗普执政之前,中国访美学者人数的增幅更加显著,而特朗普执政之后,中国访美学者的人数下降更显著。

表 5-1 访美学者的数据(2000—2022 年)

年份	国际学者总数	学者总数变化/%	中国学者人数	中国学者变化/%
2000/2001	79 651	6.8	14 772	
2001/2002	86 015	8	15 624	5.8
2002/2003	84 281	−2	15 206	−2.7
2003/2004	82 905	−1.6	14 871	−2.2
2004/2005	89 634	8.1	17 035	14.6
2005/2006	96 981	8.2	19 017	11.6
2006/2007	98 239	1.3	20 149	6
2007/2008	106 123	8	23 779	18
2008/2009	113 494	6.9	26 645	12.1
2009/2010	115 098	1.4	29 471	10.6
2010/2011	115 313	0.2	30 094	2.1
2011/2012	116 917	1.4	32 120	6.7
2012/2013	122 059	4.4	34 230	6.6
2013/2014	121 914	−0.1	36 409	6.4
2014/2015	124 861	2.4	40 193	10.4
2015/2016	134 014	7.3	44 490	10.7
2016/2017	134 379	0.3	45 089	1.3
2017/2018	135 009	0.5	46 256	2.6
2018/2019	136 563	1.2	47 964	3.7
2019/2020	123 508	−9.6	42 863	−10.6
2020/2021	85 538	−30.7	26 254	−38.7
2021/2022	90 891	6.3	19 391	−26.1

第三节　教师国际化的实证研究

一、研究对象和方法

本书的研究对象为曾赴美访学、现已回国的中国高校教师。本书采用了个案研究法。访谈对象的寻找通过两个途径：一是通过个人关系网络寻找；二是请现有的访谈对象推荐其他符合条件的教师，以滚雪球的方式寻找更多的研究对象。在2023年12月期间，研究者通过微信电话的方式对6位符合筛选标准的中国高校教师进行了访谈，并经被访者同意进行了录音。访谈时间为一个小时左右。访谈采用了半结构式，内容包含了访学动机、访学经历、访学收获、对教师国际化的建议四个部分。研究者对访谈录音进行了文字转录，并进行主题分析、整理和讨论。

被访者的编号及简要背景见表5-2。被访者参与的交流项目包括国家、省、高校等各个层次的教师国际交流资助项目，赴美交流时间为一年到三年不等。

表5-2　访谈对象的信息[①]

编号	出国访学项目	赴美交流时间	国内派出大学	专业
A	本校资助项目	2019—2020	普通高校	社会科学
B	省资助项目	2019—2020	普通高校	社会科学
C	国家留学基金委	2019—2020	"双一流"高校	社会科学
D	国家留学基金委	2018—2019	"双一流"高校	人文科学
E	国家留学基金委	2018—2019	研究所	自然科学
F	教育部资助项目	2018—2021	"双一流"高校	社会科学

[①] 出于对研究对象隐私的保护，本文中所有研究对象都使用"他"来指代。

二、研究框架和研究问题

本章采用推拉理论的研究框架,对赴美交流的中国教师开展研究。本章的研究聚焦于美国的国际化政策对中国教师赴美交流的影响。就美国这个接收国而言,适宜的政治环境对中国教师是一个重要的拉力因素,而不适宜的政治环境对于中国教师是一个重要的推力因素。特朗普政府的反国际化政策成为美国一个显著的推力因素,对有赴美交流意愿的中国学者起到了推拒作用,也对在美交流的中国学者的体验产生一定程度的负面影响。

本章的研究问题主要有三个:第一,特朗普政府的国际化政策对中国学者赴美交流的意愿产生何种影响;第二,特朗普政府的国际化政策对中国学者在美交流的效果产生何种影响;第三,在美国遏华政策的背景下,中国学者对待高等教育国际化持何种态度。

三、研究发现

(一) 访美教师的动机

在推拉理论框架中,动机可以分为来自输出国的推力和来自目的国的拉力两部分。典型的推力如国内工作的困难,如 A 提到他出国访学的一个重要原因是在国内项目进展不顺利。他在国内参与了一个项目,与合作方存在一些沟通上的不愉快,国内的合作方催促他进行下一步工作,但他认为对方的想法并不正确,同时也无法说服对方。双方因此陷入了僵持的状态。为了逃避这种局面,他选择主动离开一年。

其他的推力因素还有中国国际化发展"走出去"的需要。F 基于自己的专业兴趣,对于高等教育国际化发展的观察非常敏锐,他的赴美交流动机主要是促进中美之间的国际化交流,在美国推广中国的语言和文化,促进中国语言和文化"走出去"的国际化战略。

"国际化是我们中国的国家战略,我们的中文语言方面也需要国际化,现在国际上出现了汉语热,所以在语言的推广、文化的推广方面,我觉得自己在一流大学工作,可以为国家的国际化战略做一点事情。"

大多数老师赴美交流的动机是推力和拉力兼而有之。访谈对象的赴美交流动机包括提升专业能力、完善国内课程建设、完成博士论文、促进中国语言文化的推广等,这些动机既包含了中国国内的推力因素,如在国内自己的专业领域发展不够前沿、课程体系不够先进、国内博士论文的进展不顺利等,同时这些动机也包含了美国的拉力因素,如美国的科技发达、某个学科或者专业发展更前沿等。例如 B 就说赴美交流主要是为了职业发展。

"赴美交流的动机,主要是为了职业的发展。我从博士毕业到出国访学中间间隔了十年,感觉到自己在学术上其实没有什么太大的建树,所以我觉得我应该去回炉再造一下。"

C 的访学动机主要包括完善国内课程建设和提升专业能力两个方面。

"我自己在学校里承担了一门新的课程,但是我们国内这门课程建设不是特别完善,美国大学在这门课程建设上做得非常好,所以从工作考虑,打算去美国这样一个我所在的专业领域比较发达的国家,去了解一下人家的实践和课堂教授情况。"

D 的访学动机主要是完成博士论文的相关研究。他在国内正在攻读博士学位,访学不仅能让他获得美国大学里他所在专业领域教授的指导,还可以让他更加专注地完成博士论文。

E 的访学动机主要是了解美国最前沿的专业知识和技能。对于 E 而言,访学更多的是"交流"而非"学习"。他在对自己的美国访学的论述中,透露出明显的自信,他的访学更多是平等地交流、相互学习。他申请访学的目的在于深入了解国外他所在专业领域的前沿研究。他希望能够通过学习和了解国外的研究内容、研究方法以及科研环境,从专业的角度提升自己的能力。在国内工作多年后,他渴望通过合作交流和国外访学来拓宽自己在专业领域的视野、方向和方法。就他目前所研究的专业领域而言,国外虽然并不算特别先进,但在整个学科的大方向上,美国的表现仍然相当不错。他认为仅仅参加国际会议还不够,对国外的情况了解仍然不够深入,就像是"雾里看花"。因此,他顺便访问了麻省理工学院和哈佛大学,进行了简单的交流,以熟悉美国在该领域的研究情况。

第五章 美国国际化政策对中美教师流动的影响

（二）访美教师遭遇的阻碍

政策因素成为一个重要的外部推力或者拉力因素。在本研究中，对于教师赴美交流的政治因素可以分为中国和美国两大类。中国政府对于教师出国交流秉持着鼓励和支持的态度，因而中国的政治环境和相关政策对教师国际化流动是有力的推力因素。美国政府对于中美交流近年来出台了一些逆国际化政策和对华的不友好政策，这些政策的直接影响体现在对教师签证及入境和在美交流经历的影响，而间接的影响体现在中国交流学者所处的美国社会环境发生了变化。

1. 签证及入境的困难

由于本研究访谈的对象都是成功入境美国的交流人员，因而他们在签证和入境上没有碰到明显的困难。根据他们的叙述，可以看出文科背景的交流人员较少遭遇签证刁难，但理工科背景的交流人员会遭遇审查甚至拒签。另一个值得关注的是有些已在美交流的教师可能会遭遇被美方要求提前结束交流并离境。

A老师叙述了家人遭遇的签证波折。他的家人尽管有过较长的在美资企业工作的经历，但由于现在工作单位的母公司是一个航天科工的事业单位，因而这位家人的美国签证申请被审查了三个月。

D老师自己的签证很顺利。他说文科教师签证一般不会有问题，但理工科教师可能会遭遇阻挠甚至拒签。根据他自身的见闻，他认识的医学和化学的访问学者非常担心会被遣返。

"听说拒签的都是理工科的，文科应该没有。特朗普执政那段时间，针对的全都是他认为会威胁美国国家安全的那些专业，比如说物理、生物。我访学的那所大学医科算是最好的专业，有很多医学和化学专业的访问学者。医学专业的访问学者比较担心被遣返，像X光、CT、核磁共振这些研究领域，美国政府会把这些专业跟核扯上关系。"

E老师从事自然科学研究，他虽然没有碰到签证困难，但他的同事就遭遇到了签证审查。

"我的签证都还挺顺利的，他（签证官）问我去美国干嘛，我就说我是从事可再生能源的,然后他可能看我之前去英国读过书,就当场通过了。我有其他同事从事航空工程,航空工程可能属于偏国防一些专业,就被审查(check)了。"

F老师由于是赴美国的孔子学院进行中文教学,他听说的被刁难的情况就更多。

"我2018年申请签证的时候,其实当时挺担心的,因为当时是2018年的暑假,特朗普上台之后就开始有很多针对中国的政策。但真正申请签证的过程并没有很大的妨碍,可能是特朗普的遏华政策刚开始执行。到了(特朗普执政)后期,一些到美国参加中文交流项目的孔子学院的老师就出现签证方面的情况。(签证官)拒签的时候,会有各种各样的理由,有时候他说手续不全,或者说资金问题,或者怀疑出访美国的目的。当时美国政府对中国的孔子学院已经在收紧政策,像这种中文交流的语言交流项目,他就会设卡,但他不会明说,在签发这个证件的时候会提出各种各样的要求,会阻挠交流学者拿到签证。"

正如受访者感受到的那样,特朗普上台之后,美国对于中国学生签证产生了明显收紧的变化。根据澎湃新闻2019年的报道,2018年美方向中国申请者签发的F1类签证(赴美学习的学生签证)总数为110 091个,相较于2017年全年的124 860个,下降了11.8%。而在特朗普上任前的2015年,美方向中国申请者发放的F1类签证数量达到287 595个,是2018年的两倍多。教育部国际合作与交流司副司长徐永吉透露,2018年中国计划公派赴美留学10 313人,其中331人因签证问题无法赴美,占计划派出人数的3.2%;而2019年第一季度中国计划公派赴美留学的1 353人中,就有182人因签证问题未能成行,占计划派出人数的13.5%。[①] 在2019年6月3日国新办举行的新闻发布会上,徐永吉表示,2018年以来,美方以反间谍为由吊销或重新审查中国赴美人员签证,正在从自然科学向社会科学扩散,近期

---

① 刘栋.卷入漩涡后的无尽等候:中国留美学生签证"遇阻"调查[N/OL].澎湃新闻.2019-06-07. https://www.thepaper.cn/newsDetail_forward_3622547.

美方还取消一批中国从事中美关系研究学者的赴美十年签证。对于美方的一系列收紧签证之举,时任中国外交部发言人耿爽在2019年6月5日的例行记者会上评论道:"一段时间以来,美方以'中国威胁论''中国渗透'为由,将正常的中美教育交流合作活动政治化。"①

2. 联络美方接收院校的困难

赴美交流教师在联系美方接收院校的时候,普遍存在的现象是利用"熟人"网络来找到接收院校和教授,这些熟人大多是华裔。另一个现象是美方院校对访问学者的要求越来越高,接收的访问学者人数也越来越少。

A老师通过共同的朋友找到了一位华裔美国教授。

"美方接收我的那个老师是我朋友的朋友,他是一个香港人,年轻的时候去了加拿大,在加拿大定居之后又在美国找了一份工作。这个老师很热情,他在两个月之内帮我确定了这个申请书的所有的环节。"

A老师说如果当时能申请到更好的美国大学,他的访学收益会更大。当时由于时间紧张不得不选择了这个规模较小的美国大学,而这个大学的学术氛围并不是特别好。他觉得换一所大学的话,访学的收益会更大。

"回头来说,我当初的首选并不是这个学校。如果能够去更好的学校的话,我觉得访学效果会更好,因为我去的学校比较小,总体的学术氛围也没有特别强。"

B老师也是通过熟人找到了美方教授。这位"熟人"曾经到中国高校来工作过,和B保持了良好的关系,他愿意作为美方联系老师,帮B介绍了愿意接收的美方导师。B也谈到如果自己"大海捞针"去联系导师的话,是否能够成功就很难预料。这和后面访谈对象的建议不谋而合,说明中美学术界民间交流的重要性。

"国外的联系老师是交流认识的,他正好在我们学院里边有课程,也担任一定的学术职务。然后我的(美方)导师也是这位联系老师介绍的。这位

---

① 刘栋.卷入漩涡后的无尽等候:中国留美学生签证"遇阻"调查[N/OL].澎湃新闻.2019-06-07. https://www.thepaper.cn/newsDetail_forward_3622547.

导师之前到中国来过,到中国来的时候,我也跟他有比较多的交流,他也知道我的英语水平,所以他就没有跟我面试,直接给我提供了邀请函。之后美方学院对于访问学者的要求越来越严格,要求提供研究方案,还需要面试。"

C老师在国内的"双一流"高校工作,之前也有过丰富的国际化交流经历,但在试图通过自己联络的方式来寻找美方合作导师的过程中,遭遇了多次失败。最终,C老师不得不通过本学院的合作关系网络来找到美方接收院校。

"我之前有在欧洲访学的经历,并且去过多个欧洲国家,在这次访学之前我还去过一次美国,当时是一个短期的交流访问,在美国待了有半个多月。我最早就是想结合自己的专业方向,自己去联系几个学校,但是都不成功。后来我所在的学院和我访学的美方院校有合作关系,对方的学院领导也到我们学院进行过访学,所以我们学院这边出面打一个招呼,然后我就又去申请,这下邀请函就比较确定地拿到了。"

D老师是通过导师的关系网络找到了合适的美方导师。

"我寻找美方导师非常顺畅,关键就是中国导师的一封推荐信,导师帮我联系了和他关系很好的一位美国教授。"

E老师根据自己的专业兴趣瞄准了美国高校的一个对口专业领域的团队。他首先选择和一位华人博士后联系,再通过这位博士后与团队的负责人进行了交流,之后顺利通过了面试。在此个案中,E老师一直强调他和美方的合作是平等、互利的,他自己所在的研究所是中国顶尖也是全球一流的研究机构,因此他在寻找美方院校的时候相对顺利。他经历了面试的环节,也反映出美方院校的相对认真的态度,并且美方相当认可E老师的科研能力,相信这位访问学者能为他们带来科研上的裨益。

"我先联系一个他们(美方高校)团队的一个华人博士后老师,他和我沟通之后,觉得研究方向比较契合,然后他就跟美国的团队负责人交流,负责人也挺感兴趣的。(因为)他们也抱着合作和交流这个初衷,另外他们(接收访问学者)也没有其他的负担,所以他还是比较欢迎我的。之后他也跟我面试了一下,提前通过电话的方式和我聊了一二十分钟。"

第五章　美国国际化政策对中美教师流动的影响

从以上的访谈可以看出,除了 F 是孔子学院指定合作院校,其他的访学老师大多都是通过熟人关系网络来联系美方接收院校和导师的。熟人介绍或者推荐的模式自有其优势:对美方院校而言,可以让他们较为容易地了解访问学者的背景和能力;对中国学者而言,可以省去大海捞针般地搜寻和联系,节约大量的时间和精力。但熟人推荐的模式也有一些缺陷,访问学者会过于依赖熟人而失去对美方院校、专业、导师匹配度的追求,美方院校也往往会把访问学者作为可有可无的编外人员,不会让他们充分发挥作用。访谈对象中较为例外的是 E 老师,他在访谈中对国内工作单位的国际影响力和自己的专业能力充满了自信,认为国际交流能够给双方带来互利共赢,因而无论是联络美方院校还是面试,他都非常从容而顺利地通过。可见,国际学术交流根本上而言应该是一个平等互利的过程。而由于中国的某些学科落后于美国,一些访问学者把自己放在了向美国"学习"的弱势地位。在特朗普政府的"美国优先"和反国际化政策的引导下,这些访学联系很容易被切断。而真正平等互利的访学和交流给美国高校以及美国的科研事业带来了相当显著的益处,这种学术交流虽然也会受到美国政治和政策的干扰,但本质上而言是国际化的历史使命,是不可能被政治封锁所彻底打断的;即使物理形式的交流被阻挠,其他变通形式的交流还是会继续存在。

再者,在美国政府遏华的政策环境下,充分发挥对华友好的美国人士作用非常重要。这些人士包括华裔,曾经来华工作、学习或者交流过的美国友好人士,和中国学者有过合作的美国友好人士等。这些民间关系网络在官方交流困难的大背景下,可以发挥重要作用。正如习近平总书记所说的那样:"中美关系希望在人民,基础在民间,未来在青年,活力在地方。"[①]近年来,越来越多的海外人才还在引领我国科学技术国际化,在促进国际交流合作方面发挥着举足轻重的作用,成为国际交流合作的助推器和催化剂。以国际科技合作论文为例,大约与中国提出"科教兴国"同时,也就是从 20 世

---

① 习近平.习近平重要讲话单行本:2023 合订本[M].北京:人民出版社,2024:63.

纪90年代中期开始,中外合作在国际期刊上发表的论文开始持续快速增长。据中科院国家图书馆"世界科学中的中国"系列研究报告显示,中外国际合作论文1996年为3 017篇,2005年为15 069篇,10年间增长了5倍,呈快速增长态势。特别是2001年至2005年以来,中国每年约有四分之一的论文为国际合作论文;在中美合作论文中,根据对基础科学领域的100种期刊中的3 603篇中美合作论文进行的调查,有72.3%的论文中至少有一位作者是在美国工作的中国学者或华人学者。这些数据反映出在现阶段的中美科学合作中,华侨华人高层次人才与中国的合作是主流。这与在美中国学者和华人科学家的数量是分不开的,而在美华侨华人高层次人才的数量又是由改革开放以来美国始终是中国学生出国留学的第一大目的国这一情形决定的。①

3. 个人学习和生活碰到的困难

A老师在美期间工作上并没有碰到显著的障碍,但他提到了一个同为访问学者的朋友身上发生的事情。

"他去的应该是中西部的一个城市。当时是疫情发生之后,也是中美关系变化之后,那个学校要求所有的中国学者在一个月之内全部离开,当时那些学者就非常困难。当时新闻也报道了。"

这个事件在媒体上的确报道过。这所大学是美国的北得克萨斯大学,该大学在2020年8月26日突然宣布驱逐所有由中国留学基金委员会(CSC)资助的公派访问学者和国际学生,并限他们一个月内离境,而校方也未对为何要驱逐这些中国的公派访问学者做出任何解释。②这些访问学者和学生不得不在一个月之内离开美国,这在当时新冠疫情肆虐的美国非常困难,也打乱了这些中国访学和留学人员的正常学习和工作计划。

另外A老师也提到疫情期间美国对中国的"污名化"导致了美国民间

---

① 国务院侨务办公室.华侨华人高层次人才对中国和平发展的独特作用[EB/OL].(2011-08-19)[2023-07-12].https://www.gqb.gov.cn/news/2011/0819/23799.shtml.
② 中国青年报.驱逐中国公派留学生的美国大学回应了!今日,外交部表态……[N/OL].澎湃新闻.2020-09-01.https://www.thepaper.cn/newsDetail_forward_8980497.

的一些对华不友好情绪。

"我开始并没有感受到明显的歧视。但疫情发生之后,我们去坐巴士,身边会有当地的人用英文骂我们。"

B老师回忆美国政府的遏华政策,认为主要对其心理产生了负面影响。一方面,B老师对美国文化产生了失望,原来认为美国文化非常"包容",但特朗普政府的一些政策和言论使他对美国文化感到了"不可思议",也使他更全面和深刻地认识美国文化。另一方面,由于特朗普政府的遏华言论造成了有些民众的盲目跟随,造成了网络上对华人的不利舆论,而在实际生活中他也碰到了对华人的不友好举止,这些都让B老师对自己在美国的处境产生了担忧和恐惧。

"我觉得主要是心理上面的影响。之前我觉得美国文化很包容,等到我们在那里生活了一段时间,发现美国的文化有很多'有意思'的事情。比如说(特朗普)总统居然会说喝消毒液可以杀死病毒,他们美国老百姓居然有人信。当时有一些民众比较盲目,网上就是有一些对华不友好的言论,我当时还是有一点恐惧。我们越往东部的城市去,就感觉到有一些人,特别是黑人,不是特别友好。"

C老师提到自己的孩子在美国的小学遭遇歧视。

"疫情期间,我的孩子在学校里遭到了一定程度的言语上的不礼貌,学校里的一些美国孩子因为他是中国人而歧视他。"

C老师自己并没有遭受明显的歧视或者不礼貌的言语。他认为美国的高校和教师在表面上都在试图维持政治正确,而种族歧视就是政治正确所不允许的,所以美国高校管理者和高校教师在表面上并不会表现出对华人的敌意,甚至还要做出一些体现政治正确的行为,如召开华人留学生和访问学者的专门会议等。但是美国政府的遏华政策无疑给美国高校拒绝华人访问学者提供了符合政治正确的理由。

"我觉得美国的高校至少摆在明面上是禁止种族上的歧视。疫情刚发生没多久,学校就组织了一次活动,邀请中国留学生和访问学者参加,跟我们解释:'如果你遭受歧视,可以及时向学校来报告',这样在表面上给了我们维护权益的一个通道。"

"高校对政治正确考虑得比较多。美国大学如果要赶你走,也是建立在特朗普政府的政策基础之上的,他可以说'我们现在政府通过了法律,不允许你们延长访学期限,我们的政策规定你们这样一个学科不能到我们这儿来访学',但是他们不会说因为你是中国人就拒绝你。"

美国的"政治正确"可以分为广义和狭义。[①] 美国政界(自由派政治家)、学术界和媒体于20世纪70年代所共同缔造了"政治正确"话语体系,其出发点旨在避免冒犯弱势群体并保护其权益,这可称之为"狭义的政治正确"。另外,美国还存在内涵更为广泛的"政治正确",即所谓的"广义的政治正确",它不限于保护少数族裔权利等问题,其重点在于维护美国的政治信条和核心价值体系等问题。可见C老师这里提到的"政治正确"主要是美国高校为了标榜自己对少数族裔没有歧视而采取的一些措施,例如在疫情发生后一部分美国高校表达对华人学生和学者的支持,并告诉他们遭遇歧视或者攻击可以如何行动等。这些措施更多的是表面化的口头上的支持,表明他们的"政治正确"。在实际工作和生活中,他们会以其他的幌子来遮盖他们的政治不正确。

D老师提到虽然特朗普政府的政策对他自己没有显著影响,但他感受到身边的华人受到了较大的影响。对于华裔教师的影响主要在于中美之间的国际流动和合作被迫大大削减。大学的普通华裔职工也感受到了政治氛围对华人的敌视,从而产生了心理上的恐慌。

"当时已经在美国拿到绿卡甚至已经在美国入籍并且在当地持有教职的人,本来暑假期间经常会到大陆来交流,顺带把一个团队都带过来,相当于一方面是交流,另一方面他们也能创收,后来这种项目极大地减少了。特朗普政府当时担心科技输出,担心偷窃他们的技术,而这些华裔就是很大的嫌疑对象。即使他们拿到美国的绿卡,即使他们入籍成为美国人,他们也还是担心。"

---

① 徐海娜.特朗普的"政治正确":美国利益就是一切[J].当代世界,2017(5):34-36.

第五章　美国国际化政策对中美教师流动的影响

　　E老师说自己的访学申请过程没有碰到阻碍，但是在工作上还是受到了政治环境的影响。为了开展一个中美合作项目，E老师试图找到他访学的美方大学的教授来合作，但这些教授只是口头敷衍，并不愿意提供个人信息参与项目。这反映出美国的逆国际化政治环境对于开放的学术合作和交流造成了打击，使得美国的学术工作者对于国际合作变得非常谨慎，以免受到政治打压。

　　"我们有一个国际合作交流项目，想和美方院校的老师合作，但无论是美国教授还是华人教授，口头上说愿意支持，但是需要他们的一些个人信息的时候，他们就比较谨慎了，也就是说美国政府的这个政策还是在潜移默化地影响着大家。我觉得不只是对华合作，可能包括整个国际合作都变得比较谨慎了。第二个方面呢，美国有一些华人科学家、华人教授受到了美国联邦调查局的审问，虽然只是个案，但是对整个合作氛围还是产生了一些影响。"

　　E老师用"下坡路"来比喻美国遏华政策对中美合作交流的影响。他认为美国政府的政策从特朗普政府的顶层逐渐渗透到社会的基层，这种渗透需要很长时间，但"下坡"的趋势已经呈现。当时处于"下坡"的初期，大多数人并没有感觉到明显的影响，但已经有少数华人教授首当其冲被美国联邦调查局审查。这些教授遭受美国政府刁难甚至迫害的经历必然会把恐慌传播到更多的人群身上，让更多的美国的科研人员在和中国合作的时候也变得更加"谨慎"。E老师认为美国政府的这种不友好政策的影响会逐步扩大。

　　"政治从一个总统渗透到每个毛孔，还是需要很长的时间的。据了解，有几个华人教授可能受到了一些影响或者被美国联邦调查局带去问询，然后他们意识到对华合作要谨慎。所以说从大的趋势来讲，我觉得这个局势相当于走下坡路一样，虽然那时候是刚刚开始，但这个坡一直在下，我觉得这个影响在扩大。"

　　F老师对比了自己多次去美国的经历，之前三次的访美给F老师留下了非常好的印象，中美交流非常顺畅，媒体舆论对于中美关系也普遍是正面的声音。但最近这次赴美国的交流让他感受到美国社会的不友好氛围,媒体主动去渲染中美关系紧张,而老百姓迫于政治影响,对相关话题避而远之。

"用我之前的几次访美做比较,我的感觉是有天壤之别。2006年的时候中美关系是非常好的,2013年也还蛮好的,媒体对中美的教育文化交流和两国的关系都是比较看好。在2018年暑假的时候,媒体上说特朗普开始中美贸易争端,各种各样的遏华政策已经蓄势待发。然后到了2018年年底去美国的时候,我明显感觉到这个势头是向下的。美国的媒体中,只要谈到中国或者中美关系,十条消息至少有八九条是负面的,而且民主党和共和党都一致对中国不友好。这个对老百姓的影响也是挺大的,老百姓就想要离政治远一点,'你不要跟我谈政治'的意思很明显。后来美国的一些朋友私下里跟我讲,其实美国老百姓对美国政府有意地遏制中国心知肚明,但是他们不想惹这个麻烦。"

在和美国同事的交流中,F老师也感觉和前几次访学完全不一样,感受到之前没有的交流不畅和刻意疏离。首先,在工作的正常交流中,F老师发现要和美方的行政管理人员进行会面沟通很困难,美方人员刻意减少和中方人员的会面次数,即使会面也选在咖啡馆这样的公共社交场所,而不是相对更加正式和私密的办公室或者会议室,反映出美方的行政人员不愿意留下和中方人员关系密切的印象。F提到的这位"副校长"曾经和中方合作院校有过非常密切的合作和交流,也曾经是非常热心的孔子学院创办人之一,但他的态度产生了极大的转变。从他热心创办孔子学院的经历来看,这种转变并不是发自内心地对中美语言文化事业的抵触,而更多的是受到外部政治环境的影响而不得不做出的一种"妥协",与中方人员保持距离可以使他免于遭遇不利的指摘或者审查。另外,在生活中,F老师也遭遇到美国同事或者朋友的刻意疏离。这种"不回邮件""多次拒绝"等行为在西方礼仪中并不合乎规范,但他们不得不采取敷衍甚至是不礼貌的社交方式来逃避与中方人员的交往,从而实现在美国遏华的政治环境中的自我保护。

"美国那边的一个副校长,以前还到国内来过,我们曾经热情招待,但是这次明显感受到他的态度转变。有一次他可能出于一种冠冕堂皇的理由，要了解关于孔子学院的一些东西，就把见面地点放在学校里面一个咖啡厅，而不是去办公室谈，给人的感觉是不愿意跟你谈太多的东西，给人一种敷衍的感觉。他对孔子学院原来的态度是非常热心的，其实他是这个孔子学院的创办人之一，但是到后期他的态度也有比较明显的一个变化。"

"美国同事的态度变化也非常明显。在2013年，当时我在美国待的时间比较长，我觉得和美国同事相处非常融洽，觉得中国的访问学者很受欢迎。2019年上半年，当时还没有疫情，我和人家（美方大学的教职工）吃过一次饭，然后发了好几次电子邮件，他们没有回音，后来我就给他们打电话，他们就用各种各样的理由推脱。我就明显地感觉他们可能是有意地去避开，有意不回信息，让我知难而退。"

F老师详细讲述了另一位孔子学院中方院长遭遇FBI的无礼审查。

"在那位老师离任即将回国前两周左右（2019年7月），他在家听到重重的敲门声，经询问是美国联邦调查局人员，他们想调查孔院及他个人的情况。美国联邦调查局对这位老师及家人的情况了如指掌，知道他孩子上学的学校和他爱人的情况，其中一位美国联邦调查局人员详细询问孔院的各项工作和他本人的日常事务，跟谁有交往，去过何处，有无邀请在美华人教授从事中国相关工作等。有一位在做笔录，调查持续有二十多分钟。调查过程有点像法庭上一样，有许多问题只需要回答'是'或'否'，或者简单提供答案，他们是有现成调查材料的。"

4. 中美院校交流遭遇的困难

A老师所在的院校在前两年取消了要求教师评职称必须有一年海外经历的硬性规定。A老师认为这和中美关系紧张有很大关系，中美关系紧张使海外的华人教授不敢与中国保持之前的密切合作，美国的种种限制也给教师寻求海外访学机会带来了阻碍。对于国内院校而言，教师出国学习交流在制度层面没有得到之前的积极鼓励和支持，再加上教师出国的难度加大，教师出国学习交流的积极性就会遭到打击。与此同时，院校发展国际化的积极性由于多种原因也遭到了打击，因而院校不再把国际化作为晋升职称的硬性要求,也不再对课程国际化作太高的要求,这也是人性化管理政策的体现。但 A 老师希望中美关系缓和之后,教师的出国学习交流能够恢复正常,这样才能让教师提升国际化视野。

"我们学校以前要求要评教授必须出国一年,这种硬性的规定在前两年取消了。这个影响还蛮严重的,大家也没有那么积极地出国,这可能会降低老师出国的积极性,也增加老师出国的难度,那我们老师通过国际化的方式提升国际视野以及看到外部的世界的可能性就在降低。第二个就是以前我们是比较推崇国际课程,但是现在学校领导对这个就没有太多的意愿,也不是一个硬性要求了。所以,学术交流、老师出国学习、国际课程开发变得非常有惰性,没有老师积极去做这个事。我觉得还是应该促进国际化,在中美关系缓和之后,还是应该促使老师们多出去。"

E 老师提到特朗普政府的政策对美国大学接收访问学者或者学生产生了"直观"的影响,导致有些院校、学科或者教授"谨慎"甚至拒绝接受来自中国的访问学者或者学生。他认为这些政策对于那些本来就对华立场鲜明的人影响不大,那些本来就坚定地对华友好和对华不友好的人士不容易受到这些政策的左右,但对于处于"中间"的人群会具有较大的影响,使他们变得更加"谨慎"。

"美国政府的政策对美国大学会有一些影响。有的(美国)学校对于接收咱们访学的学者或者留学生会比较谨慎,有些可能干脆就不要了。有些美国院校看看政策形势,接收访问学者开始变得谨慎。"

F 老师提到中美高校长期保持的类似孔子学院之类的正常文化交流和合作受到了打击。他当时所在的孔子学院被迫关闭。

"2021 年底我所在大学的孔子学院相当于就关掉了。孔子学院每五年就要会有一个续约,在 2021 年的 11 月份,合约到期美国那边不续签了,其实就是变相地关闭。"

在特朗普执政之前,在美孔院虽曾经历签证风波和芝加哥大学孔院关闭等事件,但发展态势稳定,总体趋好。至 2017 年底,全美有孔院 110 家,约占全球孔院总数五分之一;有孔子课堂 501 所,占了全球孔子课堂半壁江

第五章　美国国际化政策对中美教师流动的影响

山。特朗普就任美国总统后,各种限制孔院政策频出,关停孔院的威胁甚嚣尘上,成为美"政治正确"的核心之一。据美国全国学者协会(National Association of Scholars)2021年5月在网上公布的数据,美国已关闭或即将关闭的孔院达84家,在美孔院遭遇严峻危机。[1]

陆小兵和程序(2022)详细介绍了美国政治因素影响孔院关闭的几种主要形式。[2] 第一种是政策法规打压。针对在美孔院,美国政府不断出台相关政策(包括一些不成文的规定),迫使大学尽早关闭孔院。美国政府2018年8月通过的《2019财年国防授权法案》第1091条款明确规定,禁止向孔子学院汉语教学的机构提供项目资助,即获得美国防部资助中文旗舰项目(Chinese Flagship Program)的大学必须在孔院与中文旗舰项目两者之间做出选择。在特朗普就任后,实行了更严格的规定,要求持J-1签证的人员不得从事孔院的行政事务或从事中小学汉语教学工作。2020年8月,美国国务卿蓬佩奥宣布将孔子学院登记为"外国使团",要求登记旗下所有租赁或拥有的物业。这一举动将孔子学院这一正常的中美教育交流项目政治化,表现出典型的冷战思维。2020年9月初,蓬佩奥更是在媒体上以莫须有的罪名污蔑孔子学院受中国政府资助,威胁在2020年年底前关闭在美的全部孔子学院。拜登政府延续前任的"遏华"路线,继续对孔子学院实施抹黑和打压行为。2021年3月,美国国会参议院通过一项专门针对孔子学院的法案《对各国资助美国大学校园机构的关切法案》(*The Confucius Act*,《孔子法案》),该法案规定将削减任何在校园内设有孔子学院的学院或大学的联邦拨款,除非有关院校能对其校内设有的孔子学院拥有全部管理权,包括对其给出的资助款项和人事任免的管理。此法案还需在众议院获得通过,最后由拜登总统签署之后才能生效,但可见美国对孔院的政治打压态势不仅没有改变,而且越演越烈。

---

[1] 张艾芸.新形势下美国孔子学院发展状况及相关问题思考——以西密歇根大学孔子学院为例[D].兰州:兰州大学,2019.

[2] 陆小兵,程序.政治漩涡中的美国大学孔子学院路在何方?——基于美国大学孔子学院生存状况的实证研究[J].国际中文教育前沿,2022(1):147-162.

第二种是经费拨款管控。《2019财年国防授权法案》限制了已获得美国国防部资助的大学承办孔院的权力。因孔子学院总部给孔院的资助与美国防部中文旗舰项目提供的资金相比悬殊(通常是1∶10以上),而且美大学承办孔子学院冒很大的政治风险,许多大学尽管对孔子学院持有好感,都希望给学生提供一个学习汉语和体验多元文化的良好平台,但迫于政治上的巨大压力,在权衡利弊后,只能忍痛割爱,无奈做出关闭孔子学院的决定。有不少大学校长给孔子学院总部发文,表达歉意,解释关闭孔子学院实属无奈之举。

第三种是邮件会议施压。由议员等政治人物给议员所在州承办孔子学院的大学校长写邮件以及召集与孔子学院相关大学校领导会议是政治施压的另一种手段。美国联邦共和党参议员卢比奥(Marco Rubio)和克鲁茨(Ted Cruz)等人作为反华的急先锋,多次给所在州承办孔子学院的大学校长发邮件,抹黑孔院,污蔑孔院中方人员在美大学校园从事间谍活动,敦促大学尽快关闭孔子学院。

第四种是上门审查盘问。自2018年以来,美国孔子学院分别受到美国政府问责署(Government Accountability Office,GAO)和美国联邦调查局的直接登门审查,审核内容涵盖课程设置、授课内容、文化活动内容、讲座主题的设定、教师录用、人事安排、课程及教师评价、资金来源及使用等孔院运行的方方面面。正如美国政府问责署在2019年2月国会参议院听证会上所言,经审查,未发现孔院存在影响学术自由、中方决定课程设置和授课内容、拥有孔院的人事和财务决定权的事实,有力回击了对孔院抹黑的言论。美国联邦调查局对几乎所有孔院的负责人进行了专门细致的登门调查,部分人员是在未收到任何通知或预约的情况下,被贸然敲门入室调查,即使疫情暴发时期也不例外。

5. 政府之间交流遭遇的困难

E老师认为中美交流对中国和美国都有重要意义。他追溯了历史上中国派遣留学生赴美学习的重要事件。中国近代最早的赴美留学是清朝的"幼童赴美留学"。公元1872年到1875年间,由容闳倡议,在曾国藩、李鸿章的支持下,清政府先后派出四批共120名学生赴美国留学。这批留美生回国后为祖国做出了巨大的贡献,他们后来成了工程师、大学校长、外交官、海军将领等。这是近代中国首次大规模学习西方先进科技的留美计划。在近代中国举步维艰的科技现代化进程中,留美幼童扮演了开路先锋的角色,发挥了十分重要的作用。[①] 20世纪70年代末,我国教育经费缺乏,出国留学渠道不通。为进一步打开中国学生留学之门,在李政道教授的推动下,1981年建立了中美联合培养物理类研究生计划,即 CUSPEA(China-United States Physics Examination and Application)项目。随后十年来,该计划先后选派近千名留学生赴美攻读学位。该计划开创了我国改革开放以来第一次较大规模地向国外派遣留学生的先河,为我国后来的大规模国际人才的交流和科学文化交流起到了开拓性作用。[②]

E老师认为中国作为后发国家,在科学技术上还有很多东西可以向美国学习,历史也证明赴美交流学习可以促进我国的人才培养和科技进步。同时,中国有大量的聪明勤奋的优秀人才,这些人到美国去学习和交流,可以为美国社会的发展和创新做出巨大的贡献,这些也促使美国希望能招揽更多的优秀中国人才。因此,中美的交流合作是一件互利共赢的好事。E老师认为世界变得越来越开放本是应有之义,是大多数人看好的历史发展趋势,但以特朗普政府执政为标志性事件之一的逆全球化浪潮席卷而来,阻挠了中美之间的交流合作,事实上造成了美国政府签证收紧、中美航班减少、美国教授在与中国学者合作交流上更加谨慎。对中国学者而言,他们赴美的热情降低,更加谨慎地决定是否要去美国交流学习。美国政府对于中美合作交流的阻挠事实上对中国和美国都带来了负面影响。

"我感觉若干年之后再回头看这段历史,还是蛮有意思的。原来我们认为国际交流肯定越来越开放,大家的交流越来越多。特朗普上台之后,国际

---

① 徐飞,茆诗珍.留美幼童对近代中国科技发展的历史影响[J].自然辩证法通讯,2005,27(2):89-93,98.
② 冯支越.从CUSPEA项目到中国博士后制度[J].北京大学学报(哲学社会科学版),2004(4):148-153.

合作、国际交流被政治影响很大，然后又来一次疫情，影响更大。从技术角度来说，第二次和第三次工业革命都和美国相关，因此美国的科研基础还是非常厚重，他们又积累了大量的财富，美国等西方国家就打下了很厚实的基础。很好的基础意味着他们就会有很好的产出，所以他们有很多方面在这个世界上有一定话语权，或者说他们有很多卡脖子的技术。我们作为后来者肯定要学习。如果说我们学习的机会变少了，会影响到我们的一些科技的进步。因为我们有的东西需要跟随，跟随之后再创新，然后再去引领。现在我们少了一些跟随的机会。我们当年送幼童去美国留学，那时候也出来一大批人，有工程师、外交家，像詹天佑，等等。然后一直到民国的时候，我们有很多人去留美。我们院士里也有很多留美的人士，我觉得这点还是值得去肯定。通过我们跟他们的交流和学习，我们还是提升了自己的科研水平、方式方法、仪器设备。改革开放之后，由李政道牵头的那个中美物理联合研究生培养项目，也培养了大量的人才。很多人在美国扎根，取得很好的成果，有些人回来做出很多贡献。留在美国的人建立了一个基础，更多的华人有机会过去，去跟他们交流。所以说交流不能切断，各个领域的科研人员包括企业，都要积极保持合作交流。比如说他们的芯片、航空航天的一些技术，值得去学习或者消化。对美国而言，华人为他们做出了卓越的贡献。咱们放眼全世界，华人留学生基础知识比较扎实，大部分华人都任劳任怨、勤劳能干，不管在谁的团队里面，我们都会有很好的技术支持和态度，积极地工作，努力创新，做出很多贡献。这些华人科学家一方面是为祖国服务，一方面给美国服务，也给全世界人类服务。我记得一位科学家说过：科学家要爱国，要给我们国家做贡献。如果科学家能再提高一个格局就更好，那就是为全人类服务、为全人类做贡献。中美关系紧张对中国教师的访学有一些影响，比如说要办签证，拒签率可能变高了。第二个目前中美的航班变少了。另外，有些美国的教授热情降低了。这些的确会影响到我们（教师）的热情，有一些跟敏感专业相关的同志，没有迫切的需求的话可能不去美国了，要不去相对温和一些的国家。"

第五章　美国国际化政策对中美教师流动的影响

（三）美国对中国的敌意主要来自政府和媒体

访问学者普遍感受到的敌意主要来自政府和媒体，大多数的普通美国民众对中国访问学者并没有明显的敌意，当然也不排除有少数人容易受到政府和媒体的蒙蔽和误导。

1. 高校层面上的敌意并不明显

A老师提到在院校层面上没有感受到明显的敌意。他认为主要原因是中美两所院校有共同的合作项目，美方教师也会到中国来访学、授课、申请项目，这是一种利益共享的关系。如果美方院校破坏了这种关系的话，那必然也会伤害到美方利益。因而，不到万不得已美方院校应该也不愿意中断与中国院校的合作。

"我觉得和我们合作的美方院校对我们的态度没有明显变化，原因是我们是有共同的合作项目和课题，这个利益关系就会导致他们还是和我们保持比较好的关系，因为我们有很多的东西是要共同完成的，例如说运营后续的项目或者课程，这种内在的黏性和合作也使得我们更好地去应对政策风险和外在的改变。他们（美方教师）要在中国访学，他们要在中国讲课，要在中国拿项目，那他们就不可能跟中国学者之间保持一个很差的关系。"

2. 普通人的敌意来自沟通不畅和政府的误导

A老师提到美国的普通民众既有对中国比较熟悉和认同的群体，但也有对中国认可度不高的少数人。例如他孩子的美国家庭教师缺乏与中美历史相关的常识，盲目推崇美国的历史与文化，这种分歧从而让A老师选择让孩子停止跟随这位美国家庭教师的学习。A老师认为中美两国的民众都对自己祖国有很强的认同感，再加上中美文化的巨大差异，"冲突性"比较明显。但"冲突性"并不意味着"冲突"，如果通过沟通和交流以及对双方历史文化的深入了解，"冲突性"可以化解为"和而不同"，这就需要更多的民间沟通和交流。

"我们项目组里的三个教授，除了这个华人教授是中国人，还有两位教授的太太是中国人，所以他们对中国的友好程度非常高，比较认可中国的文化，所以我们在交流的时候相对而言比较舒服。但是我的女儿有一个外教老师,他竟然觉得美国的历史比中国的历史还要长,美国历史比中国历史还要丰富。在美国的时候,我们在日常生活中能够明显地感受到美国人跟中国人在文化、情感交流和生活各个方面的差别,再加上双方对本国的认同感都比较高,所以冲突性也是蛮强的。"

新冠疫情期间美国政府以及媒体对中国的"污名化",很大程度影响了美国民众对病毒溯源的认知。稍有理智的美国人还较为克制,至少不会表现出明显的敌意,而少数美国孩子会直接表达对华人的敌视,这明显是受到了成人世界的引导。可见特朗普政府的政策虽然没有直接要求普通民众采取何种态度对待中方,但潜移默化还是会对美国民众产生影响。

"上半学期的时候还是挺好的。下半学期疫情开始,学生就会产生言语的冲突,同学就会对他说'回中国'之类的话。"

C老师对中美之间的交流有着非常客观和清醒的分析。他在个人层次上交往中的感受是"友好",特别是新冠疫情暴发后,美国同事和友人对他以及远在中国的家人表达了关心。但是他也对这种"友好"进行了理性分析,认为高校里的群体受教育程度较高,因而他们一方面对政治的看法相对比较"冷静"和"客观",另一方面,他们也比较注意社交礼仪,表现出"彬彬有礼"和恰如其分的关心。这些礼貌和关心是否发自真心无法判断,但至少表面上是让人感觉比较友好的。

"我觉得高校里面的群体相对来说受过非常好的教育,他们对时事政治的看法相对来说比较冷静、客观,当然不乏可能有极端分子。就从我接触到的人来看,他们至少表面上表现出来的都是彬彬有礼,感觉是比较关心你的。"

对于中美院校层级的交流合作,C老师认为中美院校出于互利共赢的初衷建立合作关系,而美方院校在接受访问学者方面非常"现实",这种"现实"可以理解为实用主义,也就是说美方院校因为对自己有利才会愿意接收访问学者。一方面不排除有学术交流的目的,但这种学术交流并不总是对等的,中国院校通过派遣访问学者来提升教师的专业能力和国际素养,而美国院校对于既能干活又无须发工资的访问学者也比较欢迎。另一方面,美方院校从经济效益的角度来考虑中美的高等教育合作,美方院校需要和中国院校建立合作,不仅可以通过到中国院校来交流访问获得经济报酬和热情接待,也可以和中国院校建立招生计划以获得稳定的留学生生源,而接收访问学者是美方院校做出的一种补偿性"回报",以保持这种长期的合作关系。

"美国院校为什么要接收中国学者,我觉得不一定单纯地从学术角度去考虑。比如说像接受我的这个院校跟我们学校有合作,他们院长、系主任每年都会到中国来。他们到中国来待一段时间,我们这边也给他们比较好的待遇,不仅给予他们礼节性的招待,还给他们一些物质上的报酬,他们都很愿意到中国来。还有前些年因为(美国)经济不是很景气,财政拨款也有限,所以很多美国高校急需吸纳国际留学生去为他们提供资金来源,像我访学的美国大学分校跟(国内)Z大学签订了一个合作协议,每年会有中国学生送到他们那儿去(学习),这个大学分校也尝试着跟我们建立这种合作。中美之间关系恶化实际上对他们来说是一个很大的打击,这可能直接会导致一些(美国)院校破产。所以说美国大学跟我们交往,学术上的原因当然有,特别是一些工科,比如说他们请很多中国学者去,这些访问学者不要钱,还能给他们干活,他们为什么不欢迎呢?从我们的角度来讲,访学有助于加强院系合作,建立比较好的长期合作渠道。对他们而言,我们给他们不断地送留学生来,给他们缴纳非常贵的学费,然后支持他们这个公立学校的运作,他们也很开心。他们真的是很现实的。"

D老师在美国接触的人群大多对中国人都很友好,他认为可能是因为他接触的圈子就是对华人友好的社交圈。他接触的人中除个别之外大多数师生和朋友都还是比较友好的。在他的美国熟人中,很多人都会把特朗普当作调侃对象。在美国讽刺、嘲笑总统已经变成了一种娱乐活动,变成了聚会的常见话题。鉴于特朗普政府对中国的不友好政策,在华人的聚会中调侃特朗普也成为一种社交手段。但是D老师也提到在他之后访美的访问学者的申请难度增加,华人学者"受欢迎程度"也下降,尤其是在特朗普政府对华制裁清单里的学科领域中从事教学科研的学者更加受阻。这也说明特朗普政府的遏华政策的影响力逐渐显现出来,在拜登政府执政期间也并没有改观。

"这一年访学期间我接触了大量的当地人。可能就是因为我作为华人参与的社交圈子的原因,我们认识的人对中国人都很友好,往往第一次见面就先替特朗普向我们中国人道歉。我感觉美国人为了标榜自己的政治正确都要调侃特朗普。不管是美国当地人还是华人,基本上都要调侃特朗普。"

"我们当时在美国认识的一些实验室的朋友,我回来之后有的时候会关注他们的动态,发现我们之后赴美的访问学者的受欢迎程度下降,这种情况是客观存在,就是(特朗普政府的)这种阴影始终都在,主要是理工科的访问学者,尤其是专业在特朗普当年出的制裁单子里边,(申请)难度是增加的,这种情况现在也没有解除。"

D老师提到了美国人把嘲笑特朗普作为政治正确的一种方式。美国总统特朗普的内政外交表现与其竞选阶段及上台之初的主张大相径庭,舆论对特朗普外交政策诸多评论莫衷一是,总体上认为特朗普从其赖以起家的"政治不正确"走向了"政治正确"。"政治正确"在美国有狭义和广义之分,狭义"政治正确"的过度发展在一定程度上损害了美国的言论自由和政治生态,由此形成了巨大的政治分裂。特朗普跳出"政治正确",把"美国优先"作为新的政治信条,其内涵就是"美国的核心利益"。特朗普绝不是只会锱铢必较的商人,他正在用其特殊的方式实现政治理想。没竞选总统之前,特朗普是"商业利益至上";竞选期间,特朗普是"选民利益至上";入主白宫之后,特朗普的"政治正确"归结为"美国利益至上"。2016年6月13日,美国佛罗里达州奥兰多同性恋酒吧发生美国历史上最严重的大规模枪击事件。当日时为总统候选人的特朗普在新罕布什尔州发表了著名的演讲《我拒绝政治正确》,其金句"我拒绝政治正确,我只做正确的事情——我想把事情变得简单一点,我想让美国变得再次伟大"广为流传,特朗普也被视为反对"政治正确"的代言人。①

---

① 徐海娜. 特朗普的"政治正确":美国利益就是一切[J].当代世界,2017(5):34-36.

D老师说美国人把"批评特朗普"作为社交的常见内容确有其事。特朗普在竞选时,其目标人群主要是美国蓝领白人工人,将工人收入的下降归结到外来移民和少数族裔身上,煽动种族主义情绪,来掩盖阶级矛盾。而特朗普在任期间,也多次涉嫌发布种族主义言论。特别是在弗洛伊德事件中,美国各地爆发抗议行动,美国总统特朗普连发推特,称很多人在滥用乔治·弗洛伊德(George Floyd)的死,进行有组织和预谋的破坏活动。推特因为特朗普的发言"鼓吹暴力",屏蔽了他的一条发言。在这条发言里,他称示威者为"恶棍"(thug),并表示"当趁乱打劫开始,射击就会开始"。特朗普的言论再次引发民众的不满,被指有种族主义的倾向。因此,很多人都会把"批评特朗普"作为自己政治正确的表示,以表明自己不存在种族歧视的倾向。

E老师认为特朗普政府的不友好政策自上而下的渗透和落实需要一个过程。在他访学的2018—2019年,他认为虽然有不友好的苗头,但总体上还没有渗透到全社会和所有个体,因而总体情况还是好的。但他也提及自己所在的地方是一个"小地方",可能大城市就不那么友好。

"在2017年之前的时候,还是一个国际大融合、国际大交流的趋势。所以你看到2018和2019年的时候,已经有遏制中国的苗头,但是还没有渗透到每个人、每个行业。我感觉总体来说我在那儿的时候还是比较友好,也没有说专门针对华人。我们在日常交往中,从学校里面的科学研究、学术研究交流到日常生活,包括去一些公共部门,总体来讲都是比较正常。特别是一些普通老百姓都还是比较友好的。我所在的地方是小地方,到了纽约、华盛顿,可能不一定会这么友好。"

F老师认为美国民众的对华态度需要分情况看。一些具有"批判性思维"、能够"客观评价"或者对中国有好感的民众不容易受到政治以及媒体的误导,他们对中国有自己的独立的、理性的判断。但也有少数美国民众容易受到政治和媒体的影响,从而对中国人表现出不友好。但总体而言,F老师的感受是很多美国民众更倾向于在遏华的政治环境中,隐藏自己的真实想法,表现出"远离政治"的态度。这种态度事实上也导致了很多美国民众不敢与华人有私人交往,使得中美在普通百姓的层面上比以往有疏离和隔阂。

"我觉得要分各种各样的情况。普通老百姓,如果说他非常有批判性思维,那他就会有一个客观的评价。比如说(美方院校)那边有一个负责语言培训的老师,平时我跟他交流蛮多的。他就直接告诉我,他说美国的很多东西他是看不惯的,像他这种比较理性的人,无论美国政府再怎么打压,他心里是有一杆秤,他的思维不会受政府太大的影响。所以我觉得美国底层的老百姓,其实是区分情况的,有一部分非常理性的、和中国原来就保持一个非常好的关系、或者说和中国人互动比较频繁的,他们不会受影响。他也知道美国人的这个双重标准和对中国的污名化,他们也知道中国是一个替罪羊,等等。但还有一些人对中国的了解就是通过美国的期刊、杂志和其他各种媒体,这些人往往受美国政治或者媒体的影响比较大。"

F老师认为美国遏华的政治环境对于高等教育国际化产生了显著的影响。第一,这些影响体现在美国大学的招生上。他去交流的那所著名美国私立研究性大学就以各种冠冕堂皇的理由减少中国学生的招生数量。第二,这所大学和中国的合作项目也显著减少。第三,这所大学在招聘教职工的时候,获得工作岗位的华人比例有所降低。第四,中国相关人群去美国学习和交流的意愿降低,转而到其他更友好的国家去留学或者访学。

"我觉得国际化是美国发展的很重要的一个方面,美国需要招揽全球的人才,所以他没办法去闭关锁国。但是在国际化这一块,跟中国脱钩、减少对中国的国际化(开放)的程度很明显。第一个是招生。例如我访学的那所美国大学,原来招收的中国学生很多,后来他们就出台政策,找各种各样的借口说中国的学生高分低能,或者要把原来给中国的招生份额分摊到其他国家,严格限制中国学生的比例。第二个就是合作项目。因为美国政治的影响,他们现在跟中国大学的合作项目数量很少。另外,我觉得在招收员工的时候,政治也会有影响,明显感觉到华人的比例比以前要低。对我们国内也会有影响。美国的教育质量挺高,但最近几年,留学生到美国去上学的这种意愿也有所降低。"

第五章 美国国际化政策对中美教师流动的影响

（四）赴美访问的效益

1. 对个人的效益

A老师感受到的个人收益主要体现在专业知识的学习和拓展上。通过旁听课程、参加大型学术会议、参加校内的师生交流会、参观非营利组织等各种活动，他对自己的专业研究领域有了更深入的了解。他所从事的专业在美国更加发达，因而他通过在美国的访学，在专业理论和实践应用上都取得了很大的收获。

"第一学期，我上了很多的课，参加了学术会议，还参加他们国际部的定期交流会。到国外我看到的东西还是不一样，确实也能够感觉到文化冲突。当时我还去斯坦福参加了他们的专业年会，还进行了实地参观。"

B老师同样旁听了课程，发现了中美大学在博士培养方面的差异，即美国大学的博士培养更加注重高频次的组会，也更加关注最新最前沿的论文，而不太注重基金项目的申报，对发表论文的数量和质量也没有硬性规定。相比之下，中国大学的博士培养更注重科研成果的质和量，除了毕业论文之外，还对发表论文的质量和数量进行了规定。

"我旁听了他们两门课，我觉得到美国W大学这样的排名比较靠前的学校去交流，自己还是蛮有收获的。我觉得在他们的博士生培养方面，和我们当时（在国内）读博士的时候的思路不太一样。我们当时读博士的时候，老师带我们主要是做一些项目，但是他们那边的老师不怎么做项目，他们每天就是看论文、做研究，每个星期都开组会，就把最前沿的论文拿过来一起讨论。因为他们关注顶级的期刊，然后他们写文章也发到顶级期刊上面。国内规定一定要发多少篇论文才可以毕业，美国的学校没有说一定要发多少篇期刊论文才可以毕业，但是那边的博士普遍都还是蛮重视写论文的。"

B老师的另一个收获就是加深了对美国人民的了解。他讲述了好几个亲身经历的事情来佐证"美国好人多但也有坏人"。他认为亲身的体验和电影或者书本上的了解很不一样，他通过一年的访学对美国人有了更深入的了解，更加辩证而客观地对美国人做出了评价：美国人和中国人一样，善良的人居多，但也有坏人；美国人里有一部分人受到政治的影响，但大多数人有自己的价值观和独立判断。

"我觉得我在美国待了一年,我对美国有更深入的理解,和我以前在书上或者在电影当中对他们的理解是很不一样的。我觉得大家的文化有共同的地方,哪个国家都是好人多,但是也有坏人。美国有他自己的文化特点,比如说美国的老百姓都比较好接触,但是你想要深入地跟他交流也比较难。美国人比较简单,比较直接,而且比较守信用。其实美国老百姓不太在意政治,他们有自己的价值观,他们很多人愿意帮助别人,有很多善良的人,所以对一个国家的认识要更加全面。"

C老师认为访学的收益体现在"公"和"私"两个方面。在"公"的方面,他的专业知识和能力得到了很大的提升,对自己所从事的专业有了更加深入的了解,并且有了实践操作经验。在"私"的方面,他的英语能力得到了提高,另外也建立起较好的国际关系网络。

"我觉得于公于私还是挺有收获的。除了去上本专业的课,我还自掏腰包参加了一个短期的培训项目。这个培训特别好,带我们去参观一些大的企业和非营利组织,然后都给我们每个人配备了导师,高强度地上课。我觉得从我专业的角度来讲,这增强了我对本专业的一些相关团体组织的了解,而且我自身也参与到了这些项目之中。第二,就是我自己的英语口语、听力都大大提升了。然后就我自己的个人网络来说,我觉得也建立了很好的一个关系网络。"

D老师的收获体现在"直接"和"间接"两个方面。直接的收获是他按照当初的计划顺利完成了博士论文,从而能够准时答辩。间接的收获是他和美国本地人有了更多、更深入的交流。

"收获可以体现在多个方面。我自己的直接收获就是专心把论文写完了,能够准时参与答辩。间接的收获就是增加了对美国语言文化的了解,虽然不能说有多深入,但是毕竟比以前更多地投入到跟当地人的交流上。"

E老师的收获体现在"工作"和"生活"两个方面。在工作上,他对国外的科研有了更加全面和深入的了解,包括研究方向、研究方法、实验工具等。他非常客观地指出对国外的科研不应该盲目崇拜,也不应该笼统地用"先进"或者"不先进"来概括,而是应该辩证地看待国外科研的优势与劣势,选择性地学习他们的优势。在生活上,他除了语言得到了提升,对美国人的生活习惯和思维习惯也有了更深入的了解。

"收获体现在两个方面。第一,在科研工作上,我们能够对国外的科学研究进行一个比较客观、近距离地学习观察。不是说我们只是片面地说他们好或者不好,而是说我们去深入到他们的工作中,我们能够比较近距离去看这些东西。在这个科研工作上,也不是我们盲目地说他有多先进或者多不先进。第二,在生活上也有比较全面的一些认识吧,然后语言上也有一些提升。"

F老师的收获体现在三个方面:第一个方面是学术能力的提高,包括学术知识的扩展、学术理论和科研方面的提升;第二个方面是高校管理能力的提升,他认为美国的一些高校管理经验可以在中国进行本土化实践;第三个方面是对美国文化有了更加深入的了解。

"我觉得收获很多。第一是学术方面,学术方面的见闻比以前扩大,无论是在理论还是方法上。第二是在工作方面。在大学的运作、高校的行政管理以及院系的管理方面,我觉得中国的大学可以从他们那儿学习一些东西。这并不是说国外的大学就绝对是我们学习的榜样,我们中国大学也有自己的显著优势,但是大家可以知己知彼。我们可以了解他们一些新的东西,加上我们自己的领悟和体会,把国际经验本土化,这样就能让我们中国大学发展得更好。第三,就是生活方面,当然中国有几千年的传统文化,有很多优秀的东西,但是国外也有一些我们值得学习的方面。"

2. 对中美交流的促进

D老师提到了他所在大学里的一个校工。这个人是典型的美国"红脖子",自身受教育水平不高,工作也不太好,但他不从自身找原因,而是对移民充满了敌意,勤劳的亚裔移民被他当作了主要的竞争对手和"假想敌"。D老师感受到了这个校工对自己的敌意,他采取了直接沟通的方式,告诉对方"和平和交流对彼此都有好处"。这种有礼有节的沟通方式体现出中国访问学者的高素质和涵养,非常有技巧地让对方了解中国人对待不礼貌的人并不会忍气吞声,而只是出自文化修养不愿意采取粗鲁的方式来回应。

"美国本土有少数的那种'红脖子',对我们亚裔人有敌意,这种人也是极少数,我就碰到过那么一个。我感觉他对亚裔人的敌意更多一些,因为亚裔人相对来说比欧美移民要更勤奋一些,相当于跟他竞争工作机会。感觉他心里最敌视的应该是当年奥巴马时期美国接纳的一些非洲的非法移民。一开始这些人是非法移民,奥巴马时期大赦,这帮人直接抢他的工作机会,跟他成为同事,甚至提拔得比他还快,对这些人他有直接的敌意。然后他间接的敌意就是朝向东亚、东欧的移民,哪怕这些移民是合法的,他总是觉得他的饭碗是被这些人抢走的。我能感受到他对我的不友好,我直接就跟他说了,我和他说:'我们都热爱和平和文化交流,欢迎他来中国,交流对彼此都有好处。'他好像听了之后舒缓一点。据说得克萨斯中西部那边这种'红脖子'更多,更容易被煽动起来,就比如说特朗普说中国人抢走美国人的工作机会,他们就信了。有的时候不是真信,是信了有好处。信了他们心理上就可以找到一种安慰。"

D老师在访学期间通过自身对中国文化历史以及发展战略的深厚积累,和一个当时对中国发展战略抱有误解的美国大学生进行了交流,使得这位美国大学生跳出了西方媒体狭隘报道和歪曲信息的桎梏,深入了解了中国人民的和平发展思维和中国政府"命运共同体"的全球发展战略。这种面对面的民间交流有利于美国普通民众更加清晰和深入地了解中国政府的发展战略所植根的中国悠久的历史文化和哲学思想,感受到中国普通民众对于中国政府的支持和热爱,也能够消除西方媒体对中国的抹黑和歪曲。

"我朋友认识一个(美国)当地的大三学生,当时就是学中文的,他之前还来过上海,短暂地来进修汉语,当时他的人生理想就是大学毕业之后能来上海工作。后来他的脑子里边装的全都是美国(政府)那边的影响,比如说中国搞新殖民什么的。当时他谈到一个中国的非洲战略,打算访谈中国人,我朋友就推荐了我,然后我跟他访谈了差不多一个小时。我就简单地回顾了一下从毛主席那个时代开始,我们中国跟非洲之间的关系,然后告诉他这种关系一直到现在都是一脉相承。我跟他说我们不是搞新殖民,虽然当时还没有'一带一路'这种提法,但是事实上我们搞的本来就是亚非拉的合作,跟以前的那种西方殖民完全不一样。我就跟他讲得挺清楚,他感觉蛮震撼的,因为我说你们这边全都是一家媒体,西方的主流话语一般都会抹黑中国,你们应该看看世界各地的媒体,到中国去看看,到非洲去看看,然后就会更清楚。"

E 的例子是一个和公寓出租公司维权的故事。公寓出租公司的工作人员作为商人,往往会以经济利益为上,面对英语不太好而又习惯沉默的外国人,如华人群体时,他们往往会出自商人盈利的目的,采用一些不公平或者不光彩的欺诈手段。但 E 老师作为一名访问学者,没有选择忍气吞声,而是据理力争,在讲道理无法奏效的情况下,E 老师选择到访学的学校去找律师,通过法律途径来维护自己的权益。这种有理有据、合法合规的维权方式体现出新时代中国人的优良的素质和能力,也反映出海外中国人已经不是历史上被欺辱和宰割的群体了。越来越多的高素质的中国人在海外学习和生活,能够让美国社会更好地了解中国人民的真实状态,这也是一种有效的国际沟通和了解的方式。

"当时我们租的是一个物业公司管的一片房子。感觉那些物业公司的工作人员很不友好。我们很多华人刚去的时候,语言没么好,他觉得你不懂,就可能会占取各种小便宜。当时他们收类似于佣金的费用,对有些人只收 50 刀,到我们就要收 300 刀。我就不同意,就跟他们去理论。他们一开始不让步,然后我们去学校约了个律师跟他聊了聊,后来他们就没敢跟我要(那么高的佣金)。他们不一定是针对我们这些华人,但是我们(华人)因为有时候语言不好,并且我们大部分人会选择沉默,那他做这些坏事就没有压力。但我跟他讲理、找律师,他也就服软了。"

F 老师遭遇到美国的一位大学老师对中国涉疆问题的指摘,这位美国大学老师明显是受到西方媒体的宣传和误导对中国的少数民族政策产生了误解。F 老师据理力争,对这位美国老师耐心解释了中国的少数民族政策和少数民族的生存状态,但这位美国老师依然冥顽不灵。F 老师就用美国印第安人的例子来进行回击,虽然双方不欢而散,但 F 老师有礼有节的回应必然会给这位美国教师留下一些教训,也让他知道不要没有根据地随便对其他国家的内部事务说三道四。

"有次在食堂里面吃饭,碰到一位美国副教授,他就直接跟我谈涉疆问题、维吾尔族问题。我说:'你没到中国去过,你是从哪了解的这些东西?我们中国的新疆发展得很好,对维吾尔族的打压不存在。我们现在对少数民族有很大的支持力度,新疆的学校不仅仅教汉语也教维吾尔语,是双语教学,我们的民族政策把五十六个民族当作一个大家庭。'他不相信,对我讲一些不友好的事,后来我就说:'你们美国当时对印第安人是什么样的态度?中国和美国根本就是不同的政策。'他听到这些话很不开心,好像是揭他美国的老底。"

(五) 对国际化的建议

B老师对国际化的建议是增进民间的国际交流。国外民众往往会受到新闻媒体、社交媒体或者网络视频的误导,容易对中国产生偏见或者形成刻板印象。第一条建议是增加线上的交流,通过网络媒介让更多的美国人了解真实的中国。第二条建议是坚持人员的交流,增加学校层面公益性的组织或者民间团体的沟通和交流,让普通民众通过实地观察和体验来真正了解另一个国家的真实情况和人民的真实想法。

"我觉得还是要更多地增进民间了解,有些美国民众对中国的认识可能还停留在很多年以前,网上的一些视频是带有倾向性的,宣传不是很正面,会误导美国民众,所以我们国家应该更加重视民间交流这一块。比如说学校层面公益性的组织或者民间团体的沟通和交流很重要,可以增进彼此的了解,因为美国的老百姓可能不是像我们想象的那样,他们不一定有那么强的偏见,他只是不了解我们,也没有跟我们接触过。我觉得我们国家还是应该去支持一些中美定期的沟通和交流,比如说线上的沟通平台。如果没有一个信息互通的平台,那只能是通过我们这样的交流人群来增进了解。就像我之前对美国有很多误解,但是我在那里生活一段时间,了解了之后,我觉得大家都是一样的,人都是一样的,有好人有坏人,然后大部分人都是好的。可能美国人对中国人的印象也是这样的,他们来中国了,了解中国了,接触了大量的有关中国的东西,他们可能就会认同你。"

C老师认为未来的国际化发展需要根据专业发展需求来定,有些学科对国际化的需求不是那么高,但有些学科就需要在国外进行沉浸式的体验和学习,否则的话就是"纸上谈兵"。

"对于未来的国际化发展,我觉得还是要分学科。比如说像有的学科,可能确实在国内就可以达到目标,但是有的学科可能更多的是需要一个情景的沉浸,如果你只是在中国讨论美国的某些实践模式,那还是属于纸上谈兵,我必须亲身参与,去了解他具体的运作。"

D老师提的建议主要为两点。第一,采取曲线交流的途径。他认为在目前中美交流不顺畅的局面下,可以让国内的学子或者学者先去那些对中国相对温和的欧洲国家去交流,然后再和美国交流。以这种通过第三方的途径来"消解这种极端的政治对抗带来的负面效果"。第二,加强民间交流。D老师举了两个例子。第一个例子是聘请外教的例子。国内院校对外教往往会有专门的教师负责联络,帮助外教解决工作和生活中的问题,联络老师还会组织教师、学生和外教一起过他们的传统节日。这种"发自肺腑"的对美国教师的友善会让他们铭记在心,也使他们不会受到美国政府对华政策的左右。第二个例子是富布赖特项目的例子。中美富布赖特项目自1979年运行,作为中美两国政府间重要的教育交流项目,它由中华人民共和国教育部与美国驻华大使馆共同负责、平等磋商、合作管理,旨在通过教育和文化交流促进国家间的相互了解。但在2020年,时任美国总统特朗普发布一项行政命令,终止了富布赖特项目。

"我觉得我们要紧跟党中央的政策,比如说经济方面是最大的冲突,属于直接的冲突,国家能够想办法缓解,那么我们作为老百姓也应该积极地缓解这些冲突。比如说交流的时候,可以走一些曲线的(途径)。跟美国直接交流有困难,那我们可以先跟欧洲的院校交流,通过他们再跟美国交流,效果也蛮好。这样的话就是以比较聪明的经济和文化手段,来消解这种极端的政治对抗带来的负面效果。"

"这两年美国外教到中国的也少了很多,我自己还是希望我们国内能够恢复聘请外教的传统,甚至外教可以往更年轻化这个方向发展,然后也可以更多元化,英国的、欧洲的、澳大利亚的、加拿大的外教都应该有。中国大学都有老师负责外教事务,比如说过圣诞节的时候,就会组织活动,请老师、同学陪着外教过节,这样的话就让外教感觉很温馨,他对中国这种好感是一辈子都不会忘的,而且他们会吸引其他的人来中国工作。这个比特朗普他们说一万句坏话都管用,因为中国人对他们就是好,这个东西不是虚构出来的,而是发自肺腑的,政府没有下命令,学院也没有下命令,都是这些老师、学生发自内心地对他们亲近。所以我认为民间交流极为重要。就像那个富布赖特项目,那个虽然当初也是美国一个议员推出的,但是后来在民间发展得很好。这个项目暂时停掉了,因为它毕竟是政府付钱,我相信以后肯定还是要恢复的。即使这个项目停了,还会有下一个以别的名字命名的新项目,文化交流是断不了的,全世界现在谁都离不开谁。"

E老师认为中国教师很有必要走出去,在线形式可以作为一个互补的手段,另外还可以促进国际化交流形式的多样化。E老师对中国政府对教师国际化的支持方面提出了一些建议,他认为可以在办事流程和资助方面加大力度,例如简化流程、公开信息、保留访学教师国内的工资等。

"教师还是很有必要走出去。如果只叫一个老外来参加会议,这勉强也能算国际会议,但这能是什么效果呢?在线会议的形式比线下效果要弱一些,可以作为互补。在线的形式还可以促进国际化交流形式的多样化,比如我们搞一个论坛,不用再大张旗鼓地去组织,约一个时间,请英美或者欧洲、澳大利亚的几个专家,大家可能抽半天的时间做个报告,然后交流交流,这样也很好,短平快。"

F老师首先认为应该继续坚持开放。他认为当今世界是一个命运共同体,闭关锁国长远来说会产生严重的后果,开放也是党中央一直以来的国家战略。开放的必要性体现在三个方面。第一是我国在原创性的科技方面和国际先进水平还有距离。第二,在一些领域的基础研究方面我们还需要迎头赶上。第三,在人文社会科学方面我们也需要和国外更多地沟通和交流。

"我觉得我们的国门不能关闭,国际化应该始终成为中国的一个国家战略。现在全球应该是一个整体，就是习近平总书记提的这个命运共同体。如果说完全闭关锁国，不听国外的声音，缺少必要的交流，这个问题非常严重。现在我们中国在许多方面对全球的贡献比较大。国际化确实给中国带来了巨大的变化，中国能有现在的国内生产总值，全球第二，如果说没有当初的国际化战略，没有改革开放，我们现在的成就就没办法想象。改革开放不能有任何的动摇。不仅不动摇，而且要继续扩大改革开放，这也是中央二十大提出来的一个精神。我觉得全民必须有这样的一个认识，要非常清醒地认识到我们中国现在跟国际的差距。这个差距是多方面的。第一，我们在独创性方面还是有差距。我们非常注重GDP，以经济利益为核心，但我们原创的科技可能还是需要长足的发展。第二，在基础研究方面，我们的一些领域跟国际的差距还较为明显。第三，我觉得在我们的人文社会科学方面的研究也存在一些问题。不是说我们中国的人文社会科学一无是处，而是说在研究方法、对一些问题的看法上面，国内的研究可能就是跟国外不是一个频道，我们研究的科学性方面可能要进一步加强，所以需要国际沟通和交流。人文社会科学对社会的贡献也是非常大的，千万不能搞成两张皮。我们的理工科迎头赶上了国际先进水平，甚至于超越了西方的一部分的研究领域，但是我们的人文科学、社会科学也必须要和国外保持交流，也要加快发展。这相当于我们两条腿走路，必须平衡。"

F老师还对当前中美关系紧张的局势下国际化的形式提出了建议。第一，国际化可以减少对传统的物理流动的依赖，融入在线国际化。第二，国际化可以走多样化道路，加强全球的国际化部署，减少对美国等西方国家的依赖。第三，加强"走出去"的国际化战略，使中国的教育、文化更多地在全世界得到宣传和接受。第四，提高国际化的利用效率，充分发挥已获取的国际化元素，利用在地国际化来发挥这些既有的国际化元素对我国高等教育的作用。

"在我们这个国际化的这个过程当中，受疫情和国际争端的影响，国际化相比以前可能会受到更多的物理阻隔，但是我们能不能通过一些现代科技去进行这个教育交流呢？当然我们不能把鸡蛋放在美国这一个篮子里，我们可能要有一个全球的国际化部署,不仅仅是欧洲、北美洲,我们在南美洲、非洲、其他'一带一路'沿线的这些国家,都需要一些国际化的布局。国际化概念的界定,除了尖端科技、高等教育、一流大学,范围可以广一点,比如说文明、文化。像非洲,它其实也有很多东西值得我们去学习。我觉得国际化发展的内涵要打破原来的框框,要跟我们传统意义上的、仅仅跟西方发达国家学习的那个国际化要有所改变。还有一个含义,就是我们'引进来'和'走出去'都要抓,特别是走出去的战略。在全球布局中对加强中国的教育、文化的宣传和推荐,这也是国际化的一个重要方面。另外,我们要提高国际化的利用效率,就是我们讲到的在地国际化,把我们现有的国际化要素,比如说我们曾经访学、留学过的归国人员,我们现有的跟国际已经达成的各种各样的交流平台,还有我们从国外引进的教材之类,充分利用起来,基于中国本土来提高国际化的效率。"

四、总结与讨论

本章基于对六位赴美交流的中国教师的访谈,得出以下几个结论。第一,赴美交流的教师在访学计划之初就有各自的动机,并且他们的动机都比较明确,这些动机融合了"推力"与"拉力",在个案中可能会有"拉力"大于"推力"或者"推力"大于"拉力"的情况。明确的动机使得这些教师在赴美交流期间较好地规划了自己的工作、学习与生活,充分利用美国大学的教学和科研资源,取得了专业知识、教学和科研能力、文化视野、外语技能、学术网络等多个方面的显著提升。当然,也有三位教师遭遇了新冠疫情这个不可抗力,因而在美国的学习和生活遭遇了非正常的阻碍。

第二,赴美交流的教师在美国交流期间遭遇了源自美国政府对华不友好政策的不同程度的困难,这些困难主要集中在五个方面。第一个方面是签证和入境的困难。受访者大多为人文社科领域的学者,因而被拒签的可能性相对小一些。受访者虽然都成功地获取了美国签证,并没有遭遇阻碍,但两位受访者提及自己在去面签之前比较恐慌,担心会被拒签。受访者还提到了自己的家人或朋友的签证申请被审查,甚至被拒签。由此可见,特朗普政府上台后执行的遏华政策对中国学者赴美交流产生的阻碍最直观的表现就是在签证的发放上。

第二个方面是联系美国接收院校的困难。所有受访者都提及了华人学者在帮助联系接收院校和美方导师或者协调交流事宜的过程中所起的重要作用。华人学者在中美交流中起到了重要的桥梁作用，成为国际交流合作的助推器和催化剂。华人移民及其后裔寻根问祖的天然意愿、坚守和传承中国文化的固有心态，成为中美交流中可持续发展的源泉和动力。华人学者对中国学术文化和中国学术传统也更加了解，更加能够欣赏中国学术成果的价值，也更加深切地意识到中美学者加强交流的迫切性和重要性。他们在中美学术交流中起的中介和桥梁作用将会极大地缩减手续的烦琐和减少沟通障碍。

第三个方面是在美期间教师学习和生活所遭遇的困难。赴美交流教师在学习和生活中或多或少地感受到了源自美国政治压力的困难。有的教师的感受比较直观，如来自生活中少数对中国有敌意的美国人的不友好的言语或者态度，像公交车上的乘客、超市的工作人员、大学里的工人等。还有的教师感受到的敌意并不明显，主要体现为美国人刻意的疏离和躲避，如在科研中不愿意和中国学者合作、在工作中不愿与中方孔子学院的管理人员进行密切接触、在生活中不愿与中国学者有密切的社交活动等。赴美交流教师的家人也遭受了一些敌意，如教师的孩子在学校里遭遇其他孩子的言语攻击。

第四个方面是中美院校交流遭遇的困难。中美院校在交流上也遭遇到来自特朗普政府遏华政策的压力。一个方面体现在美国院校接收中国访问学者的名额减少，另一个方面体现在中美高校的教育和文化交流活动被迫减少或取消，如原先计划好的校级互访、课程共建或者科研合作等。另外，在美国政府的高压下，大量的孔子学院被迫关闭，这个重要的中国语言文化在美传播的途径被粗暴切断。

第五个方面是中美两国教育文化交流的困难。中美两国人员在物理流动上遭遇了困难，两国之间的航班大量减少，赴美签证也显著减少。美国政府通过政治施压和政策管控,对热心于中美交流的相关人士进行了毫无依据的审查甚至迫害,导致了热心民众对于原本正常的国际交流抱有恐惧和戒备的心理。这种两国之间的交流受阻并不能切断世界各国民众期盼交流合作的美好愿望,反而导致一定程度的国际交流多元化,更多的中国学者会转向除美国之外的其他国家去交流,或者寻求中美之间间接的交流方式。

第三,赴美交流的教师在美国遭遇了一些针对华人的敌意,这些敌意主要来自美国政府和媒体的渲染和引导。对华人抱有敌意的只是少部分人,他们受到了美国政客们的鼓动,而遏制中国已经成了政客们在大选中表明其"政治正确"的工具。这些政客带动媒体对中国及华人"污名化",歪曲事实,这种遏华的政治倾向在特朗普执政期间变得激化,而疫情更成了美国政府遏华的催化剂。这些政治上的敌意自上而下,逐渐渗透到院校和民众等各个层次。在院校层面上,鉴于政府拨款和相关政策对院校的约束,大多数美国院校因无法顶住政府的压力而被迫改变对中国学者或者学生的相关政策,当然也有个别美国高校能够策略性地应对政府压力,以更加隐蔽的方式来保持中美之间的教育文化交流。

美国政府的遏华政策对于美国普通民众的影响因人而异,主要看美国民众个人的价值判断能力以及对中国的立场和态度。访谈对象认为绝大多数美国人都对中国心怀善意,但在美国遏华的政治气候中,一些人只能选择明哲保身的态度,但一些受教育程度比较高、具有独立的判断能力、原本对中国比较了解、对中国比较友善的民众会继续保持对中国的友好态度,而极少数原本就对发展中国家、对全球化等心怀不满的民众在政府和媒体的煽动下,可能会产生对中国不友好的态度。

第四,赴美交流的教师取得了较好的收益。赴美教师取得的收益主要集中在对个人的促进和对中美交流的促进两个大方面。对个人的促进体现在科研、教学、管理、跨文化交际和理解能力这四个方面。在科研上,教师们都取得了显著的收益,他们通过旁听课程、参加研讨培训、参加学术会议等多种方式来拓展专业知识、提升专业技能、拓宽专业领域,从而获得了较好

第五章　美国国际化政策对中美教师流动的影响

的专业提升。在教学上,他们吸取了美国的课程设置理念和教学方法,以期回国以后对于国内的课程改革有帮助。在管理上,一些老师吸取了美国高等教育管理的先进经验,以期回国以后有用武之地。在跨文化交际和理解能力上,所有老师都认为赴美交流提升了自己的英语能力,沉浸式的工作和生活让他们更深入、更全面、更真实地了解了美国社会和美国文化。在促进中美交流的收益方面,几位教师讲述了他们在美国遭遇不友好事件时,采取了有礼有节的反击,不仅展示了中国人对自己祖国的热爱和对中华文明的自豪,也展现了现代中国人已经习惯于用法律和法规来捍卫自己的正当权益。

　　第五,赴美交流的教师对于未来高等教育国际化的发展提出了建议。这些建议主要集中在以下三个方面。首先,加强民间合作交流。接受访谈的教师们一致认为民间交流对中美两国的政治、经济、教育等各个方面的合作和发展都有重要意义。美国华人学者徐德清博士认为:普通的美国民众所关心的问题和美国联邦政府关心的焦点是存在偏差的,一般的美国民众与中国老百姓无异,每天更关心自己的柴米油盐酱醋茶,关心自己的工作、物价、纳税,关心子女的教育等,这些双方都是相通的,百姓之间其实并没有太大矛盾。"国之交在于民相亲,民相亲在于心相通"(化用自《韩非子·说林上》),习近平主席在2023年11月访美的演讲中也提到"中美关系希望在人民,基础在民间,未来在青年,活力在地方"。[①] 对于任何国与国关系,如果民众之间来往密切、相互有好感,对于建立两国友好关系是很重要的。中美两个世界大国,除了国家力量,社会力量也很强大,中美交往不仅在于政府层面,更在于社会层面。两个强大的社会如果建立起紧密联系、开展广泛合作,双边关系的基础就会异常牢固。中国人民大学国际关系学院教授金灿荣认为:"大国和小国不同,对于小国而言,外部因素往往可以影响其内政;而大国都是内政决定外交,而内政往往是由民意决定的。本身两个社会

---

① 新华社.习近平:中美关系希望在人民,基础在民间,未来在青年,活力在地方[EB/OL].(2023-11-16)[2023-12-22]. https://www.gov.cn/yaowen/liebiao/202311/content_6915610.htm.

交往密切,民众相互友善,并且有着发展双边关系的愿望,政府层面积极推进中美关系也就顺理成章了。搞大国对抗牺牲的是人民的发展机遇,阻遏交流切断的是人民相知相亲的渠道,'脱钩断链'的成本最终要由人民埋单,阻遏交流切断的是人民相知相亲的渠道"。① 浙江外国语学院美国研究中心主任王冲认为加强民间交流有诸多层面可以入手,"比如从媒体交流入手,让更多的记者可以常驻对方国家,不戴有色眼镜,增进客观的了解;一些半官方或民间机构可以主动牵头,组织各种形式的民间交流,让它丰富立体起来;还有留学生也是很重要的一个交流渠道"。② 2023 年 5 月美国驻华大使伯恩斯曾在一次座谈会上说,在美国大约有 29.5 万名中国留学生,但在中国的美国留学生只有 350 人,"这种不对等对于双方相互客观认知是有影响的。交流应该是双向的,未来我们应该吸引更多美国学生来华学习生活,更多地了解中国"。③ 接受访谈的教师们和专家的意见不谋而合,一致认为在美国政府出台了多项遏制中国的政策之后,官方的交流渠道受到政治因素的影响而受阻,在这种情况下民间的交流就应该发挥更大的作用,从而弥补因为官方渠道阻塞而导致的了解匮乏或误导。留学生和访问学者正是民间交流的重要力量。

其次,增加中国政府对于国际化交流的支持力度。在目前赴美交流难度增加的情况下,一些教师可能会产生畏难情绪,担心无法找到理想的合作院校或导师,或者担心签证遭遇审查甚至拒签,这些教师可能会选择推迟甚至放弃赴美交流的计划。鉴于国际交流对于教师队伍建设的重要性,中国政府有必要加大对教师国际化的支持,如增加名额、增加资助力度、简化流程、信息公开透明等,使教师更加积极主动地参加国际化交流。

再次,寻求国际化的多元化发展。国际化并不等同于"美国化",在中美

---

① 屠晨昕. 让民间力量推动中美关系的巨轮顶着风浪行稳致远[N]. 北京日报客户端. 2023-11-16. https://baijiahao.baidu.com/s? id=1782692256006050482&wfr=spider&for=pc.
② 屠晨昕. 让民间力量推动中美关系的巨轮顶着风浪行稳致远[N]. 北京日报客户端. 2023-11-16. https://baijiahao.baidu.com/s? id=1782692256006050482&wfr=spider&for=pc.
③ 屠晨昕. 让民间力量推动中美关系的巨轮顶着风浪行稳致远[N]. 北京日报客户端. 2023-11-16. https://baijiahao.baidu.com/s? id=1782692256006050482&wfr=spider&for=pc.

国际化通路受阻的情况下,应该需求更加多元化的发展路径。如寻求更加多元的国际化合作伙伴,除了美国,还可以和世界其他国家建立更加紧密的合作。正如德国卡塞尔大学的高等教育专家泰希勒(Teicher U.)在接受中国学者的访谈中所说:"不管一个国家有多小,有多偏远,都有值得学习的知识。"①除此之外,还要加强在地国际化的建设。正如习近平总书记在2020年"两会"上指出的那样,"我们还要面对世界经济深度衰退、国际贸易和投资大幅萎缩、国际金融市场动荡、国际交往受限、经济全球化遭遇逆流、一些国家保护主义和单边主义盛行、地缘政治风险上升等不利局面,必须在一个更加不稳定不确定的世界中谋求我国发展"。② 在美国"逆全球化"的逆流下,我国高等教育国际化要素与资源流向正经历前所未有的变革与挑战,应该以"十四五"规划为契机,调整国际化发展的方向,将对外开放与向内发力结合起来,将本土国际化作为重要的国际化战略。③ 在地国际化并不是简单的"内循环",而是要放在国内国际双循环的格局中去考量,应该置于"一带一路"的布局和国内在线教育迅猛发展的形势中考量。④ 发展国际化应该从宏观、中观和微观三个层面上进行。在宏观层面上要加强在地国际化战略指引与政策布局;在中观层面上要优化完善接轨国际的高质量办学模式;在微观层面上要立足本土打造国际化课程与教学体系。一是要重点落实师资国际化、课程国际化和教学国际化等在地国际化的核心任务,通过人才优待政策招聘优秀外籍教师或有相关国际经历的海归教师,积极共建或引入国际先进、国内急需的课程和教材,构建面向全球的跨文化课程体系;二是要推动数字技术赋能的课程与教学创新,积极通过云课堂、在线学习等方式实现远程国际化,打造虚拟流动全球合作网络;三是重视社团活

---

① 刘进,林松月,高媛.后疫情时期高等教育国际化新常态——基于对菲利普·阿特巴赫等21位学者的深度访谈[J].教育研究,2021,42(10):112-121.
② 王维.应对全球发展赤字的中国方案[J].中国发展观察,2020(13-14):33-34.
③ 王绽蕊,乌尔里希·泰希勒,张优良.高等教育国际化:全球视野与中国选择[M].北京:科学出版社,2021:193-196.
④ 蔡永莲.在地国际化:后疫情时代一个亟待深化的研究领域[J].教育发展研究,2021,41(3):29-35.

动、社区实践等非正式场合的融入式教学和启发式教学,加快搭建国际化课程资源共建共享平台和经验交流平台,鼓励教师因地制宜进行探索和创新,积极推广宣传优秀教学案例。[①]

针对本章开头提出的三个研究问题,相关的访谈研究给出了较为清晰和明确的答案。

第一个研究问题是特朗普政府的国际化政策对中国学者赴美交流意愿的影响。从访谈内容中可以看出,特朗普政府的反国际化政策,特别是其对华的不友好政策,对中国学者产生了显著的推拒作用。这些政策包括签证限制、入境审查增加以及对特定学科领域的特别关注,导致中国学者尤其是理工科背景的学者在申请签证时遭遇更多困难。例如,美国政府对孔子学院的政策收紧以及对某些专业的签证申请进行更严格的审查,这些都直接影响了中国学者的赴美意愿。此外,美国政府的不友好言论和政策也造成了一些民众的盲目跟随,增加了中国学者对赴美交流的顾虑。

第二个研究问题是特朗普政府的国际化政策对中国学者在美交流的效果产生的影响。从访谈内容中可以看出,在美交流的中国学者受到了特朗普政府政策的负面影响。签证问题和入境困难导致了一些学者提前结束交流并离境。学术交流的开放性受到限制,美国教授在与中国学者合作时变得更加谨慎,担心可能受到政治打压。这种政治环境的变化对中国学者的学术交流和科研合作产生了不利影响,使得一些合作项目难以进行,学术交流的氛围也受到了影响。

第三个研究问题是在美国遏华政策的背景下,中国学者对待高等教育国际化的态度。从访谈内容中可以看出,尽管面临美国的遏华政策,中国学者普遍认识到国际化对于高等教育的重要性,并保持积极的态度。他们认为,国际化不仅是国家战略,也是个人职业发展的需要。中国学者提出了多种应对策略,如增加线上交流,通过网络媒介让更多外国人了解真实的中

---

① 刘宝存,苟鸣瀚.高等教育在地国际化的关键经验与中国选择[J].中国高等教育,2023(19):40-43.

国,减少误解和偏见;坚持人员交流,通过学校层面的公益性组织或民间团体的沟通和交流,增进相互了解;曲线交流途径,在中美直接交流困难时,可以通过其他国家作为中介进行交流;加强民间交流,通过聘请外教、庆祝传统节日等方式,建立友谊和理解;加大政策支持,建议国家在政策上提供更多支持,如简化出国交流的流程、提供更多信息和资助;实施多样化国际化,减少对美国的依赖,加强与其他国家的交流合作,提高国际化的利用效率。

第六章　美国国际化发展趋势以及中国的应对

第一节　新世纪美国高等教育国际化的本质特征

美国高等教育国际化政策基于本国利益发生演变,政治、经济、公共卫生等重大事件往往成为国际化政策以及国际学生流动的变化节点,而新冠疫情对国际流动格局带来了历史性的挑战。从美国高等教育国际化的发展轨迹可以看出,美国高等教育国际化政策遵循其内在逻辑,始终为塑造"西方中心"的国际教育秩序及全球教育资源与人才流动格局贡献重要力量。

一、以新自由主义为理论逻辑

二战后,新自由主义逐渐成为西方的主流思想意识形态,它强调市场机制在资源配置中的高效性,主张取消政府计划下的资源配置框架,削减国家对高等教育的资助,倡导知识的商品化和高等教育的准市场化。新自由主义逐渐取代学术自由而构成了美国高等教育国际化的内在逻辑,这种新功利主义逻辑主要包括效率与问责制、认证与普及化、国际竞争力、私有化四大方面。

自20世纪80年代以来,美国国际教育政策的价值取向从之前的学术为主、政治为主转向多元价值取向。第一,美国把国际教育作为竞争和营利的手段,而把知识生产和文化交流的社会责任抛在脑后。第二,新管理主义和绩效评估被引入国际教育运营,很多美国大学以"文凭磨坊"来吸引国际生源。第三,"高校的存在主要服务于社会经济繁荣",教育成为国际竞争的重要力量,美国大学为提升国际竞争力而实施"竞争型改革"。[1] 新自由主义基础上的国际教育隐藏着巨大的弊端:一些美国高校过分依赖国际学生的学费收入,造成学术标准降低,导致"签证工厂"的兴起;商业化导致教育质量下降;处在人才链底端的国家面临人才流失的威胁。在西方知识经济的社会语境下,大学之间的等级结构通过新自由主义的实践而不断再生产,非西方国家一定程度上失去了人才和文化的自主,而被迫卷入"资本主义的涡轮"。[2]

新自由主义作为美国高等教育国际化的内在逻辑,本质上是新功利主义逻辑,因而既能带来利益,也能带来危险。一方面,新自由主义通过提升人力资本来提高个人和国家在全球经济体系中的竞争力。在此意义上,新自由主义作为美国高等教育国际化的内在逻辑对其生存发展具有一定的 GDP 贡献,体现在高校成为国际竞争的重要力量。但是,这种新自由主义内在逻辑潜在的危险却不可忽视:其一,新自由主义强调个人责任而非社会责任,高等教育的公共服务功能被弱化,高等教育追求真理、服务于人类命运的社会责任感被淡化;其二,新自由主义改变了传统的高校运作模式,新管理主义被引入了高校管理,绩效成为评估的主要依据,使得绩效管理凌驾于学术自由,大学的焦点也从学术导向转向企业主义。[3]

新自由主义支配下的高等教育国际化偏离了传统意义上基于合作与互惠互利,趋向于竞争、商业化与利己主义。因此,该国际化模式的不良后果逐渐显现为处在人才链底端的国家面临人才流失的威胁,过分依赖国际学生学费收入的一些高校的学术标准经不起检验及商业化导致高等教育质量下降。

---

[1] 詹德赫亚拉·B. G. 提拉克. 高等教育国际化的经济分析[J]. 刘丽芳,邓定,译. 教育与经济,2013(1):9-15.
[2] 霍少波. 高等教育国际化的两种取向[J]. 高教探索,2020(10):18.
[3] Currie, J.. The Neo-liberal Paradigm and Higher Education: A Critique. J.K. Odin & P.T. Manicas.(eds.). Globalization and Higher Education[M]. Hawaii: University of Hawaii's Press. 2004:42-62.

二、以新殖民主义为历史逻辑

新殖民主义认为"中心—边缘"依旧是全球高等教育系统的基本格局,工业化国家应实施一系列政策,以维持他们对第三世界国家的支配以及在高等教育领域的力量和影响。[①]

美国作为中心国家,其对边缘国家的支配性影响体现在政治、经济、文化等多个领域。新殖民主义高度关注政治层面的影响。美国通过制定国际高等教育政策、参与国际教育组织等方式,对第三世界国家的高等教育进行干预。这些政策和组织往往以推动全球教育公平和合作为名,实则旨在维护工业化国家的利益。例如,通过制定统一的教育质量评估标准,美国可以间接控制第三世界国家的高等教育质量,从而确保其在全球高等教育体系中的竞争力。

从经济角度来看,新殖民主义认为工业化国家通过提供高等教育援助、奖学金、合作项目等方式,对第三世界国家进行经济渗透。这些援助和合作往往附带一系列条件,如必须采用特定的教育模式、课程设置或研究方法,从而间接控制这些国家的高等教育发展方向。通过这种方式,工业化国家不仅确保了自身的经济利益,还进一步巩固了在全球高等教育体系中的中心地位。一个典型的例子就是二战结束后到20世纪80年代,美、苏两大阵营以及一些西方发达工业国家对落后国家和地区提供教育和技术支持,其主要动机就是"以国家的利益、以国家的本体存在作为出发点"。[②]

从文化角度来看,新殖民主义强调工业化国家通过高等教育传播其文化价值观。这包括推广英语作为全球通用语言、引入西方学术体系、强调科学理性主义等。这些文化元素的传播,使得第三世界国家的高等教育逐渐西方化,从而削弱了其本土文化的影响力和认同感。这不仅有利于工业化

---

① 菲利普·G.阿特巴赫.作为中心与边缘的大学[J].蒋凯,译.高等教育研究,2001,22(4):21-27.
② 吕林海.解读高等教育国际化的本体内涵——基于概念、历史、原因及模型的辨析与思考[J].全球教育展望,2009(10):55-60.

国家在全球范围内的文化扩张,也进一步巩固了其在高等教育领域的支配地位。

在当代历史发展中,美国秉承殖民主义思维,试图牢牢占据语言文化、科学技术、高等教育模式的传统优势地位,通过国际教育政策的调整攫取"边缘"国家的物质和人才资源,同时向全球持续输出西方价值观和影响力。在美国的高等教育国际化发展过程中,美国始终以维护西方中心的国际教育格局为核心目标,捍卫西方国家的"人才高地"效应和"价值观标杆"作用,使"边缘"国家在教育发展、人才培养、知识创新模式上形成对"中心"国家的心理和技术依附。以美国为首的英语国家成为国际流动的"中心",研究能力的差异性分配、英语的全球优势地位以及西方高等教育模式都成为吸引"边缘"国家人才向"中心"国家流动的向心力。[①] 以美西方为中心的国际教育格局实现了财富和人才从边缘到中心的聚拢以及西方价值观从中心向边缘的扩散,从而在高等教育发展模式上形成"边缘"对"中心"的心理和技术依附。高等教育国际化成为以美国为首的西方发达国家对欠发达国家进行更隐蔽的控制和剥削的方式,和西方近代的殖民主义一脉相承。美国的高等教育国际化输出"类似于一种变相侵略和资源掠夺,比其他的侵略显得更为隐蔽,发挥着拉拢人心的作用"。[②] 相对于传统的殖民主义,新殖民主义语境中的高等教育国际化帮助西方发达国家对欠发达国家实施更加隐蔽的控制和剥削。可以说,美国通过国际化这个文化帝国主义的"特洛伊木马"来控制发展中国家的高等教育领域。[③]

美国高等教育国际化政策对其新殖民主义逻辑并不讳言,其高等教育国际化战略毫无例外都把全球竞争、扩大影响力、利益扩张和意识形态输出作为其重要目标,与历史上控制、掠夺、单边、利己的殖民主义逻辑一脉相承。首先,全球竞争是美国高等教育国际化政策的核心目标之一。美国高

---

① Marginson, S.. Dynamics of National and Global Competition in Higher Education[J]. Higher Education,2006,52(1):1-39.
② 肖凤翔,张荣.美国教育软实力提升的路径选择及启示[J]. 2020,76(3):70-75.
③ 詹德赫亚拉·B.G.提拉克.高等教育国际化的经济分析[J].刘丽芳,邓定,译.教育与经济,2013(1):9-15.

等教育机构积极参与全球教育市场的竞争,旨在维持并加强其在全球高等教育领域的领先地位。这种竞争不仅体现在学术声誉、科研实力等方面,还涉及吸引国际学生、师资资源以及国际合作伙伴的竞争。通过这种全球竞争,美国高等教育机构进一步巩固了其在新殖民主义体系中的中心地位。

其次,扩大影响力也是美国高等教育国际化政策的重要目标。通过与国际高等教育机构建立合作关系、开展联合培养项目、推动师生交流等方式,美国高等教育机构积极扩大其在全球范围内的影响力。这种影响力的扩大不仅有助于提升美国高等教育的国际形象,还为其在全球范围内推广其教育理念、文化价值观以及意识形态创造了有利条件。

再次,利益扩张是美国高等教育国际化政策的又一重要目标。通过招收国际学生、提供留学服务等方式,美国高等教育机构获得了丰厚的经济利益。同时,国际化战略还促进了美国高等教育机构与跨国企业、国际组织的合作,进一步推动了其商业利益的扩张。这种利益扩张的背后,反映了新殖民主义体系中美国对全球资源的掠夺和单边主义的特征。

最后,意识形态输出是美国高等教育国际化政策的重要组成部分。通过教育国际化战略,美国高等教育机构向全球传播其价值观、政治理念和社会制度。这种意识形态的输出不仅有助于巩固美国在全球范围内的文化霸权地位,还为其在全球事务中谋求更多的政治、经济利益提供了有力的思想支持。这种意识形态的输出与新殖民主义体系中控制、单边、利己的逻辑紧密相连。

三、以狭隘民族主义为现实逻辑

在危机应对中,美国的高等教育国际化政策以狭隘民族主义作为其现实逻辑,近年来甚至朝着极端民族主义的方向演变。疫情前美国等西方国家至少在表面上对包容体系做出过努力,而疫情后部分国家更加凸显以自我为中心的国际化思维。[①] 他们秉持着"西方优先"的原则,把狭隘的民族国家利益奉为圭臬,背弃了高等教育在培育"全球公共产品"方面的特殊使命。

首先,狭隘民族主义的核心特征在于其对外来文化和价值观的排斥与恐惧以及对本国利益的过度保护。在美国的高等教育国际化政策中,这种情绪体现为对国际学生的限制、对国际学术交流的阻碍以及对国际教育合作的疑虑。这种狭隘的立场限制了美国高等教育的开放性和多元性,削弱了其在全球范围内的吸引力和竞争力。近年来,随着美国国内政治和社会环境的变化,这种狭隘民族主义情绪进一步加剧,甚至开始朝着极端民族主义的方向发展。极端民族主义往往强调种族、民族或文化的优越性,排斥异己,主张以本民族的利益为最高准则。在美国高等教育领域,这种极端民族主义的表现包括更加严格的国际学生招生限制、对外国学术成果的偏见和歧视以及对国际合作项目的审查和阻挠。

狭隘民族主义在高等教育国际化政策中的显著表现之一是国际高等教育的商品化。美国把国际教育作为垄断性商品,通过知识销售、不公平竞争和贸易保护等多种手段来维护其独占性地位及其高额经济回报。首先,美国高等教育机构通过知识销售的方式,将教育资源转化为经济收益。这些机构拥有先进的教学方法、优质的教学资源以及全球知名的教授团队,它们通过售卖学位、课程、教材等方式,将知识作为商品进行销售。这种知识销售不仅带来了直接的学费收入,还促进了相关产业链的发展,如教材出版、在线教育等。其次,美国在国际高等教育市场上采取不公平竞争的手段,维护其垄断地位。例如,美国高校通过提供高额奖学金、优质实习机会等方式吸引国际学生,而这些奖学金和实习机会往往只针对特定国家或地区的学生,从而排除了其他竞争者。此外,美国还通过制定严格的认证和评估标准,限制其他国家的教育机构进入其市场,从而保持其在国际教育市场上的

---

① 刘进,林松月,高媛. 后疫情时期高等教育国际化新常态——基于对菲利普·阿特巴赫等21位学者的深度访谈[J]. 教育研究,2021,42(10):112-121.

优势地位。这种不公平竞争不仅损害了国际教育市场的公平竞争原则,也阻碍了其他国家教育事业的发展。此外,贸易保护主义也是美国在维护国际教育产业利益时采用的一种策略。当面临如新冠疫情之类的重大危机时,美国往往通过调整招生政策、就业政策、移民政策等手段来调控国际学生的流动和国际人才培养的方向。这些政策的调整旨在保护本国国际教育产业的利益,减少疫情对教育产业造成的冲击。

另一表现是国际高等教育的政治化。高等教育国际化交流历来在推动国际关系发展方面起着积极作用,但近年来以美国为首的西方国家把国际教育作为维护其国际利益和国家安全的工具,凭借其在国际教育格局中的优势地位,针对政治竞争对手出台歧视性的国际教育政策,不仅严重阻碍了教育开放和国际交流,也背离了教育促进社会进步和知识创新的本质使命。美国凭借其在国际教育格局中的优势地位,制定并实施了一系列歧视性的国际教育政策。这些政策往往针对政治竞争对手,通过限制招生名额、提高入学门槛、限制学术合作等方式,对特定国家的学生和学者进行打压和排斥。这种做法不仅违背了教育公平和公正的原则,也损害了国际教育的声誉和影响力。这些歧视性的国际教育政策严重阻碍了教育开放和国际交流。教育的本质在于促进知识的传播和创新,推动人类文明的进步。然而,这些政策却限制了不同文化和思想之间的交流和碰撞,阻碍了全球范围内的知识共享和创新合作。此外,这种做法还背离了教育促进社会进步和知识创新的本质使命。教育应该是一个包容、开放和多元的平台,它应该鼓励不同观点和思想之间的对话和交流,推动人类社会的不断进步和发展。然而,以美国为首的西方国家将国际教育政治化、工具化的做法,却使得教育成了国家间博弈和竞争的战场,这无疑是对教育本质的一种扭曲和背离。

第二节　美国高等教育国际化的发展趋势

美国高等教育国际化在特朗普时代发生了重大变化,国际化式微的趋势明显,但国际化紧缩的程度和持续时间具有较大的不确定性,特朗普政府政策的多变、国际和国内因素的交互作用、各方利益的博弈将会塑造其具体发展形态。

一、高等教育国际化决策中的政府角色更明显

纵观历史发展,西方高等教育国际化政策经历了从学术取向、政治取向到经济取向的转变,而政府的参与越来越全面和深刻。尤其是近十年来,国家的作用愈发凸显,越来越多的国家将高等教育国际化与外交战略、科技创新、经济发展和人才规划等方面统筹谋划,以立法、战略规划、资金支持等形式将高等教育国际化纳入国家战略,与世纪之交时以高校为主体的偶发性、碎片化、边缘化国际化发展有较大区别。[①] 美国高等教育体制的中央集权程度虽然并不算高,但鉴于国际教育重要的产业地位和战略意义,美国政府近年来加强了在高等教育国际化的深度参与,由政府制定国家政策和战略已成为美国推动高等教育国际化发展的主导模式。美国政府对于国际教育的定位保持稳定,政府一直都把高等教育国际化作为提升国家竞争力和影响力的重要手段,通过高等教育国际化在全球实现人才招募和价值观输出。同时,美国政府始终把高等教育国际化与维护国家安全和科技竞争力紧密联系。美国政府通过工作签证、移民、政府资助等政策来调控国际教育的发展方向和规模。

鉴于国际教育对于维护美国国家利益的重要性和长远性,可以预见,未来美国将会进一步加强政府在高等教育国际化领域的决策和引领作用。首先,美国政府在高等教育国际化方面的决策作用将更加显著。政府可能会通过立法、政策制定和财政拨款等手段,更加积极地介入高等教育国际化的进程。例如,政府可能会出台新的政策,鼓励和支持高校与国际伙伴开展合作项目,推动师生国际交流以及扩大国际学生的招生规模。同时,政府还可能通过设立专项资金,为高等教育国际化提供财政支持,确保各项政策的顺

---

① 文雯,王嵩迪,常伶颖.作为国家战略的高等教育国际化:一项多国比较研究[J].复旦教育论坛,2023,21(1):112-128.

利实施。此外,政府资助政策也是美国政府调控高等教育国际化的重要手段之一。政府通过提供奖学金、助学金、研究经费等资助,鼓励和支持特定国家的国际学生来美国留学,并引导他们在特定领域和地区进行学习和研究。

其次,美国政府将加强对高等教育国际化方向的引领。这主要体现在对国际教育目标的设定、教育资源的分配以及国际合作模式的选择等方面。政府可能会明确提出高等教育国际化的战略目标,强调培养具有全球视野和跨文化交际能力的人才,以适应全球化时代的挑战。在资源分配方面,政府可能会优先支持那些符合国家战略需求、有助于提升国家竞争力的国际化项目。此外,政府还可能积极推动高校与国际组织、跨国公司等机构的合作,探索新的国际合作模式,以推动高等教育国际化的深入发展。

另外,美国政府将通过工作签证、移民以及政府资助等政策来调控高等教育国际化的发展方向和规模。这些政策相互交织,共同构建了一个复杂而精细的调控机制。工作签证政策是美国政府调控国际教育的一个重要手段。通过设定不同的签证类型和申请条件,美国政府能够影响国际学生在美国完成学业后的流向和留任意愿。例如,对于高技能、高需求的领域,政府可能会放宽工作签证的申请条件,以吸引更多相关领域的国际人才留在美国工作。移民政策也是美国政府调控国际教育的一个重要方面。移民政策对国际学生的居留和入籍有着直接影响,因此也间接影响了高等教育国际化的发展方向和规模。通过调整移民政策,美国政府可以控制国际学生在美国的居留期限和入籍门槛,从而调控高等教育国际化的规模和发展速度。

二、高等教育国际化政策的价值取向更多元

全球演进和社会发展赋予了高等教育国际化多重功能,除了传统的学术交流功能,还有维护国家利益的政治功能以及产业创收的经济功能,未来美国高等教育国际化政策的价值取向朝着更为广泛和多元的方向发展。美国的高等教育国际化政策属于国家政治安全主导型,但经济利益和人才战

略在其决策过程中从未缺席。《美国对国际教育的新承诺》(*A Renewed U. S. Commitment to International Education*)除了强调国际教育对于外交和国家安全的重要性,也重申国际教育在科研、创新、经济发展、就业等方面的巨大贡献。尤其当今大国博弈日益激烈,高等教育国际化也越来越多地被美国政府用作维护国家利益的工具。长远来看,美国的高等教育国际化政策将继续体现出政治、经济、人才和学术的多元价值取向,美国政府将根据不同历史时期的国家利益和社会发展需求,动态调整其国际教育政策的重心。

首先,政治方面是美国高等教育国际化政策不可忽视的重要维度。从国家政治安全的角度出发,美国通过高等教育国际化政策,积极吸引全球优秀的学者和学生,旨在构建一个多元化的学术环境,从而增强其在全球范围内的政治影响力。通过与国际学生和学者的交流与合作,美国得以深入了解其他国家的政治、经济和文化动态,进而为其全球战略决策提供更多元、更全面的视角。高等教育国际化政策也是美国传播其价值观和文化的重要手段。通过向国际学生和学者展示美国的教育体系、科研实力和文化魅力,美国能够进一步推广其民主、自由等价值观念,加强与其他国家之间的文化认同和交流。这种文化输出不仅有助于提升美国的国际形象,还有助于巩固其在全球治理体系中的地位和影响力。此外,高等教育国际化政策也是美国维护国家安全的重要工具。通过严格筛选和控制国际学生的入境和居留,美国能够确保其在高等教育领域的安全稳定,防止潜在的安全威胁和不稳定因素。通过对国际学生所学专业的审查和限制,美国政府企图筑起科技的"小院高墙"。通过限制国际学生在某些特定领域的学习和研究,美国政府试图确保国家的核心利益和战略安全不受威胁。但是,过度的和毫无依据的限制必然会阻碍科技创新和知识传播,不利于美国自身以及全球科技事业的发展。

其次,经济方面的考量也是美国高等教育国际化政策的重要组成部分。高等教育国际化不仅能够为美国带来可观的学费收入,还能促进相关产业的发展,创造就业机会,推动经济增长。因此,美国政府将继续通过高等教育国际化政策吸引国际人才和资源,促进经济的繁荣和发展。高等教育国际化推动了整体经济增长。通过吸引国际学生和学者,美国得以在全球范围内推广其教育品牌和文化,进一步提升了其在国际市场上的竞争力。这种竞争力的提升有助于吸引更多的国际资本和人才,为美国的经济发展注入新的动力。高等教育国际化显著增加了美国的学费收入。随着全球范围内对高质量教育的需求不断增长,越来越多的国际学生选择到美国留学。这些国际学生支付的学费往往高于本地学生,因此,他们的到来为美国高校带来了稳定的收入来源。这些学费收入不仅有助于提升高校的教学质量和研究水平,还为学校提供了更多的资源来支持学术项目和学生服务。另外,高等教育国际化促进了相关产业的发展。国际学生的到来带动了住宿、餐饮、交通等服务业的发展。他们需要在美国寻找住宿、购买生活用品、享受娱乐活动等,这些都为当地经济注入了活力。此外,高等教育国际化还推动了教育旅游、文化交流等领域的繁荣,为美国创造了更多的经济机会。除此之外,高等教育国际化创造了大量的就业机会。随着国际学生数量的增加,高校和相关产业需要更多的员工来提供服务。这包括教师、行政人员、宿舍管理员、餐厅员工等各个岗位。这些就业机会不仅为当地居民提供了更多的工作选择,也为社会创造了更多的财富。

  此外,人才战略也是美国高等教育国际化政策的核心之一。随着全球竞争的加剧,人才已经成为国家发展的核心竞争力。美国通过高等教育国际化政策,积极吸引全球优秀人才,为他们提供学术发展机会,从而为美国的科技进步和产业发展提供有力支持。未来,随着全球人才市场的不断变化和需求的增加,美国将继续加强高等教育国际化政策在人才战略方面的作用。人才是国家发展的核心竞争力,拥有高素质、具备国际视野和跨文化交流能力的人才对于国家的经济、科技、文化等领域的发展具有至关重要的作用。美国深知人才的重要性,因此通过高等教育国际化政策,积极吸引全球范围内的优秀人才来美学习、研究和工作,为国家的长远发展储备和输送人才资源。高等教育国际化是吸引和培养人才的重要途径。美国的高等教育体系以其卓越的教学质量、丰富的课程资源和先进的科研设施而闻名于世,吸引了大量国际学生前来留学。这些学生在美国接受高等教育的过程中,不仅能够获得知识和技能的提升,还能够深入了解美国的文化和价值观,增强跨文化交流能力。同时,通过与国际学生的交流与合作,美国本土学生也能够拓宽视野,增强国际竞争力。

三、国际化越发沦为"美国利益"的工具

特朗普时期的政治主张反映出其商人的利己主义和政客的实用主义,两者结合旨在获得政治利益与经济利益的双赢。当前的美国高等教育国际化作为政治强国、经济发展、吸纳人才、文化输出的工具,其工具性作用被提到了前所未有的地位。基于"美国优先"的基本理念,国际化发展赤裸裸地服务于美国利益,威胁美国利益的国际化活动将受到打击,而符合美国利益的国际化互动将予以保留。换言之,特朗普政府的教育国际化政策主张既反映其"保守"的政治性,又反映其作为商人的"市场观"。[1]

美国高等教育国际化的工具性主要体现在四个方面。第一,高等教育国际化是美国攫取巨大经济利益的工具,美国招收的国际学生占全球国际招生总数的24%,100多万留学生给美国带来了424亿美元的经济效益,提供了45万多个就业机会。第二,高等教育国际化是提升美国的国际竞争力与领导力的工具,美国通过国际交流与合作进一步维护和巩固其在高等教育领域的领先地位,并迅速辐射到政治、经济、文化、科技等其他领域,从而维护其全球霸主地位。第三,高等教育国际化是吸收全球人才的战略工具,特朗普"有限度"地支持国际学生,延续对高层次人才的欢迎策略,却限制低层次人群或成为美国"社会负担"人群流入。[2] 第四,高等教育国际化是维护美国国家安全的工具。特朗普政府针对七个国家发布了"禁穆令",还在2017年12月发布的《国家安全战略报告》中叫嚣着要制定更严格的签证政

---

[1] 段世飞,辛越优.教育市场化能否让美国教育更公正与卓越?——新任"商人"总统特朗普教育政策主张述评[J].比较教育研究,2017,39(6):3-12.
[2] 孟湘君.特朗普推移民新政对华人有何影响?[N/OL].中国新闻网,2017-06-23. https://www.chinanews.com/hr/2017/06-23/8258962.shtml.

策,以防止外国人来美国学习科学、工程、数学等知识并盗窃美国的知识产权。

特朗普政府既不放弃高等教育国际化这柄战略利器,在国际化活动中又施加了更为严苛的甄选标准和附加条件,从而让高等教育国际化更好地服务于其政治利益。可以预见,特朗普政府的国际化政策并不会采取与世隔绝的孤立主义,而是继续发扬其美国优先的保护主义和利己主义。特朗普之后的美国政府也会继续在高等教育国际化领域,把美国的利益置于首要位置,强调以美国的经济发展、国家安全以及国家利益为优先考虑。

四、美国将面临更多的高等教育国际化挑战

当今世界正经历"百年未有之大变局",中心与边缘的模糊、单极与多极的转化成为21世纪教育国际化发展的主题。21世纪以来,国际学生流动正在悄然改变,传统的"南—北"流动势头有所减弱,"南—南"流动势头正在集聚,新兴市场大国对广大发展中国家留学生的吸引力增强。[1] 美国在制定国际教育政策的过程中,不得不面对传统高等教育中心不断被削弱的现实局面,并应对区域国际化和在地国际化等新模式对传统跨国流动的挑战。伴随着国际格局的演变和全球治理体系的更新,未来国际教育领域的全球竞争会越发激烈,美国既要与其他传统留学大国继续角逐,还要和后发力量开展竞争。

当前新民族主义和反全球化在西方国家的肆虐给高等教育国际化秩序的改变带来可能。阿特巴赫和迪威特(2017)预测在当前民族主义泛滥的局势下,短期内其他英语母语国家将在国际化中扮演更重要的角色,而长远来说亚洲、非洲和拉丁美洲都将在国际化中变得更为活跃,中国的国际化将会有显著的发展。[2] 可见,在欧美逆全球化和欧洲难民潮的阴影中,美国大学

---

[1] 李建忠.演变中的国际教育格局——教育国际化发展趋势扫描[N].中国教育报,2018-12-07.

[2] Altbach, P.G., de wit, H.. The New Nationalism and Internationalization of HE[N]. University World News. 2017-09-15.

"独霸"全球国际教育市场的单极现状有望被多极格局所取代,美国面对的不仅是其他英语国家的竞争,还有非英语国家的竞争。正如《全球软实力研究报告2018》所指出的那样:美国特朗普政府的外交政策与多边主义渐行渐远,趋于"零和思维",如果中国能够坚持合作共赢和多边主义,就可以填补美国留下的空白。①

第三节 全球高等教育国际化格局的变化

国际高等教育的现实与未来都存在许多不确定性,高等教育国际化将会出现分化。高等教育国际化既能给予接受高等教育的人群更多的机会,也能创造投机的市场。新世纪后疫情时代高等教育国际化处于新的十字路口,就在于"如何确保高等教育国际化成为一股增进公共福利的力量,而不是一个简单的获取利润的手段"。② 这就需要高等教育国际化的模式、格局和流动发生根本性的改革以形成新世纪高等教育国际化的未来趋势,从而为人们接受高等教育带来福祉。

一、国际化模式:从"利益驱动"转向"命运与共"

在西方知识经济的社会语境下,大学之间的等级结构通过新自由主义的实践而不断再生产,非西方国家一定程度上失去了人才和文化的自主,而被迫卷入"资本主义的涡轮"。③ 再加上新冠疫情加剧了"逆全球化"和国际关系的重组,这使得西方国家秉持的民粹主义、保护主义和单边主义暴露无遗。显然,高等教育国际化的新自由主义逻辑并不能给人类带来应有的福祉,高等教育国际化需要以命运与共为使命担当。它推动了高等教育的市场化、产业化和商业化,使得经济逻辑、企业逻辑和资本逻辑取代了原有的

---

① Mcclory, J. The Soft Power 30: A Global Ranking of Soft Power 2018[R/OL]. https://softpower30.com/wp-content/uploads/2018/07/The-Soft-Power-30-Report-2018.pdf.
② 菲利普·G.阿特巴赫,简·莱特.高等教育国际化的前景展望:动因与现实[J].别敦荣,等译.高等教育研究,2006,27(1):12-21.
③ 霍少波.高等教育国际化的两种取向[J].高教探索,2020(10):18.

教育逻辑、大学逻辑和学术逻辑。这种转变导致了一系列负面效应，如教育质量的下降、学术研究的功利化以及教育资源的不平等分配等。更为严重的是，这种逻辑强调个体和国家的竞争与利益，忽视了全球合作与共同利益，与人类命运共同体的理念背道而驰。

面对战争、环境、公共卫生等国际危机，由于西方价值观的双标和自相矛盾，西方国家无力无心担负起全球责任，而人类命运共同体逻辑在应对经济、国际关系、疫情等全球危机时表现出强大的力量，坚守对世界人民负责的态度，倡导全球合作和共赢，取得了举世瞩目的成绩。习近平总书记为困惑中的世界提供了人类命运共同体的方案："世界命运应该由各国共同掌握，国际规则应该由各国共同书写，全球事务应该由各国共同治理，发展成果应该由各国共同分享。"①因此，高等教育国际化的命运共同体逻辑是对新自由主义逻辑的超越。

人类命运共同体与教育国际化的理念高度契合，高等教育国际化从利益驱动转向命运共同体成为必然。在全球化的浪潮中，没有任何一个国家能够独善其身，各国之间的利益交融越来越深。人类命运共同体的理念强调各国之间的相互依存和共同利益，倡导通过合作与交流实现共同发展。在这一理念下，高等教育国际化应以命运与共为使命担当，推动全球教育的公平、包容和可持续发展。在实践中，高等教育国际化可以通过加强国际合作与交流、推动教育资源共享、促进文化交流等方式，推动不同国家之间的教育交流与合作。同时，也可以借助现代科技手段，如互联网、人工智能等，打破时空限制，拓展教育交流的广度和深度。这些措施将有助于增进不同国家人民之间的相互理解和友谊，夯实构建人类命运共同体的民意基础。显然，高等教育国际化命运共同体未来趋势就在于各国具有合作的未来图景、现实路径、广阔空间和发展机遇，从而使不同国家能够"各美其美，美美与共"。

---

① 习近平.共同构建人类命运共同体——在联合国日内瓦总部的演讲[EB/OL].(2017-01-19)[2021-06-07]. https://world.huanqiu.com/article/9CaKrnJZQ4n.

二、国际化格局:从"单极化"转向"多极化"

当今世界正经历"百年未有之大变局"。"9·11"事件可以被看作一个时代及其权力构架的终结,但旧模式的死亡非常缓慢,新体系的发展需要时间。高等教育同样如此,但其新轮廓已经在多极世界里清晰显现。[①] 单极化的高等教育国际化远没有多极化的高等教育国际化充满活力。新冠疫情对世界的冲击进一步印证单极化的无力,加剧传统国际秩序的动摇。新世纪更加清晰地呈现全球政治经济教育的"后霸权时代",中心与边缘的模糊、单极与多极的转化将成为21世纪高等教育国际化发展的主题。

从单极化走向多极化,无论是政治、经济、文化,还是教育都莫不如是。从世界高等教育发展史可以看出,经济、政治和文化发展是世界高等教育格局改变和中心转移的主要原因。毋庸置疑,经济多极化推动政治多极化,也推动了文化和教育多极化,同样高等教育多极化也必然推动政治、经济、文化的多极化。并且,多极化的势态正在形成,一些新兴国家已具备了教育国际化的竞争实力,必然对原有的格局产生深远影响。如2020年中国(包括香港和澳门)接收的国际学生达到292 539人,排名全球第七,同比增长12%,增速超过绝大多数西方国家。[②] 2017—2019年间,在全球被引次数前10%的自然科学领域论文中,中国论文数量首次超越美国,位居世界第一。

高等教育国际化多极化的态势势不可挡,传统的"中心"将发生变化。高等教育国际化正遭遇翻天覆地的模式改变,而"禁穆令"是这场混乱的开始,英国脱欧、波兰和匈牙利的民族主义及欧洲高涨的民粹主义都推动了高等教育国际化"新世界秩序"的形成。[③] 显然,国际化的内涵将从"以英语为

---

① Teekens, H.. The Big Questions For the "West"[A]. In Jones, E., Coelen, R., et. al (eds.). Global and Local Internationalization[C]. Boston: Sense Publishers, 2016:31.
② UNESCO. Inbound Internationally Mobile Students by Continent of Origin[EB/OL]. (2020-12-30)[2021-12-21].http://data.uis.unesco.org/Index.aspx? queryid=172#.
③ Altbach, P. G., de Wit, H.. Trump and the Coming Revolution in Higher Education Internationalization[J]. International Higher Education, 2017(4):3-5.

通用语言""美国、西欧"转变为一个多元化的全球概念。①

多极化趋势意味着全球高等教育资源的重新分配。新兴经济体和发展中国家的高校逐渐崭露头角,吸引了越来越多的国际学生和学者。这使得美国高校在国际市场上的竞争压力增大,需要不断提升自身的教育质量和研究水平,以维持其全球领先地位。另外,文化多样性和跨文化交流成为高等教育国际化的重要内容。传统的以美国文化为主导的高等教育模式逐渐受到挑战,学生们更加倾向于选择能够提供多元文化教育体验的高校。此外,国际合作与交流在高等教育国际化中扮演着越来越重要的角色。美国高校需要更加积极地参与国际科研合作、师生交流等项目,以拓宽国际视野,提升国际影响力。然而,随着其他国家高等教育水平的提升和国际合作机制的完善,美国高校在寻找合适的合作伙伴和项目方面也可能面临一定的困难。

三、国际流动:从"单向性"转向"多样性"

新世纪国际学生流动呈现新的趋势,从单向性走向多样性。新世纪伴随百年未有之大变局,去中心是必然,国际学生将不再是单向流动,多样性流动成为未来趋势。

新世纪高等教育国际学生流动将发生深刻变化,并呈现多样性流动的势头。这种多样性流动势头表现为方向、域内与周边三个维度。第一,在方向流动势头上,一方面传统的"南—北"流动势头有所减弱,"南—南"流动势头正在集聚,新兴市场大国对广大发展中国家留学生的吸引力增强。另一方面流动势头将呈现国际化流动与在地国际化流动两大趋势。由于在线学习具有便捷、不受时空所限等优势而成为新冠疫情期间最主要的国际流动模式,因而未来国际化的实体流动将在很大程度上被虚拟流动所取代。第二,域内流动势头不断加强。区域经济一体化成为域内留学生流动的重要

---

① De Wit, H., Hunter, F.. Internationalization of Higher Education: Evolving Concepts, Approaches, and Definitions[A]. In Shin, J. C., Teixeira, P. (eds.). Encyclopedia of International Higher Education Systems and Institutions[C]. Amsterdam: Springer, 2018:1-6.

推动力量。第三,周边流动势头不减。区域性核心国家对陆地接壤或隔海相望的周边国家学生有着独特的吸引力。① 传统的单向人才流动模式正在被发展区域间、区域内和周边地区的多面向人才流动所取代。过去,许多优秀人才往往从发展中国家流向西方发达国家,寻求更好的教育和发展机会。然而,随着全球高等教育体系的多元化发展,越来越多的人才开始选择留在本国或前往其他发展中国家发展。这种多面向的人才流动模式不仅有助于缓解西方发达国家的人才压力,也为发展中国家提供了更多的人才支持和发展动力。

高等教育国际竞争更灵活而多样,国际流动将更加多元。随着新兴经济体和发展中国家的崛起,传统的西方"人才高地"正在逐渐削弱。这些新兴国家不仅在教育资源上实现了快速积累,更在人才培养和吸引方面展现强大的竞争力。与此同时,原本处于"边缘"地位的高校,通过积极参与国际交流与合作,不断提升自身的教育质量和研究水平,逐渐在国际高等教育舞台上占据重要地位。这种"边缘"与"中心"的互换,不仅打破了西方发达国家对高等教育国际化的主导,也促进了全球高等教育的均衡发展。

当今的国际交流正在迎来回归平等、尊重、互利、共赢的新世纪。在过去,由于西方发达国家在高等教育领域的领先地位,国际交流往往以这些国家为主导,存在着一定的不平等和不尊重现象。然而,随着全球高等教育的多极化发展趋势,各国高校开始更加注重平等和尊重的国际交流。他们通过加强国际合作、共享教育资源、推动师生互访等方式,实现互利共赢的发展目标。这种新的国际交流模式有助于推动全球高等教育的共同发展,促进人类文明的进步。

---

① 李建忠.演变中的国际教育格局——教育国际化发展趋势扫描[N].中国教育报,2018-12-07.

第四节 中国高等教育国际化的应对

一、中国高等教育国际化政策的应对

美国高等教育国际化政策的变化给我国高等教育理论和实践带来了挑战,同时也孕育了良机。一方面,美国大学肇始于欧洲大学的传统,并兼备创新的精神,它拥有世界一流的教育理念、管理模式和知识创新机制,这些理念和实践经验对中国建设世界一流大学具有重要的借鉴意义。中国大学的发展需持有更为开放的心态,虚心学习,兼收并蓄世界各国优秀大学的精髓,刻苦磨炼自身的本领。另一方面,美国永远不会主动放弃"世界霸主"的地位,特朗普政权出台了各种外交、经济、教育、国家安全等政策,以维护"单极霸权"的现有世界格局,并封锁其先进的科技,打压中国等新兴国家的崛起。美国政府单方面缩减了中美国际化交流和合作的渠道,不利于世界高等教育的先进理念和经验的传播,也不利于国际化师资和人才的培养,更不利于国际化学术理念和技术的碰撞和融合。但是,历史的挑战也带来了机遇,在当前世界格局向多极化发展的转型期,中国高等教育国际化迎来了内部转型和外部拓展的关键时机。我国未来的高等教育国际化政策可以从多个方面推进。

(一)抓住多极化发展机遇,变"被动参与"为"主动引领"

早期的中国高等教育国际化以个人流动和移植他国高等教育模式为主要模式[1];少数发达国家的学术和科学范式成了世界准则,发展中国家为了与国际通行的制度接轨,不断对本国教育进行改造,有意无意地西化。[2] 历史上世界高等教育中心经历了意大利—英国—法国—德国—美国五个国家

---

[1] Huang, F.. Internationalization of Higher Education in the Era of Globalisation: What Have Been its Implications in China and Japan? [J]. Higher Education Management and Policy, 2007,19(1):47-61.

[2] 董云川,张建新.教育国际化该如何"化"[N].中国教育报,2016-01-25.

之间的四次大转移,但都没有脱离过西方的疆域,也没有动摇西方文化的统治性地位,深植于西方文化的"理性主义"始终是高等教育的指导方针。现有的教育国际化体系是基于美国为首的西方发达国家的话语体系构建的,这些国家凭借政治影响、经济地位、教育优势和文化霸权等占领着教育国际化体系的制高点,发展中国家很难进入国际化的核心,处于边缘化的被动地位。

伴随着一些发展中国家高等教育的快速发展和强劲崛起,国际高等教育秩序正经历着转型和重塑。伴随着当今世界各种力量的分化和组合,政治和经济的"去中心化"日趋明朗,而高等教育必将紧随其后,高等教育国际化格局已经初步进入了多极化发展的轨道。一方面,一些新兴国家不仅具有发展高等教育的强烈愿望,同时也初步具备了发展教育的经济实力、政治体制和文化基础,并于近年内在高等教育方面取得了突飞猛进的发展。中国作为世界第二经济体,早在2010年颁布的《国家中长期科技人才发展规划(2010—2020年)》中就深刻地指出:"当今世界正处于大发展、大变革、大调整时期,新一轮科技革命正在孕育和兴起,世界主要国家纷纷加快科技创新的步伐,抢占新一轮经济和科技竞争的战略制高点。科技创新关键在人才,大力培养和吸引科技人才已成为世界各国赢得国际竞争优势的战略性选择。"中国作为世界大国,有勇气也有能力在国际化新秩序中担负更重要的角色,更加积极、主动地建设新型国际学术秩序。

中国大学要尽快实现全方位、深层次的国际化转型,从参与者向主导者角色转变、从"引进来"向"走出去"转变、从面向部分国家向所有国家转变、从仅重视学生交流与合作办学向全方位深度合作转变、从一元模式向多元模式转变、由松散型向系统化转变。① 第一,中国大学需要从国际化进程的参与者转变为主导者角色。这意味着中国大学需要更加积极地参与国际交流与合作,主动发起和推动国际合作项目,制定国际规则和标准,以在国际高等教育舞台上发挥更大的引领作用。第二,中国大学的国际化策略应从

---

① 李盛兵. 我国与"一带一路"国家高等教育合作的六大转变[J]. 北京教育:高教版,2017(5):8-10.

"引进来"为主转变为"引进来"与"走出去"相结合。在继续吸引国际优质教育资源、提升国内教育质量的同时,中国大学还应积极推动本土教育资源和文化"走出去",增强国际影响力,促进不同文化间的交流与理解。第三,中国大学的国际化视野应从面向部分国家向所有国家转变。随着全球化的深入发展,各国之间的联系日益紧密,中国大学应拓展国际合作的广度,与全球范围内的大学建立合作关系,形成多元化的国际交流网络。第四,中国大学的国际化合作方式应从仅重视学生交流与合作办学向全方位深度合作转变。除了学生交流和合作办学外,还应加强在科研、教学、文化等方面的深度合作,共同推动知识创新和文化传承。第五,中国大学的国际化模式应从一元模式向多元模式转变。不同的大学有不同的特色和优势,应根据自身情况选择适合的国际化路径和模式。同时,还应尊重不同国家的文化差异和教育制度,形成多元化的国际化办学格局。第六,中国大学的国际化管理应从松散型向系统化转变。建立健全国际化管理体系和机制,加强对国际化进程的规划、协调、评估和监督,确保国际化工作的有序、高效推进。

总之,中国大学要实现全方位、深层次的国际化转型,需要在角色定位、策略选择、视野拓展、合作方式、模式创新和管理升级等多个方面进行深刻的变革与升级。这将有助于提升中国大学的国际竞争力和影响力,为培养具有全球视野和创新能力的人才提供有力支撑。

(二) 加强科学技术国际化,加快跨越"三个阶段"

特朗普政府以贸易逆差的借口对中国发动了贸易战,而高科技竞争是隐藏在贸易战背后的深层次原因。美国通过贸易制裁、投资管控、出口控制、科技人员交流限制等手段,迫使中国放弃国家主导的高科技产业政策及针对外企的技术转让,对中国实施科技打压,限制中国的发展潜能,以维护美国在全球科技、经济以及政治等领域的全球主导地位。[1] 特朗普时代新民族主义的泛滥以及对华政策的反复多变给中国大学敲响了警钟,一味模

---

[1] 孙海泳. 美国对华科技施压战略:发展态势、战略逻辑与影响因素[J]. 现代国际关系,2019(1):38-45.

仿和全盘西化并不能从本质上提升中国的高等教育实力。美国针对像华为等中国高科技企业的封锁和打压,越发凸显出自主创新和创新人才培养的紧迫性和重要性。高等教育作为科学研究和人才培养的基地,必须担负起科技创新和人才培养的历史重任,进一步深化改革和扩大开放,尽快实现科技创新的国际化。

中国大学知识创新能力是全方位、深层次的国际化转型的重要保障,在"双一流"建设的推动下,中国大学既要力争早日实现从"参与者"到"并行者"再到"主导者"角色的转变。作为"参与者",中国大学在过去几十年中积极融入国际高等教育体系,通过派遣留学生、引进外籍教师、参与国际学术会议等方式,不断拓宽国际视野,提升教育水平。然而,这种角色定位往往使中国大学处于被动接受和跟随的地位,难以在国际高等教育舞台上发挥更大的作用。因此,中国大学需要向"并行者"角色转变。在这一阶段,中国大学应更加主动地参与国际交流与合作,与国际知名大学建立平等、互利的合作关系,共同开展科研、教学和文化交流活动。通过与国际同行的深入合作,中国大学可以学习借鉴先进的办学理念和管理经验,提升自身的办学水平和国际影响力。最终,中国大学应努力实现从"并行者"到"主导者"角色的转变。作为主导者,中国大学需要在国际高等教育体系中发挥引领和示范作用,推动国际高等教育规则的制定和完善,引领全球高等教育的发展方向。这要求中国大学具备强大的科研实力、卓越的教学质量、丰富的国际交流经验以及高度的文化自信。

这种从"被动参与"到"积极并行"再到"主动引领"的发展路径,对不同科技领域的国际化而言并非都是前后相继,也可以是同时并存。如果我国某些科技领域已处于世界领先地位,其国际化应强调我方主导或引领;对未能进入世界第一梯队的较强科技领域,国际化则是与他国"积极并行",与他国切磋交流,互学互鉴;而对于那些在国际上力量较为薄弱的科技领域,我国需积极参与国际合作与交流,努力学习与掌握世界先进的核心知识,争取迎头赶上,甚至实现弯道超车。目前我国的科技领域国际化的整体实力与美国相比悬殊较大,还未达到"积极并行"阶段,这是我们必须接受的现实,但同时这也给我国大力倡导科技国际化、努力发展科学研究事业带来了契机。

(三) 打造人文社科国际化，彰显中国文化特色

与较为发达的西方科技领域国际化相比，西方人文社科国际化当下基本属于一边倒的境地，现有的全球高等教育秩序建立在西方新自由主义价值观的基础之上，理性主义和物质主义在教育理念和实践中大行其道。新自由主义价值观强调个人自由、市场竞争和私有制，这些原则深刻影响了全球高等教育秩序的形成和发展。在新自由主义框架下，高等教育被视为一种服务产业，其目标是满足市场需求和个人发展。这导致高校在招生、课程设置、教学方法等方面更加注重市场导向和实用性，而忽视了教育的人文关怀和社会责任。理性主义在教育理念中占据重要地位。理性主义强调理性思维、科学方法和客观真理的追求，这在高等教育中表现为对专业知识、技能和能力的重视。然而，过分强调理性主义可能导致对人文精神和情感教育的忽视，使教育变得机械和冷漠。物质主义也在教育实践中大行其道。在新自由主义的影响下，高等教育的商业化趋势日益明显，学费上涨、教育资源不均等问题日益突出。这导致教育变得越来越昂贵，许多人无法获得优质的教育资源。此外，物质主义还可能导致教育目标的扭曲，使学生更加注重个人利益和物质享受，而忽视了社会责任和公共利益。总之，西方的人文社科国际化是以西方文明为中心，视西方价值观为"普世价值"观，以西方思想意识形态为核心，排斥异域文明和价值观。

随着世界多极化、经济全球化的深入发展，这种一边倒的人文社科国际化的现状产生的根由亟须得到厘清，状态亟须得到改变。随着中国国家实力的增强、政治外交影响力的提升和经济水平的迅速提高，人文社科方面的话语权理应得到提升。在我国人文社科国际化的进程中必须彰显中国特色，将中国经典传统文化融入世界文化之林，扭转西方世界对中国社会及中国高等教育的刻板印象和错误认识。中国的历史文化悠久深厚，蕴含着丰富的哲学思想、道德观念、文学艺术等方面的宝贵资源。这些资源不仅是中国人文社科研究的重要基础，也是我国在国际舞台上展示独特魅力的关键

所在。通过将中国特色融入人文社科研究中,我们可以更好地展现中国文化的独特性和价值,提升我国在国际学术界的地位和影响力。

在我国高等教育国际化的过程中,努力摈弃西方思维中的"零和"博弈意识,培养"和而不同""互利共赢"的中国传统价值观。零和博弈意味着一方所得必然导致另一方所失,这种思维模式在高等教育领域可能导致国际交流与合作中的对抗与冲突,阻碍知识、文化、科技的共享与进步。"和而不同"与"互利共赢"的中国传统价值观为高等教育国际化提供了有益的指导。"和而不同"强调在尊重差异的基础上寻求和谐共生,这在高等教育国际化中意味着各国高校应在保持自身特色的同时,积极学习借鉴他国先进经验,共同推动全球教育事业的进步。而"互利共赢"则强调通过合作实现共同利益,这要求我们在高等教育国际化过程中,不仅要关注自身利益,还要关注他国利益,通过合作实现共赢。

诚如阿特巴赫所言:"没有一所亚洲大学是真正亚洲出身"[1],但现在正是打造"亚洲模式的大学"的良机,历史悠久、文化多元的亚洲国家完全可以带领全球教育系统朝人文主义的方向前进[2]。2015年联合国教科文组织(UNESCO)成立70周年之际,在《反思教育:向"全球共同利益"的理念转变?》的报告中批评了教育领域的经济主义和功利主义取向,提出教育是人类的共同利益,教育应该以人文主义为基础,文化多样性是激发人类创造力和实现财富的最大源泉。中国始终秉持"互利共赢"的理念,如习近平主席指出的那样"以文明交流超越文明隔阂,以文明互鉴超越文明冲突,以文明共存超越文明优越"[3],把高等教育国际化作为构建人类命运共同体的重要内容。中国的高等教育建设必须坚持以中国特色、世界一流为核心,创造性

---

[1] Altbach, P. G.. The Past and Future of Asian Universities: 21st Century Challenges[A]. In Altbach, P. G., Umakoshi, T. (eds). Asian Universities: Historical Perspectives and Contemporary Challenges[C]. London: Johns Hopkins University Press. 2004:15.

[2] Tilak, J. B. G.. Towards a Sustainable, Humane Society[N]. University World News, issue 363, 2015-04-17.

[3] 这段话出自2018年6月10日习近平在上海合作组织成员国元首理事会第十八次会议上的讲话。

地传承中华民族优秀传统文化,积极探索中国特色的世界一流大学和一流学科建设之路,努力成为世界高等教育改革发展的参与者和推动者。

(四) 建设地域战略合作,开发国际化增长点

高等教育国际化外部拓展是提升国际化水平重要一环,增长点的新添使得国际化的范围和领域得到了扩大。"一带一路"区域合作是我国高等教育国际化一个重要的新增长点。近年来,中国和其他"一带一路"沿线国家的教育国际化合作和交流显著增长,中国应该凭借自己的优势,继续提高和世界各国的国际化合作规模和质量。首先,拓展来华留学教育,为经济发展提供人力资源,促进文化对外传播和创新。要充分把握"一带一路"沿线国家旺盛的国际教育需求,做好品牌推广和形象宣传,使悠久的中国历史文化、迅速提升的教育质量、不断提高的经济实力、友好安全的社会环境对国际学生产生更大的吸引力。其次,努力完善沿线国家的国际化教育合作制度,积极签署双边、多边和次区域的教育合作框架协议,制定沿线各国教育合作交流国际公约,逐步疏通教育合作交流的政策性瓶颈,实现学分互认、学位互授联授,协力推进"一带一路"教育合作。再次,建立符合沿线国家的人才流动制度,建立工作签证系统,鼓励企业和其他社会组织设立奖学金,为国际人才提供更多的交流和工作机会,使中国逐渐发展成区域性和全球性的人才高地。另外,中国大学还需要结合自身特点,谋篇布局,发掘适合大学特点的国际化发展的增长点,探寻国际化发展的新路径,提升国际化发展的规模和效益。

(五) 推进教育对外开放,打造世界高等教育共同体

教育对外开放对于推动创新驱动发展战略、科教兴国战略、人才强国战略有着重要意义。教育对外开放是推动创新驱动发展战略的重要手段之一。通过加强与国际科研机构和企业界的合作与交流,可以共同开展科研项目和技术攻关活动,推动科技成果转化和应用创新。同时,教育对外开放还可以激发全社会的创新意识和创业精神,培育更多的创新型企业和创新人才。教育对外开放是实施科教兴国战略的重要组成部分。通过引进国外优质教育资源和技术成果,可以提升我国的教育质量和科研水平;通过培养

高素质的科技人才和管理人才,可以推动科技创新和经济社会发展紧密结合;通过加强与国际科技界的交流与合作,可以积极参与国际科技组织和多边科技合作机制的建设与发展。教育对外开放是实现人才强国战略的重要途径之一。加强与国际高校和研究机构的合作与交流,可以吸引和培养一批具有国际影响力的专家学者和科研人员。另外,还要支持留学人员回国创业和服务,鼓励他们投身祖国建设事业。

构建人类命运共同体,教育对外开放责无旁贷。新时代发展带来了国际化格局的变化,全球化和多极化已成不可逆转的历史趋势。中国基于互相尊重、平等协商、合作共赢、包容共进的价值理念,基于对全球化高瞻远瞩的认识和理解,创造性地提出了人类命运共同体的理念。高等教育肩负着文化传承和科技创新的历史使命,为人类文明进程与进步提供了关键的精神和物质力量,是人类命运共同体的重要组成部分。高等教育作为人类命运共同体的重要组成部分,其影响力和贡献已经超越了国界。在全球化的背景下,高等教育成为各国之间交流与合作的重要桥梁。通过国际交流与合作,高等教育不仅推动了不同文化之间的交流与融合,也促进了全球范围内的知识共享和技术创新。高等教育所肩负的文化传承和科技创新使命,对于构建人类命运共同体具有重要意义。通过培养具有全球视野和创新能力的人才,高等教育为构建和平、发展、合作、共赢的世界提供了有力的人才保障和智力支持。同时,高等教育所推动的文化交流和科技创新也为全球治理体系的完善提供了重要的思路和方案。

构建世界高等教育共同体为教育对外开放赋予了新的历史使命,提出了新的时代要求。在理念上,应该使人类命运共同体理念成为教育共同体建设的基础。中国的"平等互利""和而不同""兼容并蓄"的理念有利于构建开放、包容和进步的世界教育共同体文化,中国文化和价值观应该在共同体建设中扮演引领性角色,不仅通过跨文化交流与全球化流动促进国际理解,还要让世界各国更好地理解和重视人类命运共同体的历史价值。在行动上,应该从"引进来"与"走出去"两个方面推进教育对外开放。在"引进来"方面,要做好留学生工作,"支持留学、鼓励回国、来去自由、发挥作用";同时,要大力提高引智水平,吸引更多世界一流专家学者来华从事教学、科研和管理工作。在"走出去"方面,要不断创新中外合作办学体制,扩大海外办学,提升国际交流合作水平。在现有的国际化建设基础上,中国政府还应该进一步完善国际化交流沟通机制,通过政策沟通、教育平台共建、大学联盟建设、合作办学等多种方式推动高等教育共同体建设,促进全球不同国家、不同民族和不同文化的相互理解和认同。

二、中国国际化人才培养的应对

在中美关系紧张的大背景下,中国国际化人才培养必须走一条本土建设与国际流动相结合的道路。中国国际化人才培养需要在坚持本土化建设的基础上,积极拓展国际流动的渠道和平台,形成一种互补和促进的良性循环。这样的策略不仅能够应对当前的国际政治挑战,还能够为中国的长远发展培养出具有国际竞争力的高素质人才。

一方面,中国国际化人才培养可以通过加强本土化建设来实现其部分目标。这种策略不仅能够减少对单一国家(如美国)的依赖,还能够促进中国高等教育的自主性和可持续发展。首先,要提升国内教育的国际化人才培养质量,加强对高等教育机构的投资,提升教学设施和科研条件;引进国际先进的教育理念和教学方法,提高教学质量;鼓励国内高校与国际知名学府合作,共同开发课程和研究项目。其次,培养国际化师资队伍,为教师提供国际交流的机会,如访问学者项目、国际会议等;引进外籍教师,为学生提供多元文化的学习环境;加强教师的国际化培训,提升其跨文化教学能力。再次,发展本土国际化课程,设计和实施具有国际视野的课程,强调全球问题和跨文化交流;鼓励学生参与国际合作项目,如国际研究团队、远程国际课程等;通过在线教育平台,提供更多国际教育资源和课程。再次,加强国际学生交流,建立更多的学生交换项目,鼓励国内外学生互访;提供奖学金和资助,支持学生参与国际会议和研讨会;设立国际学生社团,促进不同文化背景学生之间的交流与理解。

另一方面,在中美关系紧张的大背景下,中国学生的国际流动需要采取一系列策略来应对可能出现的挑战和不确定性。首先,留学目的地应该更加多元。学生的留学目的国应不仅限于美国,还要将目光投向其他国家和地区,如加拿大、澳大利亚、英国、欧洲大陆以及亚洲其他国家,以分散风险并获取更广泛的国际经验。其次,学生和家长需要加强政策和信息研究,关注各国的教育政策、签证要求、工作机会等信息,了解目的地国家的安全状况和潜在风险,以便做出明智的留学决策。再次,学生应提升个人竞争力,通过提高语言能力、专业技能和跨文化交流能力来增强自己在国际市场上的竞争力,在留学前,通过学习国际新闻、参与模拟联合国等活动来了解不同文化和国际议题,留学期间,积极参与当地社区活动,以促进文化交流和理解。另外,留学生要利用国际合作项目,积极参与学校提供的国际交流项目,如双学位、交换生等,这些项目往往有更明确的合作框架和支持体系,并且利用在线教育资源和国际课程,以增加国际学习的机会。再者,留学生必须准备应对可能的政治变动,如签证政策的变化,了解最新的政策动态,同时建立紧急应对计划,以便在必要时迅速调整留学计划;了解并维护自己在海外的合法权益,如遇到歧视或不公平待遇,应通过合法途径寻求帮助和解决方案。

三、中国师资队伍国际化建设的应对

中国教师国际化发展是适应全球化趋势、提升教育质量、培养国际化人才以及推动教育创新的重要一环。全球化趋势使得各国间的文化交流、经济合作日益频繁,这对教师的国际化能力提出了更高要求。中国教师国际化发展有助于提升教师的跨文化交流能力和全球视野,使他们能够更好地理解和适应全球化背景下的教育需求,为培养具有全球竞争力的学生提供有力支持。教师国际化发展是提升教育质量的关键。通过引进国外先进的教育理念、教学方法和资源,结合本土教育实际,可以推动教育教学的改革和创新,提高教育教学的针对性和实效性。同时,中国教师国际化发展有助于培养更多具有全球视野、跨文化交流能力和创新精神的人才,这些人才将在未来的国际竞争中发挥重要作用,为我国的发展提供有力的人才保障。

另外,教师国际化发展是推动教育创新的重要途径。通过与国际教育界的交流与合作,教师可以接触到最新的教育研究成果和教育理念,将其应用到教学实践中,推动教育的创新和发展。同时,国际化的教师队伍也可以为教育体制的改革提供新的思路和方向,推动教育体制的不断完善。

中国教师国际化发展是适应全球化趋势、提升教育质量、培养国际化人才以及推动教育创新的必然要求。政府及高校应该积极采取措施,加强教师的国际化培训和教育,提高教师的国际化素养和能力,为推动我国教育的国际化进程做出积极贡献。教师自身也要加强国际化发展的意识,把握机会提升国际化素养。具体而言,中国师资队伍国际化建设可以从以下方面进行应对。

首先,强化政策支持与资金投入。政府应制定明确的国际化政策,为教师出国交流提供稳定的支持。这包括设立专项基金,用于资助教师参与国际会议、访学和合作研究。同时,政府应与各国使馆合作,简化签证申请流程,提供签证申请指导,确保教师能够顺利出行。此外,政府可以为归国教师提供研究资金,鼓励他们继续开展国际合作项目。

其次,多元化交流目的地。教育部门应鼓励教师探索多样化的国际交流途径,不局限于传统热门国家。可以通过与非英语国家的高校建立合作关系,推动语言和文化的多元化交流。同时,政府可以提供语言培训和文化适应课程,帮助教师更好地融入不同的国际环境。

再次,优化在地国际化战略。国内高校应加强与国际高校的合作,共同开发国际化课程,引入国际认证标准。此外,高校可以邀请国际知名学者来华讲学,举办国际研讨会,为教师提供不出国门的国际化学习机会。同时,高校应鼓励教师参与国际期刊的编辑工作,提升学术成果的国际影响力。另外,政府和高校应共同努力,与海外伙伴建立长期稳定的合作关系。这可以通过签订双边协议、建立联合研究中心、共同申请国际项目等方式实现。长期合作关系有助于教师获得持续的国际支持,促进学术研究和人才培养。

除此之外,还可以提升教师国际化意识和能力。通过定期的国际交流培训和研讨会,增强教师的国际化意识和跨文化交流能力。教师应了解国际教育动态,掌握国际交流的礼仪和规范。此外,高校可以设立国际化办公室,为教师提供出国交流的咨询和指导。还应该关注教师回国后的发展。高校应为归国教师提供良好的职业发展路径,包括提供科研启动金、优先考虑其科研项目申请等。同时,建立归国教师交流平台,鼓励他们分享经验,促进学术交流和合作。再者,要充分利用现代信息技术。鼓励教师利用网络平台进行远程教学和合作研究。高校可以建立在线国际合作平台,提供虚拟会议、远程实验室等服务。此外,高校应推动数字化教学资源的建设,如在线开放课程和虚拟实验室,以支持教师的国际化教学活动。

最后,要增强国际交流的可持续性和适应性。在国际政治环境变化时,高校应能够迅速调整国际交流策略。这可能包括建立应急响应机制、调整交流计划以及寻找替代的国际合作伙伴。同时,高校应关注国际形势的变化,及时为教师提供最新的国际交流信息和指导。

后　记

本研究的顺利进行和书稿的完成是一次学术磨炼和科研成长的旅程。特朗普政府与拜登政府的更替、全球一段时间内新冠疫情的肆虐、国际关系的风云变幻都对研究的设计和内容提出了新的挑战。在本书的研究中,我们克服了众多困难,例如,文献的梳理和分析需要收集并阅读海量文献,这耗费了课题组大量的时间和精力。再如,实证研究环节中的问卷和访谈提纲的设计、数据收集、数据分析和讨论必须科学而周密,以确保研究结果的准确性和实用性,这在实际操作中需要克服资源和条件的局限。

尽管困难重重,我们依然坚持不懈,完成了这项研究。我们坚信,本研究的独特视角和研究深度对于政策制定者、教育工作者以及所有关心高等教育国际化议题的读者来说,都具有较高的参考价值。在此,我们要向所有在实证研究中提供帮助的个人和机构表示衷心的感谢,包括参与调查的学生和教师以及为我们的研究提供宝贵意见的同行和专家。

展望未来,我们的研究将沿着以下方向继续深入。首先,我们将进一步整合和分析世界各国国际化数据,以期全面把握全球高等教育国际化的发展趋势和模式。其次,我们将保持对高等教育国际化的研究热情,持续评估各国高等教育国际化政策的实施效果及这些政策对教育国际化发展的长期影响。再次,我们将重点关注高等教育国际化对教师个人发展的影响,包括学术成就、职业发展和跨文化交流能力的提升。此外,我们将深入探讨高等教育国际化过程中的中心—边缘问题,并为边缘地区和国家寻找解决方案,为全球高等教育共同体的早日实现贡献力量。

历史的车轮滚滚向前，若干年后再读此书，希望仍能在文字中发现一些令人感动和激扬的火花。

蒋玉梅

2024 年 5 月 20 日